管理产生力量

成长型企业破局 12 讲

李德基 ◎ 著

图书在版编目（CIP）数据

管理产生力量：成长型企业破局12讲 / 李德基著. -- 北京 ： 企业管理出版社，2024. 10. -- ISBN 978-7-5164-3153-5

Ⅰ．F279. 23

中国国家版本馆 CIP 数据核字第 2024S7Z723 号

书　　　名	管理产生力量：成长型企业破局12讲
书　　　号	ISBN 978-7-5164-3153-5
作　　　者	李德基
责任编辑	蒋舒娟
出版发行	企业管理出版社
经　　　销	新华书店
地　　　址	北京市海淀区紫竹院南路17号　　邮　　编：100048
网　　　址	http：//www.emph.cn　　电子信箱：26814134@qq.com
电　　　话	编辑部（010）68701661　　发行部（010）68417763　（010）68414644
印　　　刷	三河市荣展印务有限公司
版　　　次	2024年10月第1版
印　　　次	2024年10月第1次印刷
开　　　本	710mm×1000mm　　1/16
印　　　张	17.5 印张
字　　　数	295 千字
定　　　价	78.00 元

版权所有　翻印必究・印装有误　负责调换

前　言

管理学是在近代西方社会兴起的学科，以标准化、制度化为基础，以提升管理效率和实现管理流程化为核心要求，已经形成一套体系严密的管理理论。

古希腊形成契约化与法治化的社会形态，近代西方又形成民主政治，拥有相对完整的宗教体系和哲学体系，注重逻辑、崇尚实证，用理性思想逐步建构现代管理体制。

中国传统社会国家治理包括两条主线和一条副线：一条主线是武道，针对权贵和高官，以法家理论为治理工具，对盐铁等重要资源实行政府专营；另一条治理主线是文道，主要针对知识分子，以儒家思想为核心治理工具，通过科举考试进行整体组织和管控；两条治理主线之外的副线就是针对社会大众，基于土地和户籍，然后主要依靠士族乡绅和公序良俗进行基层治理。西方社会的管理和中国传统社会的治理，还是现实存在本质上的差别的，但近代以来管理和治理的融合发展也是有理路可循的，主要表现在：清朝洋务运动、近代民族企业兴起、新中国成立后大型工业项目管理、改革开放以来对西方管理理念的吸收和优化。尤其是改革开放以来，各种西方管理理论与本土管理相融合，逐渐形成一批具有中国特色的管理理论。20世纪80年代以来，我国中小企业如雨后春笋般密集成长起来。时至今日，总体上讲，我国的中小企业既是体量庞大、富有活力的经济群体，又是相对处于竞争弱势的群体。中小企业普遍存在商业模式不领先、创新力不足、业绩增长乏力、人才成长速度慢、管理体系不完善、核心竞争力不强、组织活力不够等问题。

中小企业在成立之初，业务规模比较小，拓展历程比较粗放，没有太多精力和资源夯实基础，对精细化管理的要求并不突出，生存是第一法则和最高目标。在渡过生存期和具备业绩增长基础之后，管理体系的整体完善和管理团队的能力水平变得非常重要，遗憾的是，由于企业的管理根基不牢固，管理没有形成体系，中小企业的可持续稳健发展受到严重阻碍，管理水平和业绩增长水平不相匹配的反差和矛盾就会出现，行业巨变、创新乏力、业绩下滑、现金流中断等外在或内在因素的影响，就会加速推动企业走向衰败，甚至走向破产。

作为实战派管理咨询顾问与培训师，我先后在不同类型的企业工作过，相比较国有企业和外资企业，成长型中小民营企业的管理有其个性化问题。近年来，我给不同的成长型企业做管理咨询和培训，感受颇深，便不自觉地将管理咨询感悟和个人的管理理念进行沉淀总结，以微信公众号"李德基说管理"作为创作平台，将关于成长型中小民营企业的沉淀的管理咨询和优化提升的经验，总结梳理成几十篇专业文章。文章在微信公众号"李德基说管理"推出，无论是热心读者还是服务过的客户，阅读公众号文章后，纷纷留言建议将这些内容写成一本书，有利于分享传播成长型企业的管理理念、实施优化管理水平的标准措施及管理抓手，于是便有了《管理产生力量：成长型企业破局12讲》这本书的出版计划。

梳理编排书稿内容时，我基于管理咨询师的专业思维，赋予本书和其他管理类书籍不同的内容定位，主要有四点。

第一，以管理理念转变提升为主，呈现管理理念的整体框架

本书共包括十二讲，第一讲至第七讲的内容主要是以促进成长型企业中高层的管理理念转变提升为主，包括战略规划、组织架构、集团管控、战略人资、绩效管理、价值分配、组织活力、企业文化、领导力、管理变革和风险内控等，还包括管理者的理念认知和角色定位，以独立谋篇的方式，将每个模块单独分析，开门见山，直击要害，力争让管理理念有总体阐释，有完整表达，方便企业中高层提升管理理念和认知水平。

第二，化繁为简，有实施工具，有管理抓手和标准，方便落地实施

第八讲至第十讲，将当下成长型企业急需的、有利于提升成长型企业管理水平的制度、管理标准及管理表格，作为管理工具和管理抓手，进行专业呈现，在企业中高层转变理念的同时，方便一线管理人员学习借鉴和转化吸收，

确保管理理念能够落地生根，继而生根发芽，结出实用果实，实现实用目的。

第三，理念提炼后的精粹观点、焦点呈现，有利于理念的吸收内化

第十一讲至第十二讲，把一些管理理念提炼后的精粹观点、焦点呈现，通过PPT页面直观显示，确保读者更容易抓住管理理念的核心要点，结合具体工作，更好地理解吸收管理理念，方便内部学习交流，达成管理共识，最终通过学习转化，定位管理认知盲点，突破业绩增长瓶颈。

第四，体现长期价值和客户第一的服务理念

我怀揣提升企业管理水平的使命感，依据管理咨询的落地实践需求和成长型企业普遍存在的问题，对成长型企业普遍存在的管理问题进行系统解答。希望通过管理认知和理念传递，使企业的内部管理机制永远处于激活状态，确保管理体系的持续优化和企业成长互相匹配。

本书以理念剖析为主，配套管理方案和管理工具，让管理工作更有抓手，突出实用性和落地性。将有借鉴意义的实用管理破局方法，结合当下最适合成长型企业研读与应用的管理知识推广推荐，用于修炼企业的管理内功、打磨可持续发展的优良品质，来弥补管理体系基础薄弱、管理能力水平低下导致的副作用。

在社会快速发展和变化的当下，每一家企业都不可能完全按照单一管理要素规划的方向前进，况且管理是动态变化的。但是如果企业全力投入学习力量，及时优化精进员工的大脑，即使企业发展方向的某个拐点出现了分岔，因为认知有了提高，因为力量有了增强，这些能够在拐点的分叉处为企业提供新的聚变能量，帮助企业及时调整方向，优化改进措施，完善发展路径，用全面管理的原则和实践赋予企业强健的魂魄。

本书的主要读者对象是企业的投资人、职业经理人、企业的中高层管理者、企业管理研究人员、管理咨询顾问和培训师等。在写作此书的过程中，我有几篇文章的内容构成和好友及同行老师做过细节探讨，其中，战略人资的核心内容构成和李彬教授交流过，增值利益二次分配的内容和徐真女士会商过，两张管理表格的部分明细栏目借鉴过熊超群的图书等，在此一并表示感谢。

道阻且长，行则将至，抱朴守拙，行稳致远。社会竞争没有公式，更没有标准答案，但是有规律可循；一本书不可能涵盖读者的所有期望，解决管理

出现的所有问题。本书中的观点也只是一家之言，难免有疏漏之处，重在引起百家争鸣，希望能为推动管理理论的研究和应用起到促进作用。同时，欢迎各界人士共同探讨，相互交流，共同提高，为开创中国成长型企业管理的新格局贡献自己的力量。

站在时代发展急速迭代的风口浪尖上，我们满怀希望中国的每一家成长型企业都能够在巨变的经营环境中找到自己的产业定位和管理坐标。当下是未来的序幕，我们今天的共同努力将决定我们光辉的未来。

与读者朋友和管理同仁们共勉！

李德基

目 录

第一讲 战略规划与集团管控 ·· 1
    第一节 基于五种不同视角之下的战略规划 ························ 1
    第二节 战略性人力资源管理的核心内容、重点及关键 ········· 5
    第三节 企业制定战略规划的八个步骤 ····························· 10
    第四节 企业高管与核心管理团队，如何达成战略共识 ······· 14
    第五节 构建集团管控体系，实现高效管控策略 ················ 17
    第六节 财务管理的服务和管控职能：整体布局和落地实施 ········ 26

第二讲 组织结构与组织活力 ·· 34
    第一节 组织结构设计的主要依据与演变进化趋势 ············· 34
    第二节 VUCA 时代，唯有组织变革才能够确保企业跟随发展
               趋势和可持续稳健发展 ····································· 40
    第三节 组织能力，是企业盈利水平持续增长的核心支撑和
               原动力 ··· 43
    第四节 做好人才盘点，助力业务快速发展 ······················ 46
    第五节 成长型企业应建立健全企业管理系统 ··················· 49

第三讲 领导力与企业文化 ··· 54
    第一节 领导力的内涵：一半是人格魅力，一半是领导权力 ········ 54
    第二节 领导力在业绩经营层面的要求：高境界、高杠杆、高绩效 ······ 58

第三节　企业文化建设的最高境界：无中生有，相互成就 ⋯⋯⋯⋯ 61

第四节　民营企业文化建设问题观察与对策思考 ⋯⋯⋯⋯⋯⋯⋯ 64

第四讲　绩效管理与绩效增长　70

第一节　绩效管理满意度只有 17.6% 的背后，首先是绩效管理理念搞错了 ⋯⋯⋯⋯⋯⋯⋯⋯⋯⋯⋯⋯⋯⋯⋯⋯⋯⋯⋯⋯⋯⋯⋯⋯⋯ 70

第二节　开展绩效管理前，进行诊断检视的可行性分析 ⋯⋯⋯⋯ 73

第三节　实施绩效管理的唯一路径选择：由三驾马车并行开路，"六个确定"保驾护航 ⋯⋯⋯⋯⋯⋯⋯⋯⋯⋯⋯⋯⋯⋯⋯⋯⋯ 76

第四节　做好绩效管理，中层干部必须具备四种能力，转换五种管理角色 ⋯⋯⋯⋯⋯⋯⋯⋯⋯⋯⋯⋯⋯⋯⋯⋯⋯⋯⋯⋯⋯⋯⋯⋯ 81

第五节　绩效增长：机制设计与运营保障 ⋯⋯⋯⋯⋯⋯⋯⋯⋯⋯ 86

第五讲　价值分配与风险内控　92

第一节　薪酬方案：如何进行岗位价值排序并搭建薪酬整体框架 ⋯⋯ 92

第二节　增值利益二次分配：打造利益共同体，激发共同创业活力的关键 ⋯⋯⋯⋯⋯⋯⋯⋯⋯⋯⋯⋯⋯⋯⋯⋯⋯⋯⋯⋯⋯⋯⋯ 98

第三节　利益分配机制是企业成败的关键——企业会分钱，管理 60% 的工作就解决了 ⋯⋯⋯⋯⋯⋯⋯⋯⋯⋯⋯⋯⋯⋯⋯⋯⋯ 102

第四节　成长型企业，筑牢运营风险的"防火墙" ⋯⋯⋯⋯⋯⋯ 104

第六讲　管理变革与职场生态　110

第一节　高管空降到民企，为什么很难存活 ⋯⋯⋯⋯⋯⋯⋯⋯⋯ 110

第二节　管理的常识及管理者定位的若干关键词 ⋯⋯⋯⋯⋯⋯⋯ 115

第三节　成长型企业存在的管理误区 ⋯⋯⋯⋯⋯⋯⋯⋯⋯⋯⋯⋯ 119

第四节　职场生态：空降职业经理人如何打开工作局面 ⋯⋯⋯⋯ 120

第五节　职场主管：提高公文写作水平 ⋯⋯⋯⋯⋯⋯⋯⋯⋯⋯⋯ 127

第六节　成长型企业引进高级人才，要做哪些准备和调整 ⋯⋯⋯ 133

第七节　培训效果好坏，取决于企业结合自身进行吸收转化的能力 ⋯⋯ 137

第八节　成长型企业：突破员工关系管理的困境 …………………… 140
第九节　职场面对面：优秀简历的六大特征 ………………………… 143

第七讲　理念认知与角色定位 ……………………………………………… 148

第一节　财务总监的职业角色和个人价值的定位 …………………… 148
第二节　成长型企业老板：学会做减法，打造自动运营机制
　　　　解放自己，企业才能活得长久 …………………………… 155
第三节　小企业要做大做强，必须符合七个条件 …………………… 158
第四节　阻碍中小企业做大做强的三大瓶颈：企业家素质、
　　　　专业化管理、产业化战略 ………………………………… 161
第五节　管理咨询行业的业态分布和发展趋势分析 ………………… 166

第八讲　管理运营落地执行标准及依据 …………………………………… 172

第一节　督查督办管理制度 …………………………………………… 172
第二节　资金预算管理办法 …………………………………………… 180
第三节　投资管理办法 ………………………………………………… 189
第四节　资金管理办法 ………………………………………………… 198
第五节　新员工培训及导师制度 ……………………………………… 204
第六节　行为绩效奖励考核制度 ……………………………………… 213

第九讲　管理目标落地执行抓手 …………………………………………… 223

第一节　招聘主管工作标准 …………………………………………… 223
第二节　薪酬主管工作标准 …………………………………………… 225
第三节　人资部部长工作标准 ………………………………………… 227
第四节　人力资源部管控措施（总牵引单） ………………………… 230
第五节　前台大厅及洗手台管理规范 ………………………………… 233

第十讲　运营效益达成验收标准 …………………………………………… 235

第一节　年度目标管理责任书 ………………………………………… 235

第二节　绩效计划及考核表 ·· 238

第三节　鱼头目标三季度行动计划表 ·································· 244

第四节　商场运营经理绩效考核方案 ·································· 247

第五节　商场运营经理考核指标说明 ·································· 249

第六节　薪资等级结构及档差核定表 ·································· 250

第七节　市场营销管理操作说明书 ······································ 251

第八节　总经理绩效路径 ·· 252

第十一讲　战略管理理念升维逻辑布局 ·································· 253

第十二讲　绩效管理理念升维逻辑布局 ·································· 262

第一讲
战略规划与集团管控

第一节 基于五种不同视角之下的战略规划

小米的雷军说：站在风口上，猪都能飞起来！

华为的任正非说：坚持产品领先，以客户为中心！

普拉哈拉德和哈默说：要构建企业核心竞争力！

隐形冠军之父西蒙教授说：要聚焦优势，占领细分领域。

在经营环境不断发生巨变的当下，战略转型已成为众多传统企业的必然选择。但如何选择战略转型的方向与路径，采取什么样的举措和行动，对此不同企业有不同的选择，而不同的选择主要是由不同的战略规划视角决定的。战略方向应该如何把握？是抓住风口、以客户为中心？是聚焦优势、打造核心竞争力？还是商业模式创新、融入商业生态？本节主要分析基于五种视角之下的战略规划。

一、产业机会视角

产业机会视角，就是选择赛道抓住风口，抓住了就会飞，没抓住就得裸泳，在企业可持续发展过程中，发现机会永远比解决问题更重要。

作为企业家，其最重要的使命是及时发现产业机会，能够在竞争对手之前把握住市场机会，通过一次又一次成功发现机会，推动企业不断地实现规模化发展。

就企业战略规划而言，产业机会视角主要来自产业政策、技术进步、产业链重构等方面。首先从产业政策说起，例如，国家对新能源产业政策的变化就孕育着巨大的市场机会，凡是符合政策导向且管理有效、执行到位、实力雄厚的企业一定会获得很好的发展。而技术进步往往有更大的不确定性，甚至诞生很多新的产业机会。例如，移动互联网技术的进步促使移动支付成为主流商业行为；环境问题、科技进步和能源危机促使新能源汽车成为汽车消费发展趋势。延伸到产业链重构，产业链的各方竞争力量也会在不断压缩的竞争空间中发生显性或者隐性的变化，导致产业链重构。重构就意味着竞争者身份的变化，就会有增有减，有进有出，就会通过优胜劣汰产生巨大的需求市场，这对那些行业内外的佼佼者而言，就是一个"大鱼吃小鱼"的发展机会。

二、客户需求视角

客户需求视角，就是以客户为中心，客户是企业战略和管理的中心。

客户需求变化往往是最容易被忽视的，又是最容易为企业带来市场机会的关键力量，因为客户需求的满足会带来直接销售和持续的市场口碑。在最接近客户的环节不断深度挖掘客户需求，不断细分终端市场，能够比竞争对手更早、更准确地发现客户未被满足或者新的需求点，就会发现新的细分市场机会。

对主营业务比较稳定、资源实力比较雄厚的企业而言，在"不差钱"的前提下，一些"赌性"比较强的企业家，就容易采取机会导向战略，即围绕"市场发展趋势"整合、配置资源，包括选择一个有攻击力的市场开拓团队，或许能在机会面前脱颖而出。客户视角下的战略转型，一方面，要特别注意对"机会"的甄别，如果不独立思考，人云亦云，就有可能把"陷阱"当成"馅饼"，陷入万劫不复的境地；另一方面，机会是相对而言的，具有一定的时限性，可能随着消费升级和时间的变化而变化。所以，发现客户需求变化后，就要快速、坚决地执行，不能拖延，否则就会错失获得快速发展的战略机遇。

三、核心竞争力视角

核心竞争力视角，就是要聚焦核心能力，打造自己的护城河。

企业的核心能力可以从不同的层次去理解：外层次可以是价值链各环节内部的管理能力及相互之间的协同能力，如研发、采购、制造、营销和服务等环节；内层次则是企业的市场研究、战略管理、组织建设、机制创新等间接价值环节的管理能力；核心层次则是企业家个人的能力，如战略洞察能力、人才识别与培养能力、个人胸怀与追求等。所以，从个人角度来说，企业竞争的成败最终取决于企业家之间的认知和能力水平的竞争。

企业打造自己的核心竞争力，就是要打造核心能力，打造领先优势，专注聚焦细分领域，采用成本领先、技术领先或者产品差异化等竞争策略，打造行业第一或者唯一，在企业自身和同行之间构筑坚固且有纵深性的护城河。

核心竞争力包括很多层面。技术研究层面，包括科学研究技能、工艺改进能力、产品开发能力和特定技术专有技能，也包括运用互联网从事电子商务活动的能力。生产制造层面包括低成本生产能力，获取足够娴熟劳动力的能力，超过同行的高效劳动生产率、稳定的产品设计与产品工艺水平及快速反应的竞争力产品定制与生产能力。营销方面的核心竞争力主要包括依赖互联网建立起来的分销渠道，强大的自建分销渠道与网点，以及低成本的分销体系和快速的货物配送体系，众所周知的京东物流，就具有这一方面强大的核心竞争力。

员工素质层面的核心竞争力包括员工队伍拥有卓越的才能，团队成员有卓越的创新管理能力、极强的执行能力和宝贵的工作经验。其他层面的核心竞争力包括卓越的信息系统、极强的品牌影响力、超越同行的融资能力、成长共赢的企业文化建设生态及对稀缺的自然资源的独占权。

企业并购能力，也是企业的核心竞争力，企业采取并购战略，能够优化资源结构，实现优势互补，扩大经营规模。通过整合业务链布局现在与未来的战略，以核心业务为利润区构筑企业比较竞争优势，以核心竞争能力为基点构造企业持续竞争优势。需要注意的是，企业并购也容易吸纳不良资产，增加并购风险。

四、商业模式视角

商业模式视角，就是在利益相关者的交易结构方面，获得竞争优势。

一个好的商业模式，首先要解决定位问题，就是要清楚地知道企业的目标客户是谁？企业到底能为客户解决什么样的问题？以什么样的效率解决这些问题？企业的效率越高，盈利的速度越快。如果不能为客户贡献价值，那么商业模式就无法成立，或者无法持续。

我们再分析业务系统如何盈利？企业究竟能不能盈利，很重要的一点就看企业有没有一个强大的业务系统，也就是说，企业如何找到目标客户，如何让目标客户接受企业的产品或者服务，企业通过什么样的业务模式持续满足客户需求。

企业的盈利模式要求企业在服务客户的过程中，可以有无数的盈利点，那么企业到底赚哪些点的钱？不赚哪些点的钱？企业进行战略规划时要思考清楚，只有设计对了，才可以更持久、更轻松地盈利。

同时，需要思考的是，企业是否拥有核心资源和独特能力？是否能够持续盈利？企业有没有防火墙？为什么这个市场一定属于你而不是别人？企业到底有什么强于别人的优势？思考的终点就是，只有具备自己无法被别人超越和替代的独特能力，企业才能够持续盈利。

企业现金流结构的核心就是企业到底能盈利多少。通过对企业现金流的分析，我们就可以思考这家企业的盈利能力到底有多强，也就是说，在资本眼中企业价值到底如何？所以要想提升企业价值，很重要的一个方法就是改变企业的现金流结构，这是商业模式创新很重要的一环。一个好的商业模式，首先要搞清楚两个字：定位。最后弄清楚企业价值，而从定位到企业价值，中间要经过四个环节：业务系统、盈利模式、关键资源和能力、自由现金流结构，经过这几个环节的完整组合，就可能使企业价值最大化。

五、商业生态视角

商业生态视角，就是通过企业的广泛连接、互动并重及调节作用，取得战略优势。

商业世界既不是单个个体企业之间的竞争，也不是产业链之间的竞争，而是商业生态系统的竞争。企业要么成为一个商业生态系统的大哥，要么加入一个商业生态系统，做小弟跟着大哥一起干。

商业起源于交换，商品的交换量与交换速度决定了商业的繁荣程度，进而决定企业的生命力。商业生态构建的主要目的就是提高商品的交换数量和交换速度，以合作共享、互利共赢、共识共创等生态思维构建扩大交易范围，提升交易数量；而交换速度的快慢主要取决于企业服务用户需求的能力，具体包括企业感知用户需求的能力和企业满足用户需求的能力。换句话说，商业生态系统建立的主要目的是构建更多的服务场景和获取更多的用户流量，满足多类型用户的极致体验需求，以此更好地强化商业本质，促成新的商业文明。因此，商业生态视角下的战略规划不再是以打败对手为思考的出发点，而是以用户体验为思考的出发点，当企业把用户和合作伙伴服务好了，企业自然就获得了可持续发展的机会。

综上，基于以上五种战略规划的视角，战略领导者必须具备战略远见和雄心，深入洞察行业的生态演进，设计与众不同的战略定位并将战略定位深化为"护城河"，优化资源配置，打造组织能力，最终将战略规划转变为经理人的行为和员工行为，推动大家前行在正确的道路上，让企业发展获得清晰的方向指引，并拥有可持续的发展道路。基于五种不同视角之下的战略规划方案，是任何企业确定战略规划过程中都要涉及的，相互之间并不是孤立的，而是紧密联系的，只有在战略规划的实践中融会贯通，企业才能够在纷繁复杂的环境中做出正确的决策。

第二节 战略性人力资源管理的核心内容、重点及关键

在一切资源中，人力资源是创造企业价值的核心力量，是企业获得竞争优势的决定性资源。企业之间的竞争优势，是以人力资源为核心载体和能量杠杆转化平台实现的，企业之间的竞争，归根到底是人力资源的竞争，而战略性人力资源更是企业战略顺利实施的核心保障和关键支撑力量。

一、战略性人力资源管理的核心内容

战略性人力资源管理的核心内容，主要包括三个方面：一是获取战略性发展的人才，来支撑战略目标的发展要求；二是提升员工的岗位胜任力水平，来提高企业运营效率和效益；三是提升企业的组织能力和组织变革建设水平，

来保证企业的可持续发展。用框架式的目录结构语言表达，就是抓住三个重点，把握三个关键：抓住三个重点，即做好一件事、拢好一批人、建好一平台；把握三个关键，即把握价值主线、把握核心工作、把握关键人群。

二、抓住三个重点：做好一件事、拢好一批人、建好一平台

1. 做好一件事

就是将企业的战略目标，通过战略管理工具绩效管理，转化为全体员工每一天的行动，以人力资源作为杠杆和最大的能量转化平台，统筹转化企业各种资源，为客户提供有形产品或者无形服务，以周而复始的循环方式，通过市场交换经营成果，来实现企业的经营价值，确保企业可持续发展。

2. 拢好一批人

任何一家企业要想可持续发展，必须建立一支有强烈事业心、高素质、高境界和高度团结的优秀员工队伍，创造一种能够促进优秀人才自我激励、自我约束、脱颖而出的管理机制，以便为企业的可持续发展提供资源保障。拢好一批人，分为两个层次：外部发现和吸引人才，内部培养和历练人才。

其中，内部培养和历练人才，主要有三种方式。

第一，筛选种子选手，寻找培养对象。企业可以采用赛马机制，利用胜任力模型和绩效考核结果，发现能够打胜仗、有思路、有领导力潜力的人才。

第二，拟定人才培养手段，因材施教。通过公开竞聘的方式，根据完备的评价评估和公开公正的选拔流程，选拔德才兼备、有事业心、有胜任力水平的人才。

第三，在工作中进行跨级别压力历练。对于综合素质高、抗压能力强的梯队人才，进行跨级别压力测试，给优秀人才提供突破自我的机会。

3. 建好一平台

说到平台，容易联想到航空母舰，一艘航空母舰通常配置导弹巡洋舰、驱逐舰、护卫舰、补给舰，还有几十架舰载机，功能互补，互相协同，共同搭建一个战斗平台。

企业级的人力资源管理大平台如同航空母舰，为了完成业绩目标，确保全面履行人力资源的管理职能，必须把不同岗位、不同素质的员工，按照能力

互补、岗位协同的要求，整合到一个管理平台上，为共同的战略目标服务。

人力资源管理包括四个基础平台：人力资源的基础建设、组织环境、专业队伍、专业化建设，四个基础平台构成了战略性人力资源管理的基础，发挥着不同的作用。

人力资源基础建设：通过建立信息系统，为人力资源管理活动提供共享信息，开展日常事务性工作，保证管理体系的有效运行。

人力资源组织环境：从企业战略出发，设计出满足企业需要的组织结构和职位设置，这是构建人力资源管理体系的重要外部条件。

人力资源专业队伍：合理定位管理要求，明确界定部门职责，严格界定专业人员的能力和素质要求，这是构建人力资源管理的人力基础。

人力资源专业化建设：包括岗位分析和岗位评价，作为制定薪酬序列的价值依据，根据经营管理需要定编定员，开发确定素质能力模型。

三、把握三个关键：把握价值主线、把握核心工作、把握关键人群

1. 把握价值主线

把握价值主线，主要有两项内容：一项内容是低头拉车，服务当下，确保完成经营目标；另一项内容是抬头看路，着眼将来，做好人力资源规划。

低头拉车，服务当下，确保完成经营目标，主要包括两项内容：一是完成组织绩效，就是通过个人绩效、流程绩效的能量组合，完成企业经营目标所要求的组织绩效；二是提升组织效能，就是永远投资于优秀人才的成长，先激励后考核，激发员工潜能，让员工持续成长，提升组织效能。

抬头看路，着眼将来，做好人力资源规划，也包括两项内容：一是诊断盘点，梳理解决方案，即对当下的人力资源现状进行诊断盘点，对比行业标杆，找出差距，梳理出解决方案的实现路径和资源配置要求；二是按时间节点，分步实施，即根据批准的规划，排列出详细的可行性实施计划，结合配套的预算要求，按时间节点分步实施。

2. 把握核心工作

把握核心工作的原则：要事优先，将有限的资源优先投到最重要的事情上，以业务目标为导向，响应经营诉求，让人力资源全面围绕核心工作，通过

解决问题和服务协同来体现人力资源的价值。

把握核心工作主要包括两项内容：组织能力建设和组织变革。组织能力可以分解为三大维度：组织价值观、组织规则和组织知识。三个维度存在递进影响关系：组织价值观是企业的底层逻辑，决定了员工的基础价值判断；基于组织价值观的实践，会达成关于员工行为的共识，具象成为组织规则；而基于组织规则的共同行动，会沉淀出各类组织知识。组织能力能够限制或强化企业在不同层面的表现，可以体现在公司从产品开发到营销再到生产的任何活动中，精心培养的组织能力可以成为企业竞争优势的一个来源。最简单的关于组织能力的定义，就是把一群平凡的人聚集在一起，具有做成非凡事情的能力。建构或改造企业的组织能力，需要同时在以下三个方面进行调整，而且这三个方面必须相互配合、缺一不可，缺少任何一个方面，都将使所有的努力功败垂成。

第一个方面是员工的心态。这涉及员工意愿、如何调整他们的态度、如何培养企业的文化等。

第二个方面是员工的能力。员工即使有意愿配合，却可能不具备足够的能力，此时企业应该为员工提供训练平台，着手提升员工能力。

第三个方面是员工的管理。员工有意愿也有能力，能够朝着企业的目标迈进，但企业的管理基础、管理流程及组织结构和资源保障水平，却让员工的努力打折甚至看不到效果，最后让员工失去工作动力。

组织能力最大的作用，就是组织层面的反思纠错能力、自我修正和进化能力。组织能力的每一次调整和修正，都代表着组织新的进化，可以确保企业通过自我更新和自我修正，持续保持核心竞争力。所以组织能力建设最核心的内容，就是吸纳、培养和留住优秀人才。

企业的发展当然离不开组织变革，环境、技术、社会资源的不断整合与变动，都会给企业带来机遇和挑战，这就要求企业必须适应未来组织发展的要求——进行组织变革，为战略目标的实现持续提供优质、匹配、良性、可持续的人力资源保障。企业进行组织变革，出发点必须是有利于管理改善、有利于业务发展的。检验组织变革成功的标志不是战略目标，也不是管理系统，更不是组织架构和企业文化，而是员工的行为模式根据组织变革的方向和内容要求发生了改变。员工行为发生了改变，代表企业组织最末端的最小业务单元发生了改变，符合组织变革的要求，上下一致且表里如一。

3. 把握关键人群

企业可持续发展，有两条发展线：一条是业务发展线，每年产生丰硕的业绩，确保企业有可持续发展的物质基础；一条是人才成长线，为业绩成长和企业可持续发展提供资源转化和人才支撑。企业做不大，部分原因是人才成长落后于业务发展，导致业务发展没有人才队伍支撑，企业发展没有后劲，不可持续。维护好人才成长线的核心要求就是要把握好企业的关键人群。

要想维护好人才成长线，企业必须对战略性人力资源管理的四项核心职能（人力资源的配置、开发、评价和激励）进行系统规划和持续投入，把握好四类关键人群（管理干部、核心员工、梯队人才和新员工），为企业的核心竞争力做好人才保障，保证满足公司发展的需要。

把握好关键人群，必须从人才管理的选、育、用、留四个环节投入管理精力和资源。

选人环节：关键词是磁场，吸引有事业心、有能力的优秀人才不断加盟，创始人的初心很重要，把握行业发展趋势的能力很重要，对事业的愿景描绘水平很重要。

育人环节：关键词是土壤，人才就是一颗种子，放在不同的土壤里结出来的果实完全不同，有的茁壮成长，有的枯萎死掉，所以公司的育人机制相当于种子生存的土壤，各级管理干部要当好教练角色，悉心辅导员工，帮助员工快速成长、快速成才并独当一面。

用人环节：关键词是卫星，卫星发射前面临的风险最多，一旦卫星进入预定轨道，有了自己的运行轨迹，通过自己的动力来运行，风险就基本消除了。所以，为员工做好职业规划，帮助员工找到成长路径，为员工找到价值空间很重要。

留人环节：关键词是激励，企业经营的核心就是在整合好内部和外部资源的前提下，经营员工的积极性，发挥人力资源的平台转化作用，将各种资源和能量通过市场转化为企业的经营成果。经营员工的积极性，就是要做好员工激励工作，通过促进员工成长来推动企业的成功，推动企业的可持续发展。

所以说，把握关键人群的核心，就是对员工的尊重和感恩，用愿景使命和企业文化凝聚团结员工，用利益分配提升员工的安全感，用事业平台点燃员工的内驱力，用领导力带动员工的执行力。一家懂得尊重和感恩每一位基层员工的企业，一定是一家伟大的、基业长青的企业。对企业而言，每位人才都是一颗颗散落的珍珠，只有通过一条线，才能够将散落的珍珠串成一条熠熠发光的项链，以此实现珍珠的价值，这条线就是战略性人力资源管理的作用。

第三节　企业制定战略规划的八个步骤

企业战略就是企业理性地判断局势后，做出比较长远的、合理选择，并为了实现长远目标采取的相关行动。实现战略就像下棋一样，需要总体布局，并通过步步为营的措施赢得最终胜利。战略的首要作用，就是帮助企业明确发展方向，引领企业稳健前进。如果战略方向错了，企业的一切努力和付出，都会成为泡影。

为了清晰的战略目标，企业必须制定清晰的战略规划。战略规划一般通过八个步骤来制定，分别是市场洞察、发现优势、共启愿景、明确战略、寻找差距、关键举措、确定指标和指标分解。

一、战略规划的第一个步骤：市场洞察

通过分析企业外部环境，对企业面临的宏观环境动态、行业发展趋势、竞争对手及行业标杆的信息进行专业性分析，并收集基本数据和不同视角的意见，按最大公约数、经营自身特长和稳健发展三原则，确认并达成统一认识。

我们熟悉的华为公司连续十几年在战略上成功抓住业务机会，这与其敏锐的市场洞察力密不可分。华为公司的"五看三定"模型是一套系统的战略管理方法，对其他企业的战略制定具有重大参考价值。华为公司的"五看"，就是看行业趋势、看市场/客户、看竞争、看机会、看自己；华为公司的"三定"，就是定控制点、定目标、定策略。华为公司通过"五看"，也就是通过五个角度的分析，深入剖析自己，收集不同视角和层级的声音与建议，找到战略发展的机会，找到战略定位。华为公司通过"三定"，设计中长期战略规划和

当下业务设计的切入点，明确自身对未来发展与外部环境的资源匹配要求，然后形成精准的市场洞察，市场洞察力就是战略能力，这是制定战略规划的第一步。

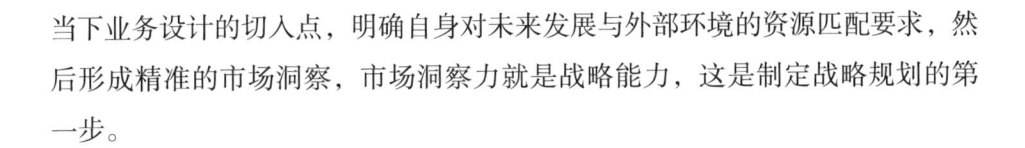

二、战略规划的第二个步骤：发现优势

企业发现自身优势，要通过战略分析的"四个落脚点"，即看趋势找机会、看客户找定位、看对手找差距、看自己找优势来进行专业分析。优势环节核心的发现，是通过对标分析的方式，找出自身在哪一方面比竞争对手更突出，能够创造超出竞争对手的收益，从而激发管理者持续奋斗的事业雄心。

三、战略规划的第三个步骤：共启愿景

企业实施战略管理前，必须确定企业愿景，在此基础上明确企业使命，形成企业战略目标。企业愿景，通俗地讲，就是企业存在的最终目的，企业发展到最后是什么样子。企业愿景是关于理想的一幅独特的画面，它面向未来，是引导企业前进的灯塔，可以为全体员工带来共同利益。企业家需要将美好的企业愿景公之于众，让全体员工清晰了解鼓舞人心的愿景，实现思想和行动上的统一，从而能够适应多变的市场环境。大家都知道，阿里巴巴的马云是一个描绘梦想、描绘愿景的高手，阿里巴巴的成功，离不开马云对未来美好的不断描绘、对企业愿景的不断描绘，让全体员工相信梦想的力量。有一句广告语说得非常好："梦想有多大，舞台就有多大。"不敢做梦、心中没有愿景的老板，绝对不是优秀的老板。

四、战略规划的第四个步骤：明确战略

在这一环节，企业要确定未来的战略选择与目标，对战略规划达成共识，扫除战略落地执行过程中的众多障碍，有效推动战略目标的实现。

明确战略环节是基于企业当下的内外部环境做好取舍，主要是做减法，思考企业做什么业务和不做什么业务，结合企业的使命愿景，确定企业未来五年的发展规划，以及下一年度的战略主题和目标。

在明确战略的关键环节，需要确定以下有关战略的四点核心内容。

1. 核心内容一：重新定义核心业务

因为资源有限，企业必须聚焦和做出取舍，重新定义核心业务，保证能够发挥企业自身特长，确保企业的产品或服务在市场上有领先优势，形成核心竞争力。

定义核心业务，需要企业重新审视自身的业务范围，并从七个维度思考：企业的业务范围是稳定的还是变化的？哪些领域应该不惜一切代价去保护？哪些领域不具有战略性的地位？哪些领域未来最可能产生利润？哪些领域的利润可能减少？企业差异化能力和赢得竞争能力的真正源泉是什么？为了适应未来的竞争和不断变化的业务边界，企业核心能力要做出怎样的变化？

2. 核心内容二：确定业务组合

从市场占有率和市场增长率两个维度，分析业务组合的优先性及重要性，做出排序。

3. 核心内容三：确定五年发展战略

以企业当下状态为起点，根据战略定位和业务组合，明确量化企业未来五年的发展目标。

4. 核心内容四：明确下一年的战略主题

根据五年发展战略和清晰的战略定位，明确每个年度的工作重点。其实，企业的战略规划通病主要出现在明确战略环节。通病一是差距没有分析透；通病二是增长的机会不清晰；通病三是增长的路径不明确。所以，在明确战略环节，有一个总体要求，即企业的发展规模要和自身的管理运营能力及资源保障水平相匹配。也就是说，企业不能超越自身水平强行做大。战略发展要有资源保障和清晰的实现路径，发展规模过大，发展速度过快，超越企业自身承受能力，管理的量变因素就会变多，管理运营就会变形，变得不可控。企业的管理运营不可控，就会加大企业风险，企业就会被迫四处救火，四处应对风险，这与企业可持续发展战略要求是背离的。所以企业不能强行做大，企业发展要匹配自身的能力和资源。

五、战略规划的第五个步骤：寻找差距

企业需要对照当前实际业绩、管理运营现状和企业战略目标与期望的业

绩要求，进行分析对比，非常清晰地明确企业存在哪些差距。

从重要性和紧急性两个维度，找到可以弥补差距的机会，至少排列出最需要解决的三项目标任务、应对措施、资源倾斜的方向等。

如果对比分析出多个方面的差距和总结出解决措施，鉴于企业资源是有限的，多个方面的差距不可能同步解决，要根据任务优先级的顺序，根据重要性和紧急性要求，确定解决措施的先后顺序。

六、战略规划的第六个步骤：关键举措

关键举措，通俗地讲，就是关键行动和关键方法。

首先，借助战略地图这个描述企业战略的集成平台，梳理出实现战略目标的关键流程和关键目标。战略地图的价值在于能够统一战略表达的语言，提供可视化的架构，最大限度地保障企业内部对战略理解的一致性。其次，根据关键流程和关键目标，找到实现战略目标的关键行动和关键方法。最后，通过财务、客户、内部运营和学习成长四个维度，绘制出各种关键举措之间的因果逻辑关系，找到关键成功因素和具体实现路径。

七、战略规划的第七个步骤：确定指标

确定指标就是制定公司层级的关键绩效指标。

在第六个步骤，解决任务目标的关键举措已经确定，但是关键举措属于行为描述，只是确定了目标方向，没有量化为具体指标，无法考核也无法落地。所以，在确定指标环节，主要围绕年度重点工作，把公司层级的全年工作目标分解成年度关键绩效指标。年度关键绩效指标包括目标值和行动方案，确保年度绩效指标之间有清晰的逻辑关系，能够有效衡量。年度绩效指标要符合SMART原则，也就是说，年度绩效指标要具体、可度量、可实现、与职责相关、有时限，能够落地实施。为了方便管理和考核，通常将年度关键绩效指标控制在八个以内。

八、战略规划的第八个步骤：指标分解

第七个步骤已经确定了企业层级的年度关键绩效指标，但指标没有分解

到部门，无法确定责任主体，无法落地实施。所以，要利用目标分解矩阵，将企业层级的年度绩效指标分解至各部门，每一个指标都要确定主要负责部门及辅助负责部门。

分解到各部门的年度绩效指标，纵向与企业整体目标进行逻辑关联，横向与其他部门的绩效指标协同配合。确保每个年度绩效指标有责任主体，有验收的质量标准和时间要求，各部门协同配合，共同完成全年工作目标。

企业每一个重大调整都是一种战略选择，对企业来说，今天可能在某个市场或产品方面占有优势，但激烈的竞争环境使得企业不得不思考：继续保持现有优势，还是开辟新的战场寻求更大的优势？以前经常说天道酬勤，但现在要加一个前提：你必须做出正确的方向选择，然后勤劳奋斗才有意义。方向选对了一马平川，方向选错了全盘皆输，这就是制定战略规划的重要意义。

第四节 企业高管与核心管理团队，如何达成战略共识

一、不同性质和处于不同发展阶段的企业，制定的战略规划具有不同的特点

企业的性质和发展阶段不同，制定出的战略规划会呈现不同的特点：一般大型国有企业制定战略规划时，会基于自身人才队伍的优势，由所属战略管理团队先拟定草案，与高管层会商后形成定稿；有一些国有企业，邀请社会上专业的管理咨询团队拟定战略规划草案，交由企业高管层审阅会商，或者高管层直接参与修订战略规划。相比之下，成长型的民营企业制定战略规划时，基本依靠自身的力量编制，组织核心员工寻找一些行业标杆材料，各部门协助提供一些数据，依照董事长的认知思路和想法框架制定战略规划，整体内容有一定的局限性，体现出以下几个特点：第一个特点是战略规划重点突出实现的战略目标，描绘美好未来蓝图篇幅较大，但对如何实现战略目标路径的分析、取舍和聚焦现有业务板块的分析不够；第二个特点是能力规划不够，对于实现战略目标的资源整合保障措施，如何投入匹配，思路不彻底，尤其是对支撑业务稳健发展的人才成长线的规划，包括后备梯队人才的培育层级和具体措施不清

晰；第三个特点就是成长型民营企业的高管与核心管理团队，关于战略规划没有达成共识。

二、企业各层级在战略上未达成共识的危害

你是否了解公司的战略目标呢？这是我们作为管理咨询师，在给企业做管理咨询调研时，必然会问企业的问题。

一般出现的场景是，董事长总能够对企业战略信心满满，侃侃而谈；但董事长之外的其他高层管理者，对企业战略理解不清晰，表达不透彻，最多掌握量化的总目标；中层管理者对企业战略的理解和描述，以及实现路径和资源匹配，表述上比较模糊，没有量化的概念。所以，在成长型的民营企业，各层级的管理者对企业战略达不成清晰的共识，似乎成了一个普遍性的问题。

企业高管与核心管理团队没有达成战略共识，会带来哪些危害呢？

一是战略目标不量化、不清晰，战略目标实现的路径不明确，管理者不知道企业向哪个方向前进，就会严重影响员工的工作热情，形不成向心力和凝聚力。

二是战略目标是分解企业年度计划、管理绩效的依据，战略没有达成共识，年度目标会发生偏差，资源配置会错位，绩效管理会出现盲目性倾向。

三是战略没有达成共识，战略定位就会模糊，企业就不会聚焦自身的优势，形不成核心竞争力，企业可持续发展就是一句空话。

既然已经清楚战略目标达不成共识的危害，那这个难题如何解决呢？

解决的办法就是，外部专家主持召集企业高管与核心管理团队成员召开战略共识研讨会，开诚布公地探讨交流，引领大家达成战略共识，按照制定战略规划的八个步骤进行讨论，最终统一思想，消除分歧，达成战略共识。

三、召开战略共识研讨会的基本要求

会议目的：企业的中高层管理者参加战略共识研讨会时，能够集思广益，弥补少数人在战略洞察方面的不足，促使中高层管理者主动深入思考企业未来的发展方向，在战略的顶层设计上达成共识，这是战略共识研讨会议的核心目的。

分组原则：尽量将不同业务单元的人员分为一组，将老员工和新员工交叉组合，每组6至8人，每组选出1名组长，负责记录整理本组的讨论内容，组长不能是本组成员当中的职务最高者。

其他要求：所有与会人员必须抛开自己的职务，抛开本部门和个人的利益，平等地以企业长期的、整体的利益为重发表意见；鼓励所有员工提出有建设性、可落地、可实施的建议和想法。

四、战略共识研讨会的主持人应是外部专家

为什么战略共识研讨会的主持人不应该是本公司的董事长，而要邀请外部专家担任？

第一，企业大的战略方向是由董事长确认的，但是如果由本公司董事长直接宣布战略目标，就会抑制员工提出创意的热情，企业的管理者也会自动失去最好的学习交流机会。每一名管理者，亲自参与、讨论的战略目标，肯定比自上而下、公布传达下来的战略目标，在理解上更透彻，在执行上更彻底。

第二，讨论战略目标时，必然要做战略定位，战略定位就是聚焦，就是要对业务板块的重要性做排序、做取舍，这必然涉及每个业务板块负责人的切身利益，会议有可能从讨论变成争吵，而外部专家在公司内部没有利益得失，会更加公正地以公司的整体利益为出发点，引导员工达成共识。

还有一个原因，董事长一讲话，有些员工就会认为是定论，有建议也不敢表达了，这样的会议，召开得就不彻底，会议目的没有达到，所以，涉及内部人员利益的会议，一定要让外部专家主持召开。

首先，通过战略共识研讨会，企业能够解决两个问题。一是对战略目标达成共识，企业的发展有了统一的方向；二是对年度目标进行分解，最终通过绩效合同，将年度经营目标转化为每个部门、每位员工的具体行动，战略目标实现路径得到清晰的规划。

其次，通过企业层面的预算管理和资源匹配，将年度目标任务由共识转化为承诺，由承诺转化为各个部门、各个岗位员工的行动，放大了企业优势，为组织能力建设的提升提供助力，形成凝聚力和向心力，能够保证企业的可持续稳健发展。

五、战略共识研讨会的作用

第一,战略共识研讨的过程,就是达成共识的过程。有了共识,团队才会拧成一股绳,形成合力,没有共识,团队就变成了一盘散沙。

第二,通过探讨企业发展的底层逻辑,尊重规律,找到做大事的人,找到战略思路清晰的人,共同把智慧放大10倍,搭建管理运营体系,转化成企业所拥有的集体智慧。

第三,人才不是企业的资本,只有那些被激励起来,内心达成战略共识,能够和企业共同朝着一个方向,全力付出的人才,才是公司的资本。

第五节 构建集团管控体系,实现高效管控策略

大型企业集团,一般具有资产规模庞大、业务结构复杂的特点。选择合适的集团管控模式,对下属企业进行有效的管控成为企业集团的重要议题,这是目前许多正在快速成长、实现集团化管理的中国企业所面临的普遍问题。如果对下属企业管控太多太死板,不但集团公司力不从心,而且下属企业也会失去创造力和快速反应能力,从而使整个集团企业失去活力;如果管控不力,可能出现下属企业各自为政、偏离集团公司发展战略、挥霍资源和转移利益、形成集团公司内部业务单元之间不当竞争等现象,从而损害集团公司的整体利益,所以构建集团管控的架构体系,选择合适的管控模式和管控策略非常重要。

集团管控就是通过确立集团总部与下属企业的责权分工,通过改变组织内外部的关系,通过对集团总部的功能定位和职能共享来推动集团业务战略的实施,寻求整体利益的最大化。集团管控就是要解决四个关键核心:一是选择何种组织模式;二是如何设计组织架构;三是如何规范责权体系和核心管理流程;四是如何进行业绩评价。管控模式的选择是集团化管理需要考虑的首要问题。

一、集团管控的三种主要模式

一般来说,集团总部对下属企业的管控模式,按照总部不同的集权与分权程度可以划分为三种管控模式:操作管控模式、战略管控模式和财务管控模式。三种集团管控模式有不同的特点。

1. 操作管控模式

操作管控模式，又称"运营管控模式"，是集权化程度最高的集团管控模式。在这种模式下，几乎所有事务的最终决策权均集中在集团总部，下属企业仅是集团决策的被动执行者。在操作管控模式下，集团总部的管控事项较多，为了保证能够正确进行决策，能够快速解决各种常规和突发的问题，集团总部的职能部门和职能人员的数量会很多。操作管控模式的特点：集权为主，过程控制，上是头脑，下是手脚。

2. 战略管控模式

战略管控模式，相比前者，其管控模式集权化程度降低了，但也不是绝对的分权化。集团总部通过战略规划和业务计划体系进行管理，各下属企业同时要制定自己的业务战略规划，确定年度业绩目标，并提出达到规划目标所需要投入的资源预算。战略管控模式的特点：集分结合，程序控制，上有头脑，下有头脑。

3. 财务管控模式

财务管控模式，是分权化程度最高的集团管控模式。管控模式以财务指标考核、控制为主。集团总部将注意力集中于财务管理和领导的功能，每年都会给下属企业制定财务目标，只要下属企业努力完成量化的经营目标，能够规避经营风险就可以了。财务管控模式的特点：分权为主，结果控制，上有头脑，没有手脚。

不同的集团管控模式有不同的特点，企业必须根据自己的实际情况完成集团公司总部的定位，设置相应的组织机构，完善制度和流程，配置和自身相适应的资源能力。在选择集团管控模式时，需要考虑的因素包括集团的战略目标和行业布局、集团公司的发展阶段、下属企业的管理能力和自主性、市场环境的不确定性，以及集团内部的资源配置效率和业务特点。同时，随着市场环境和企业发展的变化，集团型企业需要不断调整和优化其管控模式。

二、管控模式选择的前提条件和适用条件分析

1. 管控模式选择的前提条件

经营环境方面：下属企业经营环境复杂且不稳定，为赢得快速反应机会，应该充分分权；如果下属企业的经营环境相差不太多，为追求规模和资源集中

优势，应该适度集权。

集团战略方面：专业化经营应该集权管控，能够发挥集中统一的资源优势，能够提升后台保障效率；面对多元化和国际化业务，应该发挥专业和区域优势，适度分权。

经营目标方面：如果集团以资产经营为主，通过产权和资本来管控下属企业，应该适度分权；如果集团以产业经营为主，要追求规模经济，应该适度集权。

竞争策略方面：采取防御为主的竞争战略，寻求集约化的竞争力和反应能力，应该适度集权；采取进攻为主的扩张战略，注重扩张速度和运营效率，应该适度分权。

业务特点方面：集团业务相关性越强，能够发挥协同效应，应该适当集权；集团业务相关性较弱，为发挥各业务板块的专业经营优势，应该分权。

发展阶段方面：业务刚起步时，为了防范经营风险、保持稳健运营，应该适度集权；业务成熟度比较高，管理系统比较成熟，防范风险能力比较强，为了提升竞争力，则应该适当分权。

2. 管控模式选择的适用条件分析

操作管控模式主要适用以下条件：集团公司和下属企业的产权关系紧密度高，集团总部作为投资中心和利润中心，下属企业作为成本中心，主要负责生产或服务。

战略管控模式主要适用以下条件：各下属企业业务相关性较高，产权关系紧密度较高，业务运作比较成熟，管理水平和资源配置水平比较强大。这种管控模式的优点在于集团内部的各级组织责任分明、角色清晰，能够把指挥性和积极性较好地结合在一起。

财务管控模式主要适用以下条件：各下属企业业务相关性低，产权关系松散，对集团影响不大或风险较小。财务管控模式是最为分权的管控模式，强调结果控制是这种管控模式的明显特点。

由此可见，操作管控模式和财务管控模式是集权和分权的两个极端，战略管控模式处于中间状态。但是，有的集团公司从自己的实际情况出发，为了管控好下属企业，将处于中间状态的战略管控模式进一步细分为"战略实施模式"和"战略指导模式",前者偏重于集权而后者偏重于分权。

从全球集团企业发展现状来看,战略管控是目前世界上大多数跨国企业集团普遍采用的管控模式。应用战略管控模式,集团总部既能够避免财权分散的风险,又能够保证下属企业业务单元具有一定的灵活性,但该模式需要集团公司的各层级管理者具备良好的管理素质。

三、不同管控模式下的集团总部定位

总部定位就是集团总部重点管理的内容和职能的定位。一般来说,大型集团的总部最主要的管理权限就是管理财务权、人事权和战略发展权。换个说法,"薪酬权、任命权、考核权"在总部,也就是"管钱、管人、管方向",在此基础上,再根据集团总部的需要,增加相应的管理内容,如投融资管理、研发管理等,从而最终形成集团总部的明确定位,为后续的责权划分奠定基础。只有集团总部能够清晰自己的角色和职责,明确总部机构的设置、能力配备和管理的主要方向,才能够提高对下属企业的管控效能。我们按照三种管控模式分别对集团总部进行清晰定位。

第一,在操作管控模式下,集团总部主要通过自己的业务管理部门对下属企业的日常运营进行管理和监控。集团公司内部强调资源共享、业务平台共用,集团总部定位于战略规划、运营指挥与风险监控,是集团公司实际运营的指令中枢。有时候,集团总部也会介入具体的业务活动。操作管控模式下的集团总部作为经营决策中心和生产指挥中心,追求企业经营活动的统一和优化,对企业的资源和生产经营活动进行集中控制和管理。集团总部是投资管理中心、财务中心、人力资源中心、产品研发中心、品牌管理中心、市场销售中心、采购中心、物流供应中心和信息管理中心。

第二,在战略管控模式下,集团总部主要通过财务审计、战略规划和经营计划控制、人力资源管理、信息管理等手段管控下属企业。集团总部管理重点是战略规划和运营监控,集团作为战略和投资决策中心,以追求集团公司总体战略控制和协同效应的培育为目标,主要管控集团下属企业的资产、战略规划、资本运营和财务,通过全面预算和年度经营目标来完成对下属企业的绩效管理和业绩管理。在战略管控模式下,由于集团总部对下属企业的放权分责,

总部的规模并不大,也不会设置太多的运营管理职能,集团总部主要致力于综合平衡,如平衡资源需求、协调经营矛盾、推行"无边界企业文化"、培育高级主管、侧重于品牌管理和知识经验分享等。

第三,在财务管控模式下,集团总部主要通过财务审计、法人治理、核心人员派驻等方式管理下属企业,一般不提供具体经营管理指令和共享资源,只是根据公司章程进行必要的风险管控,是最为分权的一种管控模式。在这种管控模式下,集团公司内部各下属企业的核心业务相对独立,集团总部作为投资决策中心,主要职能是资本运作和行业研究,以追求资本价值最大化为目标,主要考核和控制下属企业的财务和企业绩效指标。下属企业每年承担各自的财务目标,被赋予完整的业务经营权,下属企业只要完成预期财务目标,集团总部就不会干预下属企业的日常经营行为,集团总部只为结果和风险负责。

四、集团公司对下属企业的管控职能要求和管控策略

正确处理集团内部的管控问题,实质就是建立权责明确的母子公司管理体系。对集团公司来说,既要坚决维护出资者的选择经营者、资产收益等合法权益,对下属企业拥有股权性控制权和契约性支配权,从而实施有效的监管,又要坚持尊重下属企业作为独立法人享有的生产经营自主权,即在发挥集团公司主导作用的同时,调动下属企业的积极性和灵活性。以最为常用的战略管控模式为案例,集团公司对下属企业的管控职能要求和管控策略,分为三个层次实施。

1. 第一个层次:法人治理 + 宏观管控 + 战略管控

(1)法人治理

集团公司作为控股股东,根据公司章程规定,集团公司选派董事、监事组成下属企业的董事会、监事会,通过法人治理结构的运作,参与管理下属企业的决策和运营。对于全资子公司,集团公司实行产权管理,全资子公司的主要领导由集团公司委派和聘任,制定审批子公司的公司章程,批准子公司的发展规划和年度经营计划,按公司法规定划分董事会和经理层的职责权限,对子公司的执行层进行业绩考核和奖惩。同时做到发展战略一体化、投资方向一体化、项目审批一体化。

（2）宏观管控

集团权属的下属企业，既要充分行使法人财产权和企业生产经营的自主权，享有法律上与集团公司相同的民事权利，又要担当起集团成员企业的角色和义务，服从集团的整体规划，自觉接受来自集团公司产权方面和集团公司章程所规定的监管要求，确保集团公司整体发展目标的实现。

（3）战略管控

集团公司为了实现资源互补、优势重组、统一发展、战略协调和指导，管控权属公司的战略性目标和关键举措、企业发展规划、投资方向，权属公司要在集团公司的长远发展战略和近期发展规划的指导下，认真制定或修订自己的发展战略和近期规划。

2. 第二个层次：目标管控＋财务管控＋绩效管控

（1）目标管控

年初，集团公司和权属子公司统一签订年度经营目标，年度经营目标体现权属子公司的责、权、利，对权属子公司高管团队的绩效薪酬进行明确，每月、每季度、每年召开业绩经营分析会，和年度预算目标做比较，进行经营分析和修正优化，推进集团公司整体经营目标的实现。

（2）财务管控

集团统一审批权属子公司的年度预算、年度经营目标、统一派驻或任命财务负责人、统一审计管理和利润分配管理，集团公司对权属子公司的重大投资和贷款担保项目实行审议制，规定限额以上的项目必须由权属子公司提供可行性报告，由集团公司组织专家论证和审议才能实施，以防止和减少由于投资失误和盲目担保造成损失而负连带责任。集团公司为了维护投资资产的安全性、增值性和营利性，对权属子公司的财务状况和经营状况要经常分析研究，对一些重大问题，如资产负债率、大额借贷、对外担保、产品库存积压等，要特别予以关注，发现问题及时采取相应措施。

（3）绩效管控

根据年初签订的经营目标责任书，核算各权属子公司的经营业绩、兑现权属子公司高管团队的绩效薪酬，进行增值利益二次分配，并根据全年经营目标实现情况及整体管理运营考评情况，确定各权属子公司高管团队的职务调整和薪酬调整。

为了保证和提高集团和权属子公司决策的科学性、准确性和合法性,集团公司也可以成立各种辅助参谋性质的专业委员会,如战略与投资决策委员会、财务与预算管理委员会、经营协调委员会、审计监察委员会,帮助经营主体审核会商专题事项、提供专家建议方案、解决经营主体之间的意见分歧。

3. 第三个层次:职能管控 + 运营督查管控 + 风险管控

(1)职能管控

集团公司各职能部门,对应集团权属子公司的职能部门,相互之间划定职责边界,对日常事务进行管控和服务性管理。日常事务分为三类:一类是报告备案事项,不需要集团审批;一类是审核审批事项,需要集团相关职能部门审核审批;一类是信息共享事项,通过集团公司的信息平台,分享各权属子公司的管理经验和管理信息,以及传达集团总部的日常管理要求。

(2)运营督查管控

集团公司相关职能部门对权属子公司的经营管理信息,要实施经常性的指导、监督、监管,真实反映经营主体的经营管理责任,根据管理要求和督查标准及时准确传达上级指令,提升权属子公司的运营管理水平。

(3)风险管控

风险管控,尤其是法律风险,必须设立多道防线,避免风险直接进入最后的堡垒。各权属子公司业务部门是防范法律风险的第一道防线,部门负责人应当承担首要责任;集团的法务部门是防范法律风险的第二道防线,同时也是法律风险管理体系建设的责任单位;集团审计部门是防范法律风险的第三道防线,负责审计和监督集团整体法律风险防控。

五、处理好集团公司对其上市子公司的管控

我国的部分集团公司中,存在这样一种情况,一部分子公司优质资产先行上市而不是集团公司整体上市,这种母子公司的关系与一般非上市的母子公司关系十分不同,主要区别在于:一是上市子公司在法律上不仅要受《中华人民共和国公司法》的约束,而且要遵守《中华人民共和国证券法》《上市公司治理规则》等法规，接受国家证券监管机构的管理；二是上市公司除了保障集团公司的权益外，还要兼顾广大中小股东的利益；三是上市公司的运作必须独立，不能与集团公司混为一谈，更不能由集团公司随意处置；四是上市公司的许多信息必须公开、透明，不能"暗箱操作"。部分集团公司并未清楚地认识到这些区别，因而造成一系列问题：一是子公司上市之前过度包装，优质资产都转移到了上市公司，然后集团公司事后从上市公司口袋里随意掏钱，把上市公司当作自己的"提款机"；二是集团公司作为大股东的行为能力不足，仍然按隶属关系直接管理上市子公司，随意给它们下发"红头文件"；三是集团公司总部的定位不清晰，对上市子公司的经营活动直接干预过多，损害上市子公司的独立性；四是集团公司往往通过与上市子公司的关联交易转移利益，损害上市子公司其他股东的利益；五是对上市子公司有关信息披露不足甚至造假，来实现集团公司内部控制的目的。

为了确保管控到位，实现监管机构监管要求，首先，集团公司应从源头上把好关，不能为了一味"圈钱"而对子公司过度包装上市，所有的低效资产和无效资产都留给自己，结果把自己搞得很被动；其次，应该弄清楚其与上市子公司的关系和与非上市子公司之间的种种区别，不能够把公众财产当成自己一家的财产去随意处置，不能够违规、违法；最后，要学会当上市公司的老板，那就是要学会按照上市公司的治理和监管要求，通过上市公司的董事会来行使集团公司对上市子公司享有的股东权力、合理表达股东意愿。总之，如果权属子公司是上市公司，这对集团公司的管控能力要求会更高。

六、案例实操——房地产开发集团的战略管控模式

分布在各省的城市公司，作为房地产开发集团的子公司，其管控模式如下所述。

年初，集团审批通过城市公司的年度经营目标，包括开发计划、建设进度、销售回款计划和融资方案，审批通过城市公司的组织架构、高管团队聘任方案、薪酬方案和绩效方案。

集团总部的管理权限：对城市公司财务部门进行垂直管理，负责审批城市公司规划设计和市场定位方案，复核审批城市公司成本管理和预算管理方

案，负责审批城市公司土地总包和整体销售方案。

城市公司的管理权限：负责城市公司房地产开发中间环节的现场管理，负责项目的进度管理和质量安全，负责城市公司的日常管理和后端的市场销售环节；对于城市公司的资金融资，集团总部有协调配合义务。

集团公司对城市公司年度经营目标的六个指标进行考核：销售回款指标、开发进度指标、管理运营指标、成本费用指标、资本预算指标、安全事故指标，六个指标各占一定权重，根据全年经营业绩实现情况，兑现城市公司高管团队的绩效薪酬和年终奖金包。

实现集团公司对城市公司日常管理运营的管控：通过四个格式化的沟通汇报体系来实现，即年度目标责任书编制与跟踪、月度计划分解完成情况汇报、关键节点达成量化运营考核、业务流程考核和管理审计跟踪。

实现集团公司对城市公司的关键事项管控，主要通过以下四条主轴线来实现：管理线、产品线、监察线、董事会议事规则线。

管理线包括发展规划、计划运营、行政人事和财务管理；产品线包括项目拓展、营销管理、设计管理、成本合约和工程管理；监察线包括审计管理、监察管理、项目巡查和计划运营管理；董事会议事规则线包括决策委员会、专业委员会和总经理办公会。

最终，集团公司对城市公司关键事项的管控，通过四条主轴线实现了管理链条的闭合，确保履行集团总部对于城市公司"指导、监督、检查、服务"的管控职能。

七、集团公司在实现管控目标的同时，实现对权属子公司的赋能

集团公司需要梳理其职能管理功能的定位，以及集权与分权的边界，需要界定管什么、不管什么。同时需要明确，对不同的权属子公司，管控模式可以差异化，不能够"一刀切"——对于管理能力比较强、经营效益比较好、风险管理到位的权属子公司，集团公司应该给予更多的授权和资源配置支持，确保业绩实现更大的突破、高管团队更快速地成长；对于一些能力不足、经营效益不好、问题频频发生的权属子公司，集团公司需要提供更多的帮助和服务，分析问题形成的主要原因，找到病灶和解决办法，而不是简单粗暴地指责或者

频频换人。集团公司在实现管控目标的同时,更多的是做好服务、提供支持、优化资源配置、做好各类经营风险的管控。同时,定期了解权属子公司的需求、帮助它们解决问题,推进权属子公司经营目标的达成。

传统的集团管控关注的是控制,管控对象是冷冰冰的企业,侧重风险控制和利润贡献,很容易演变成控制和反控制的斗争。现在的集团管控,核心是协同和赋能,关注的是集团整体利益最大化,同时要兼顾权属子公司的核心竞争力提升,所以要充分利用集团公司的资源整合和规模优势,提高整个运营管理团队的能力和素质,吸引、培养、保留、激励一批全能型人才,做到集权有道、分权有序、授权有章、行权有度,让权属子公司的运营管理团队通过业绩突破,得到更多成长历练的机会,确保集团公司的可持续发展,实现集团总部和权属子公司相互赋能、共同提高的理想目标。

第六节　财务管理的服务和管控职能:整体布局和落地实施

财务管理的职能定位,就是财务管理在企业整体管理运营和实现战略目标过程中的价值体现,财务管理能够为企业生存和发展提供什么贡献。财务管理的职能定位,主要通过服务职能和管控职能来实现。

一、服务职能

财务管理的服务职能就是从服务于企业改革发展与稳定工作的大局出发,目标是建设与企业发展目标相适应的财务战略、财务管理体系和财务队伍,通过提供财务报告信息、财务分析和改进建议,合理配置企业资源和实施计划管理,保障企业日常运营和发展目标的实现。

服务职能的层次分类有三个。

一是通过完善的会计核算体系,保证财务报告信息的真实完整,为利益相关者提供决策参考。财务报告信息只是数字和文字,因此财务部门的负责人要有很高的沟通水平,把握好对外、对内的沟通渠道和方式。

二是通过财务分析工具,发现企业经营管理中存在的问题,分析形成原因,提出改进建议,为企业决策层提供有效的决策信息,提高企业的经营效率和经营业绩。

三是通过计划管理，发挥财务部门的全局观念，协助领导层落实经营计划和发展目标，合理配置企业资源，实现对企业管理运营的总体进度的把控。

二、管控职能

就是从母子企业的产权和资本纽带关系出发，为实现出资人整体利益的最大化，以母企业对子企业财务活动的约束、检查或纠偏为手段而形成的管控措施组合，管控职能主要通过人员管控、制度管控、目标管控和信息管控来实现管控目标，这就是管控职能。

管控职能的层次分类有两个。

一是通过完善各项财务管理制度，结合 ERP 等信息化系统的管理工具，使各项内控制度固化在流程中，保障企业经营管理的合法合规和资产安全。

二是通过全面预算管理，实现对经营活动的事前计划、事中监控和事后分析，在规避风险的基础上，有序实施，保证企业经营目标的实现。

三、财务管理的服务职能和管控职能的实现

实现财务管理的服务职能和管控职能的措施和手段是什么？就是通过财务管理体制和管理平台，把财务管理所需要的人、财、物，通过流程和职责，进行合理分工和有序实施，来完成服务职能和管控职能的要求。

具体要求是通过四个管理——计划管理、制度管理、人员管理和预算管理，通过职责分工和工作流程，把整体企业经营目标分解分工，制订实施计划，分步贯彻实施，全面完成对工作目标的服务管控过程，四个管理的服务模式如下所述。

计划管理：将整体工作计划细化到每季、每月、每周、每日。利用工作推进表和总牵引单把工作目标细分为若干小项目，再指定责任人、完成时间、完成标准、配置资源要求、配合者、检查者、验收者等。执行推进过程要注重时间管理，分清轻重缓急，遵循重要与紧急性原则。

制度管理：制定制度是企业高层的责任，而制度执行主要在主管层级。企业管理制度作为管理工具和管理措施，通过制度管人、流程管事，在财务部

门内部形成对事不对人、认真执行制度的风气。

人员管理：主要通过培训和轮岗的方式，提升员工的职业素养、专业技能、综合素质，员工成长了，素质提升了，配合度和执行力提高了，财务部门才能够有精力、有时间，更多地参与企业的运营管理，实现整体价值。

预算管理：明确年度预算目标，加强对重大财务事项的预算控制，通过界定重大财务事项范围，明确财务授权审批和财务风险管控要求，保障企业的经营管理有资源保障，有协同力量支持，也为绩效管理和业绩评定出具财务数据标准。

四、财务管理工作价值体现的三个层次

1. 基本的层次——账房先生

准确、及时做好核算工作，完成对基本业务活动的记录、处理和归纳，按时提供财务报表，满足各种合规性要求，如审计、税务检查等，基础的财务核算工作就是所谓"账房先生"的工作。为了做好核算工作，财务部门需要做好三个方面的基础工作。

第一，要有明确的数据或者指标的定义，这需要对财务准则、财务法规有准确的把握，财务核算的专业知识要具备，同时要非常熟悉企业的业务模式和业务流程。

第二，要保证财务信息来源是唯一的，保证在财务系统、仓库系统、销售系统、采购系统之间有信息衔接和集成，保证数据流传的一致性和快捷性。

第三，需要工作人员和过程有机结合，合格的工作需要合格的人员去做，还需要和过程控制结合匹配，控制好工作过程和工作节点，控制好风险。

2. 优秀的层次——业务合作伙伴

在做好核算工作的基础上，通过财务分析，财务部门成为企业经营信息的提供者，成为目标任务完成的见证者，成为提升运营管理水平的建议者。财务部门需要做好三个方面的工作。

第一，通过对比分析实际完成业绩指标和计划指标，发现差异和问题，提出解决方案或者建议；通过信用控制，可以规避或减少销售人员为了盲目追

求销售额而忽视风险的现象，减少应收账款的产生。

第二，通过销售政策控制，将销售人员的薪酬与销售回款挂钩，可以降低应收账款管理的难度和减少风险，而且有效确定应收账款的责任人，销售人员是应收账款回收第一责任人，财务部门承担的责任是监督和催收。

第三，通过内部控制，通过合同会签和付款条件审查，通过工作流程的相互监督和制衡，规避运营风险，这体现了财务管理的稳健原则。

3. 卓越的层次——业务的咨询者和格局的设计者

财务管理工作最高水平体现，就是以财务管理为平台，全面参与企业的战略发展。财务部门不仅要肩负起企业财务管理工作方面的责任，也要肩负起推动企业全面发展、有效推动企业实施战略规划的责任。财务部门通过分析建议、业绩评级、战略支持、战略分析、业务重组方案，成为企业不断健康发展的专业力量源泉，成为推动企业业绩持续提升的推手和发动机，成为企业价值驱动的核心因素，成为企业引领行业生态的设计者，成为企业实现发展宏图的杠杆和发动机；能够在空白领域绘制企业蓝图，成为企业价值生态的设计和布局核心。当财务部门位于业务咨询者和格局设计者的卓越层次时，在企业内部必然有极高的组织地位，必然能够获得其他部门的高度信任。

五、在企业管理运营中如何有效发挥财务管理的监督职能

财务管理的监督职能是杜绝信息造假、杜绝账外账，提升财务管理水平、维护企业整体利益，帮助企业管理者合法有效地完成受托责任，并利用真实公允的会计信息向社会有关职能部门及利益相关者证明企业的经营活动及成果分配的合法有效性，保证企业内部各项财产物资的完全、完整，以及有序、有效流动和使用，保证企业会计信息能真实、可靠地反映企业的财务状况和经营成果。如何有效发挥财务管理的监督职能呢？

第一，监督检查财务人员的从业资格，提升财务人员的专业素质，提升财务人员的职业道德和敬业精神，督促财务人员在工作中严格按照制度规范操作，有效把控财务收支关。

第二，审核监督原始凭证会计资料，原始凭证是记录和反映经济业务的基本证据，是保证会计数据合法、真实、准确、完整的关键。企业内部所有的收

费、预收、暂存、处罚等款项都必须使用财政部门印制的正式票据，不得使用从市面上购买的非法收据，以便保证会计资料的真实完整。

第三，建立内部岗位牵制制度，将内部审计和内部控制制度有机结合起来，对授权、审批、复核、检查等工作流程进行串联，制定比较健全的内部监控制度。岗位之间工作流程之间要相互制衡，相互检查，下一个工作环节负责验收上一个环节的工作，层层把关。通过制度和流程，牵制、约束、监督各种财务管理行为，在牺牲部分效率的同时，保证财务管理整体工作的顺利、有序进行。

第四，定期进行财产清查和财产盘点，查明财产物资、货币资金和结算款项的实有数额，保证账面结存数额和实际结存数额一致，保证账实相符。管理固定资产，实行逐级审批、逐级登记、逐级管理，做到谁使用，谁负责；谁管理，谁监督。

第五，发挥内部审计机构的作用，定期审计企业内的各项制度和经济活动，有助于各部门各岗位自觉加强内部监督和自我管理，按规定要求办理经济事务，自觉遵守财经法纪，提高资金使用效果和企业经济效益。

六、财务管理的监督职能与企业运营管理的融合

如何将财务管理的监督职能反馈融合到企业的运营管理中，以此优化提升企业的管理和效益水平？

第一，为了提升财务管理的监督职能，必然在纵向的授权审批上明确监督要求，在横向的业务流程上清晰界定职能，同时岗位之间的职责权限和工作标准也要规定好，做到授权清晰，职责明确，程序规范，流程顺畅，将财务管理的监督职能，通过流程节点和职责制衡，融合到企业的运营管理中，就会直接减少内耗，提升企业的管理水平。

第二，为了提升财务管理的监督水平，必然对财务部门的会计记账人员与经济业务事项和会计事项的审批人员、经办人员、财物保管人员的职务进行分离，相互制约，有效防止因权限集中、职务重叠造成的贪污、舞弊、失误等行为，维护企业利益，提高企业效益。

第三，财务管理的监督职能，保证了重大经济事项的决策和执行程序应

当明确。一是决策和执行的程序应当制度化、规范化；二是决策和执行程序中应当体现出决策人员与执行人员之间相互监督、相互制约的一面，既要防止权限过于集中，也要防止政出多门、各行其是。尤其是对外投资决策，避免拍脑袋决策，盲目决策，各部门进行会商交流，集思广益，进行可行性研究，从各个角度分析如何规避风险，决策流程和决策体制科学了，就会避免企业的投资失误，提升企业的经济效益。

第四，在财务监督之下的资金计划管理，能够保证资金的合理使用，没有上报资金计划的，不列入审批范围，以节约使用资金。加强对应收账款和货款回笼的管理，建立严格的考核制度，应收账款发生了，不能将产生的销售结果作为业务人员的业绩，而是将款项全部收回后，作为考核业绩，减少资金占用，减少坏账产生的概率。通过收支两条线和建立资金池，综合调配资金使用，根据重要性和轻重缓急原则，进行资金管控，实现资金的安全有序计划管理。

第五，实施全面预算管理，预算管理的核心在于对企业未来的行为事先安排和计划，对企业内部各部门各单位的各种资源进行分配、考核、控制。确保企业按照既定目标行事，实施企业财务预算管理，变事后监督为事前监督、事中监督，把财务风险控制在最低程度。建立现金流量预算制度、资金责任审批制度、资金效益评价制度、资金报告制度，建立以"责、权、利"统一机制为基础的财务控制系统，推动管理从能人管理转变为制度管理和系统管理，确保企业的核心竞争力，减少人为的主观判断因素。

第六，根据财务管理分析和数据分析，将企业运营管理中出现的问题转化为预防措施，对每一岗位、每一项具体的业务都要建立一套相应的工作流程和业务规范，实现财务和业务的一体化，把财务管理渗透到企业管理的每个细节中。有条件的企业，设立专职或兼职的岗位，专门监督财务管理的落实情况，对管理及指标量化的创新进行考核；健全激励机制，促使员工以高度的责任心去支持和实施财务内部监督与控制，对财务监督职能的成果进行合理的业绩评价；通过表彰奖励，提高员工的工作热情，加速财务监督职能落地，实现优化提升企业运营效益的目标。

七、财务部门的员工成长计划和激励机制实施措施

1. 实行和物质奖励、职务晋升、加薪、荣誉表彰相关的奖励机制

财务部门是企业的一个管理部门，在企业整体层面没有独立的决策权，财务部门的员工表现好，员工的业绩出色，但其他部门也有优秀员工，所以物质奖励、薪酬标准调整、职务晋升、荣誉表彰，不可能财务部门自己做决定，要放在企业的统一平台上进行评选。这就要求财务部门的负责人，平常多采用口头表扬的方式，对部门内的优秀员工进行奖励，认可他们，将他们树立成学习的标杆和榜样，给他们做好职业生涯规划，给他们描绘发展前景。让优秀员工有动力、有自豪感、有责任心来对待工作。另外，财务部门的负责人平时对待部下要一碗水端平，做事公平公正，等到企业统一表彰时，积极推荐本部门优秀员工，让他们在企业层面得到认可。

2. 非薪水激励——员工激励方案

德鲁克说："对员工最大的激励就是帮助他们获得业绩，只有业绩才能让他获得成就感。不是加薪，不是晋升，不是奖励，那只是结果而已。"

做任何工作，每个人都想成功，没有人甘心落后，也没有人愿意失败，为了比周围的人更出色，为了获得周围人的认可，可以加倍努力，这本身就是一种需求，对成就感的需求。马斯洛需求理论认为，人的最高需求是实现个人价值。心理学家赫兹伯格认为，金钱只是保健因子，而不是激励因子。那么，比金钱更重要、更有效的员工激励方案有哪些呢？

（1）企业文化

组织的愿景和使命，如果和员工有直接联系，更能够激励员工，为了组织的愿景和使命，员工会加倍努力地工作和进步。团队成员有共同的价值观、有共同的团队目标，才能够吸引大家聚在一起做成事情。

（2）取得业绩

支持员工个人不断取得新的业绩，他们就会越来越觉得自己有价值，当你对员工说：这件事如果让别人做，不可能做得这么好！这句话就等于给他涨了一级工资，属于更高层次的精神薪酬。

（3）尊重信任

任何人都需要尊重和信任，士为知己者死，信任本身可以为员工输入巨

大的工作动力，让他们迸发出惊人的潜力。金钱只能消除不满，尊重和信任才是员工加倍付出的动力所在。

（4）能够成长

企业必须让员工不断成长，企业为员工提供了成长平台，提供了施展才华的舞台，提供了成长成才的机会，员工在内心会感激企业，会把企业当成自己的家，会用更加优秀的业绩回报企业，回报领导的支持和认可。

第二讲

组织结构与组织活力

第一节　组织结构设计的主要依据与演变进化趋势

实际上，企业的组织结构更适合于工业社会的运作模式，考虑到中国的文明起源于农业，属于小团体操作模式，围墙意识影响下的国人，都喜欢以自我为中心来判断与他人的亲近程度，社会关系像水波一样从中心往外面扩散，整体人格特征散发着"利益""道德"等诸多要求，与西方社会的"契约""合同"有着明显的不同。文化的差异，对企业管理的要求大不相同，尤其是人数不过百人的中小企业，需要从"人情管理"向"契约管理"的转变，"感性和自我"向"理性和逻辑"的转变，这自然为组织结构的设计带来压力和不适，如果企业不是流水线式的工作特点，对组织结构的"水土不服"，更加重了这种反差，拉低了企业的管理效能。

一、企业组织结构设计的主要依据

组织结构的设计受企业内外环境、发展战略、组织规模、人员素质等因素影响，没有最合适的组织结构，只要能够实现企业的战略目标，增加企业对外竞争力，提高运营效率，就是合适的组织结构。组织结构的本质就是，为实现企业战略目标而进行的分工与协同安排。

1. 企业战略

组织结构的设计必须服从企业所制定的战略，同时为企业战略目标的实现提供组织保证。企业战略选择的不同，主要在两个方面影响组织结构：一是不同的战略要求不同的业务活动，从而直接影响管理职务的设计；二是战略重点的改变会引起工作重点的改变，促使企业内部各项管理职务及其部门之间的关系发生变化。

2. **企业环境**

毋庸置疑，企业要获得可持续生存与发展就必须研究内外部环境，努力使自己的经营管理活动适应环境要求，同时在变革过程中同外部环境保持动态平衡。一般而言，环境对企业组织设计的影响主要表现在三个方面：一是对企业组织结构的整体特征产生影响；二是对企业内部各部门的关系产生影响；三是对企业内部管理职务和部门的设计产生影响。

3. **技术水平**

很大程度上，技术及技术设备的水平不仅关系企业的经营效率和效果，而且影响工作内容划分、职务设定，以及对员工的素质要求。现代企业广泛使用先进技术和机器设备，其自身的运转规律，决定了对企业生产经营系统结构的设计与完善不能主观、随意地进行。

4. **企业发展阶段**

企业规模与企业发展阶段密切相关，是影响企业组织结构的重要因素，伴随着生产经营的发展，企业内外部活动的内容会日益复杂，员工数量会越来越多，企业的经济能力不断提高，市场范围不断拓展，需要有与之相适应的组织结构形态。

二、企业组织结构的演变进化趋势

随着社会的进步和企业战略的优化转型，企业不断地对组织结构进行动态调整，扁平化、柔性化、无边界化、虚拟化成为组织结构演变的大趋势。

1. **传统组织结构**

传统企业的组织结构大多属于直线型、职能型、事业部型；规模大一些的集团企业会出现矩阵型和多维立体型组织，其中科技型企业大多采用网络型组织。

传统组织类型及其优缺点：这些组织结构对内的信息流，是自下而上进行收集，企业的中心决策，采用自上而下的方式分解推进，整体组织管控意识比较强，在这种组织结构下，跨部门、跨中心的信息数据被职能分工所割裂，组织内部不愿意互相分享信息数据。

2. 现代组织形态的发展趋势

依据企业进化规律，企业将从低级组织形态向高级组织形态演变，因此组织结构将逐渐复杂化，组织结构的变革应该符合企业进化规律。

（1）组织结构的扁平化

组织结构扁平化的最大特点是"等级型"组织与机动的计划小组并存，组织的反应更加敏捷、灵活、快速、高效，不同知识背景的员工分散在结构复杂的组织形态中，通过凝缩未来时间与空间，加速知识全方位运转，以提高组织绩效。

（2）组织关系的网络化

随着管理软件、企业数据信息系统和网络技术的深化运用，传统的职能管理部门的大部分重复性管理工作由企业管理软件完成，职能部门的任务主要是制定和修改控制程序、处理例外事件等，过去以控制和命令为核心的组织关系逐渐变成相对平等和自主、富于创新的网络关系。在企业内部网络平台的帮助下，员工之间的纵向分工不断减少，而横向分工和协作不断加强。

（3）组织规模的小型化

企业规模的小型化也是组织形态发展的趋势之一，面对市场激烈的竞争，许多大公司通过分离或剥离、授权、流程再造、业务外包或建立战略联盟等方式，让自身的经营实体小型化，从而达到降低成本、提高应变能力、提升竞争能力的目的。

（4）组织边界的柔性化

随着企业之间交易费用的降低和企业生态的形成，部分企业可以将非核心业务外包给产业链条的其他企业，企业集中资源聚焦生产核心业务，企业的内部边界和外部边界都变得更加模糊、更加富有柔性和灵活性。企业的资源、信息传递和扩散迅速穿越组织边界，使组织作为一个整体的功能远远超过各个组成部分的功能之和。

三、后援平台组织结构

任何新的战略思考都需要组织创新才能落地,随着信息技术的飞跃发展,数字化时代的后援平台赋能型组织结构将成为企业的组织核心。

后援平台组织的核心功能是赋能,不再是管控,因为管控缺少创造力。赋能与激励更依赖企业文化等柔性管理的深入普及,员工需要领导机构更多的支持与服务,成就感是团队成员工作的主要驱动力,他们注重物质奖励,也注重精神奖励。

后援平台组织是学习型和协同型组织,前端业务部门可以调动相应的资源为其服务。组织成员采用自我驱动的工作方式,依据事务的优先级协同上下游和内外部资源,在利他与利己之间找到平衡,后援平台组织是通过创新驱动促进个人成长和团队成长,促进个人经验与团队大数据结合,促进个人知识融合组织智慧,实现组织绩效的提升。

后援平台组织及其特征可概括为三个方面。

1. 赋能

后援平台组织的核心特征是自下而上,激发团队每位成员的内驱力,在尊重个人意愿和观点的基础上,团队成员拥有共同的愿景与价值观,它有三个特征。

第一个特征是自我驱动。团队行动是出于共同的意愿,只有来自团队成员内心的期待,才能够激发员工投入最大的工作热情与做出承诺,员工才有可能克服前进过程中的困难和挫折。传统团队像老式火车,前进全部依靠车头带,而自我驱动型组织,就像高铁动车组,每一节车厢都是动力源。

第二个特征是和而不同。强调团队形成相互信任的和谐氛围,能够尊重每名团队成员的各种观点。在这样的团队氛围中,每个人都能够坦诚地表达自己的意见和建议。

第三个特征是价值认同。尽管在一些事情的看法上,大家的观点有差异,但是团队能够形成合力,关键在于团队成员有相同的价值理念及利他思想,发自内心地认同组织的努力方向,为客户创造价值。

2. 共创

再聪明睿智的人,也很难看清楚环境黑箱中的全部细节。因此,过于依赖领导者的个人智慧，难以适应数字化时代的要求。团队决策必须吸收每名成员的智慧，在多元观点的融合共创下，适应快速变化的创新决策才可以浮出水面，它有三个特征。

第一个特征是多元观点。多元观点来自团队成员多元的背景与能力，因此，共创型团队的成员结构是多元化的，具有不同的教育背景、不同的工作能力、不同的人生经历，每名成员是独立思考的个体，积极贡献自己的信息与洞见，这些就汇聚成集体智慧。

第二个特征是民主共识。决策过程的民主化是团队凝聚的共识，是智慧创新的必要条件。在团队决策过程中，成员之间要充分交换各自观点及观点背后的假设条件，这样得到的最终决策才能够吸收大家的智慧，才能够取得一致和共识。

第三个特征开放包容。后援平台团队具有开放包容的团队氛围，面对不确定的环境变化，束缚组织创新的最大障碍是固化的思维。拥抱变化、接受变化是团队共创前行的前提，在新形势下，团队容纳多元化思维，跨域思考，跨界借鉴，才能实现创新突破。

3. 迭代

数字化时代，要考虑如何低成本试错、高效优化调整，因此，源于软件工程的迭代方法论成为敏捷团队的重要工具，它有三个特征。

一是勇于试错。宽容失败，接纳失败，把失败作为成功的前提条件，让团队认识到只有试错的次数足够多，才能够摸索出属于自己的正确道路。

二是敏捷行动。小范围低成本试点，这样行动的目的是学习与验证，因此，团队执行这样的行动应当快速、敏捷，不断调整实验来增加成功的概率。

三是反思精进。在试点行动过程中，根据实践反馈进行反思，对之前的认知假设进行调整，然后再进行测试。

企业做后援平台，是业务价值驱动的，组织设计和技术架构，都是为了解决业务拓展的问题，那么想让组织走向后援平台化、智能化，第一步就是找到战略卡位点，让组织依托于此成长起来。信息化时代，技术和业务的关系是支撑关系，到了后援平台时代，技术和业务的关系转变为赋能关系。具体而言，从满足业务部门需求，转变为能够推动业务部门完成后援平台化，乃至提出业务创新构想，带来新的价值增长点。

后援平台结构下的企业总部，对前端业务标准的理解要更深刻更敏感并具备主动完善的机制，这些被强制成长的"后援平台"部门，会逐步演变成很多企业的"财务共享中心""人力共享中心""采购/供应商共享中心""信息化流程总部"等。创新没有任何方向，也没有成功经验可以借鉴，只能不断尝试，并快速响应市场变化。其中，激发员工的激情至关重要。换个角度看问题，很多企业的后援平台生存之根本，就在于对业务标准化改造的深度，基层得到高层的部分授权，每名业务人员都肩负管理者的部分功能，基于不同目标做出贡献，相互依赖的工作流程，参与式的集中管理，这些鲜活的组织模式特征，将给企业的业绩突围和可持续发展带来希望。

四、未来企业组织结构进化的理想模式

在企业组织至今160余年的历史长河中，从传统时代到今天的智能时代，未来组织的演变方向是什么呢？

第一，组织结构是为商业目的服务的，企业架构是企业的方向，是企业不断发展进化的航标。组织结构能够勾勒出企业发展的蓝图，能够描绘出战略方向，对高级人才而言，有非凡的吸引力，在企业战略发展所需要的资源保障还没有到位、战略目标实现路径还不是特别清晰的前提下，通过企业组织结构的前瞻性构想，提前勾勒出企业的战略定位和战略目标。

正如我们所熟知的华为公司，其在起步阶段就通过组织结构的设计，布局了一张巨大的渔网，其网眼由不同的业务类型组成，通过放大研发和市场、缩小生产构成哑铃型组织结构，充分调动资源，切实贯彻分权分责，让无数有志青年找到依靠企业舞台实现个人价值的机会，虽然机会看起来还不是特别清晰，但正是这种不确定的未来，才成就了梦想和奋斗的可贵。

第二，公司的竞争力都反映在组织结构上，战略决定组织结构，组织结构为战略服务。组织是有生命的，组织能否保持基业长青的关键，取决于其能否持续性地根据环境进化。组织结构的进化要求是，可以满足跨领域的资源调度，最终形成协同作战的效果。同时，其组织结构要有极强的消化与融合能

力，保持必要的灵活性，让大象跳舞的秘诀，就是不要让自己沉重的身躯成为羁绊，一方面，能够避免由于组织的过于复杂，管理层无法做出合理的判断和决策；另一方面，能够避免传导路径的信息衰减，以及由此而引起的执行偏差。

第三，组织结构进化的理想模式究竟是什么？也许就是在持续营收、持续寻求新机会、严格把控资源风险三条线上找到平衡，企业在构建新商业模式的同时，对组织结构进行自主探索，所有利益相关者都被看作一个完整的生态系统，最大程度发挥每名员工的创造力与活力，为企业带来源源不断的初始生命力，始终让组织保持充沛的造血能力。

第二节　VUCA 时代，唯有组织变革才能够确保企业跟随发展趋势和可持续稳健发展

企业的发展当然离不开组织变革，环境、技术、社会资源的不断整合与变动，都给企业带来机遇与挑战，这就要求企业必须适应组织所处的内外环境、技术特征和组织任务等方面的变化，及时调整和完善自身结构和功能，以便提高适应环境、求得生存和发展需要的应变能力，为战略目标的实现持续提供优质、匹配、良性、可持续的人力资源保障。组织变革主要是对组织的权力结构、组织规模、沟通渠道、角色设定、组织与其他组织之间的关系，以及对组织成员的观念、态度和行为，成员之间的合作精神等进行有目的的、系统的调整和革新。

一、组织变革的原因

组织变革的基本动因有组织外部环境变化和内部环境变化两大原因。

（一）组织外部环境

1. 市场环境因素

市场环境的变化因素有很多，如消费者观念的变化、消费者购买行为和购买方式的变化、消费者需求的多样化和个性化等，这些因素的改变必然引导和促进组织的生产和营销等行为发生改变，从而导致组织发生一定的变革。

2. 社会政治经济因素

国家相关的政治经济政策发生改变、相关法律的颁布和实施都会成为组织变革的动因。经济的繁荣与萧条、物价的涨跌、投资的变化等经济因素都可能带来组织的变革与发展。同时，经济的发展也会引起人们思想观念的改变，从而引起社会文化和社会价值观的变化，影响组织的变革与发展。

3. 科学技术因素

社会的进步和新技术的广泛应用，促使生产和办公更加自动化，提高生产效率，同时知识越来越被认为是一个重要的生产要素。所有这些因素都要求组织进行变革以适应时代趋势的要求。

（二）组织内部环境

1. 战略的调整变化

组织结构是依据组织战略制定的。新的战略一旦发生变化，组织结构就要调整来适应新战略的需要。战略调整对组织结构的影响一般表现在两个层次上：一是不同的战略要求开展不同的业务和管理活动，由此影响管理职务和部门的设计；二是战略重点的改变会引起组织业务活动重心的转移和核心职能的改变，从而使各部门、各职务设置在组织中的相对位置发生变化，相应地就要对组织结构做出调整。

2. 组织成长的规模变化

随着组织的发展，组织的人数、活动内容会越来越多，范围会越来越大，这就要求组织结构做出相应的调整，同时组织的不同成长阶段也对组织结构有不同的要求。在发展早期，组织一般采用灵活、简单的组织结构，随着发展，组织慢慢地变成正规、集权式的职能型结构；组织进入多元化发展阶段后，分权的事业部结构可能更符合组织发展的要求。总之，在不同的发展阶段，组织结构要不断地变革，以便适应组织成长的规模和发展要求。

二、组织结构需要变革的征兆

当组织结构需要变革时，通常出现以下征兆。

企业经营业绩的下降，如市场占有率下降，产品质量下降，消耗和浪费严重，企业资金周转不灵等。

企业生产经营缺乏创新，如企业缺乏新的战略和适应性措施，缺乏新的产品和技术更新，没有新的管理办法或新的管理办法推行起来比较困难等；组织机构本身病症的显露，如决策迟缓、指挥不灵、信息交流不畅、机构臃肿、职责重叠、管理幅度过大、扯皮增多、人事纠纷增多、管理效率下降等。

员工士气低落，不满情绪增加，如管理人员离职率、员工旷工率、病事假率增加等。

当一家企业出现上述征兆时，组织应及时进行诊断，判定企业组织结构是否有变革的必要。

三、组织变革的内容

组织变革的内容主要包括人员的变革、结构的变革、技术与任务的变革。

人员的变革，是员工在态度、技能、期望、认知和行为上的改变。

结构的变革，是针对企业的管理机制和运作方式进行调整和改进的机制改革，包括决策机制、集权程度、考核激励机制、协调机制、职务与工作再设计、流程优化再造等方面。

技术与任务的变革，包括对作业流程与方法的重新设计、修正和组合，包括更换机器设备，采用新工艺、新技术和新方法等。

四、组织变革的过程和程序

组织变革的过程包括解冻阶段、变革阶段和再冻结阶段。解冻阶段即改革前的心理准备阶段。变革阶段即变革过程中的行为转换阶段。再冻结阶段即变革后的强化阶段。

组织变革的程序一般包括：诊断组织现状，发现变革征兆；分析变革因素，制定改革方案；选择正确方案，实施变革计划；评价变革效果，及时进行反馈。

五、组织变革的目的

组织变革的目的是提高企业的管理效率和运营效能，使企业更加适应市场需求和竞争环境，推动企业实现可持续发展，提高企业的核心竞争力。

六、组织变革的意义

组织变革的意义是什么？如何检验组织变革是否成功呢？

组织变革对一个组织的生存及发展具有重要意义：能够提高组织绩效，有效地激励员工，在机制上鼓励技术革新及创造，能够提高组织的竞争能力，使组织能够更好地适应内外环境的发展。

检验组织变革成功的标志，本质体现的是员工的行为模式根据组织变革的方向和内容要求而发生改变。员工行为发生了改变，代表企业组织的末端，也是最小业务单元发生了改变，符合组织变革的要求，确保员工作为行为个体，响应组织的变革要求，能够顺应组织发展趋势，用个体贴近时代变化趋势的方式，代表组织变革取得了成功，并且体现出组织活力凝聚的特点，确保组织的稳健可持续发展。

第三节 组织能力，是企业盈利水平持续增长的核心支撑和原动力

一、组织能力

企业盈利水平持续增长有三个驱动力：商业模式、发展战略和组织能力。其中，组织能力是把判断与想法变成大家共同拼搏事业的能力，是确保商业模式和发展战略能够落地的关键所在，是确保企业可持续发展的最大变量，也是企业盈利水平持续增长的核心支撑和原动力。

那什么是组织能力呢？简单地讲，就是把一群平凡的人聚集在一起，做成非凡事情的能力。

要想提升组织能力，首先就要解决三个问题：一是要解决员工的意愿问题，通过激励机制，让员工做事有主动性，不用扬鞭自奋蹄；二是要解决员工的能力问题，通过系统培训和岗位历练，确保员工具备能干事、干成事的能力；三是要为员工提供创新保障，通过营造鼓励员工创新的环境，通过持续赋能，将组织能力转变为组织活力，增强组织的核心竞争力。

所以要想提升组织能力，就是要解决三个问题，总结成七个字：有心、有力、有保障。

二、组织能力的三大维度

组织能力可以分为三大维度：组织价值观、组织规则和组织知识。

三个维度存在递进影响：组织价值观是企业的底层逻辑，决定了员工的基础价值判断；基于组织价值观的实践，会达成关于员工行为的共识，具象成为组织规则；而基于组织规则的共同行动，会沉淀出各类组织知识。组织能力能够局限或强化企业在不同层面的表现，可以体现在公司从产品开发到营销再到生产的任何活动当中，精心培育的组织能力会成为企业竞争优势的一个来源。

三、组织能力建设的作用

既然组织能力这么重要，那么组织能力建设最大的作用是什么呢？

组织能力建设最大的作用，就是组织层面的反思纠错能力、自我修正和进化能力。

企业组织不可能一直处于领先，可能在某个阶段犯错误，但是优秀的企业组织犯错误之后会很快调整和修正。企业组织的每一次调整和修正代表着组织新的进化，可以确保企业通过自我更新和自我修正，持续保持核心竞争力。

四、判断组织能力优秀的标准

那么判断一家企业的组织能力优秀的标准有哪些呢？

一般有两个标准。

第一个标准：老板是否可以实现"离场管理"。

老板实现不了离场管理，说明老板成了全体员工的管理"人质"，说明企业没有成型的自动运转的管理运营体系，企业的管理基础薄弱，没有形成体系，企业还处在人治管理的阶段。

第二个标准：企业是否依赖特定的几个能人来管理和运营。

一家企业如果依赖几个能人来管理运营，说明企业的组织管理比较薄弱，职责分工不清晰；企业的工作任务分配、评价制度和分配制度，主要依靠几个能人的主观性评价和强势管理来决定实施，企业还处在粗放经营阶段，还没有形成组织管理能力。

关于组织能力建设，我们分享一个案例。

"无论马云的决定是什么，我的任务都只有一个，帮助这个决定成为最正确的决定。"这是阿里巴巴集团的前人力资源总监彭蕾女士说过的话。

这句话有两层含义：第一个层次，老板对的，我做得更对；第二个层次，老板如果有偏差，我也要做正确。

打铁必须自身硬！这就是优秀职业经理人所具有的强大的自我修正和自我修复能力，无论老板的决定是什么，我的任务只有一个，帮助这个决定成为最正确的决定。能够让老板的想法落地才能够证明你的实力，能够完成经营目标才能够体现你的价值。

毛泽东说过，"正确路线确定以后，干部就是决定因素"，所以组织能力建设最核心的内容就是吸纳、培养和留住优秀人才。

五、影响成长型民营企业组织能力建设的最大障碍

影响成长型民营企业组织能力建设的两个突出因素如下所述。

一是老板的决策方式。部分成长型民营企业的老板喜欢一言堂，喜欢自己说了算，喜欢掌控一切。例如，有些民营企业的董事长召开企业办公会时，根本不给与会者说话的机会，会议全程基本是他自己在讲话，决策的民主化程度较低，严重影响组织活力。西汉的开国皇帝刘邦，其决策原则就是两条：一是反思，二是探询。例如，刘邦的口头语是"为之奈何？"翻译成白话文就是：还有什么好的建议吗？刘邦开会从不下结论，下属说什么都听，先听再分析判断，通过反思探询式的虚怀若谷，把一批像张良、韩信、萧何一样的牛人聚拢在身边，得以击败个人能力远超自己的项羽，成就了历史伟业。

二是影响企业组织能力的因素，是管理干部像武大郎开店一样管理下属，企业的部分管理干部专业能力还不错，但领导力水平不高，心胸狭隘，体系化的管理水平比较弱，导致武大郎式的干部管理下属，形成以下危害：首先，公司的战略分解传达不下去，就像人体的毛细血管被堵塞了一样，后果是头脑清

醒但四肢麻木；其次，人才进入他的管理范围，全是蠢材庸才，员工没有成长；最后，团队建设和组织绩效滞后，导致企业没有他就没有现在，有他就没有未来。

所以，具备武大郎心态的管理干部，只会招聘和任用能力比自己更差的员工，培养不了超越自己水平的人才，形不成后备人才梯队。没有后备人才队伍的支撑，企业稳健可持续发展就是一句空话。

第四节　做好人才盘点，助力业务快速发展

一、进行人才盘点的原因

从战略层面分析来看，企业战略目标的实现必须有组织能力支撑，组织能力的基础是优秀人才对应的人才标准和人才画像，人才标准的基础是"员工的胜任力 + 价值观 + 关键经验"。伴随着业务版图的快速扩张和业务规模的迅速扩大，增加新的管理岗位来扩大高管团队的管理半径成为必然。企业内部是否具备充足的人才池、是否有足够潜力的未来领导者将成为企业能否进一步保持竞争力的关键。

从人力资源层面分析来看，人才是企业最宝贵的资产，企业的固定资产每年都要盘点，所以人才也要盘点。通过人才盘点，能够清晰地了解组织中的人力资源状况；通过审视人力资源现状，摸清内部人才状况，评估在职员工与岗位匹配度，发现员工长处与短板以便有针对性地培养人才，同时挖掘高潜质人才，确认组织现在与未来发展在人力资源布局上的差异程度，以便制定出更清晰、更有效的人力资源规划，让老板和人力资源部门能够进一步了解组织中的人才稳定性、优劣势、未来发展方向并发现核心骨干，提前储备人才，通过人才战略有效地配合组织可持续发展。

二、人才盘点前的摸排准备工作

人才盘点需要老板、业务部门和人力资源部共同推动，最佳方案是三方取得共识后由人力资源部负责操盘运作，老板和业务部门对人才盘点需求有了认同，在后续的资源调动和评价配合上，能够提高人才盘点的工作效率。

整体来讲，人才盘点前的摸排准备工作主要有两项。

1. 把组织的需求搞清楚

人才盘点一般在年底进行，至少一年一次，编写人才盘点报告，为下一年的员工招聘计划、培训计划奠定一个良好基础。人才盘点之前，要初步摸排企业的战略重点是什么？业务方向是什么？用人需求集中在哪些岗位？有哪些具体要求？企业目前的人才梯队状况如何？员工的数量、结构、能力分布整体情况如何？人才管理的问题点到底在哪些地方？人才盘点前摸排准备的重点，就是把组织的需求搞清楚。

2. 制定总体人才盘点方案

制定总体人才盘点方案，盘点方案在高层和关键中层人员之间要达成共识，盘点方案主要包括：盘点哪些对象？盘点过程中各部门如何配合？具体工作分工有哪些要求？要用到哪些人才盘点的测评工具？总体人才盘点方案，就是要求人才盘点工作要提前布局，精心组织，保证大家能够同心协力，高效完成工作目标。

三、人才盘点的实施内容和流程

人才盘点具体实施的内容和流程主要体现在五个方面。

1. 全面更新在职员工档案信息

在人才盘点测评工作开始之前，全面更新在职员工档案信息，更新的信息必须包括基本信息和年度绩效成绩，其可作为人才盘点的基础数据。

2. 建立人才标准和任职资格体系

人才盘点就是根据企业发展阶段、企业文化、行业特征、发展战略等因素，企业建立适合自身的人才胜任素质模型，明确人才标准，清晰各岗位任职资格条件。没有人才盘点的标准，对后续的人才认定、人才评价和人才排序就没有基础和依据。

人才标准一定要清晰，判断员工未来高潜力的标准有五条。

一是有成就动机：有抱负、有理想，渴望获得更大的挑战机会；向上发展的愿望强烈，勇于承担风险和责任。

二是能够快速学习：有好奇心，注意力集中，能够快速地掌握专业知识和信息。

三是思维敏捷：反应速度快，善于洞察问题本质，能够发现不同事物之间的联系，考虑问题的角度与众不同，提出的观点让人眼前一亮。

四是人际理解：具备站在对方角度上体会其感受或领会其意图的能力，以及良好的心理承受能力，持续保持乐观、开放和包容的心态。

五是影响力：对他人施加特定的影响、留下特殊的印象，使他人接受或支持自己的想法和打算。

3. 人才测评评估

采用各种专业测评工具，按照人才标准对现有人才状况、员工绩效进行评价、筛选、排序；重点分析评价员工素质能力、岗位匹配度、价值观和潜力。总体方面，统计分析人才数量、质量和人才结构，找出企业未来用人需求和人才现状之间的差距；个体方面，通过人才测评摸清员工个体素质能力和目标岗位要求之间的差距，同时发现高潜力人才，为培养继任者计划提供依据。

4. 测评结果统计排序

人才测评结束之后，对测评结果进行数据统计，根据得分和绩效情况，按照能力和潜力或者绩效高低进行分类排序，得出人才九宫格布局，知道哪些员工是重点人才，哪些员工需要培训提高，哪些员工要进行调整岗位甚至淘汰。每一类人员的选、用、育、留，都对应一个有针对性的使用策略。

5. 盘点结果的校对复盘

测评结果出来以后，不能够直接使用，高层和关键中层管理干部应该共同参与，对盘点结果校对复盘，制作出人才盘点总体报告和每位员工的个体报告。

人才盘点总体报告主要是人力资源总体分布情况，需要包括如下问题的答案：现有的人才是否能够支撑业务发展？还需要增加哪些新的岗位？下一步如何建设人才梯队？人才和能力提升是企业培养还是通过外部招聘来实现等？

个体报告关注的重点是人才的优缺点评价、岗位匹配度说明、员工还需要增加哪些新技能，以及员工的职业发展建议。

对于人才盘点的明星员工，个体报告还应该包括：如何进行职业规划？企业资源有限，如何通过合理分配，增加他们的吸引力？对于有明显优点和缺点的员工，是长板加长还是补齐短板？

四、人才盘点的结果应用

合理应用人才盘点的结果，如总体报告要用到员工招聘计划和培训计划中。个体报告要做反馈，可以集体反馈，也可以一对一反馈，反馈结束后，员工要和他的上级领导坦诚交流，基于自身情况制订下一年的能力提升计划，保证企业的关键岗位都有短期和中长期的继任人选，对继任者有针对性的培养计划。

继任者的培养计划就是人才梯队计划，通过人才梯队计划，选择员工进入梯队人才池，确定在梯队人才池中重点培养和重点历练的员工，保证他们能够健康全面成长，最后根据组织发展要求，把能够胜任岗位要求的优秀人才安排到合适的位置。

优秀员工是企业的宝贵资源，可以提高劳动生产率和劳动绩效，人才盘点有助于企业有效整合资源，为企业实现绩效目标提供坚实的保障。尤其是在外部环境激烈竞争的情况下，只有全力投入识别、选拔和培养未来领导人才的企业，才能够应对来自市场竞争和人才竞争的双重挑战，持续保持领先。

第五节　成长型企业应建立健全企业管理系统

企业管理是非常复杂与烦琐的动态管控过程，它没有固定的管理模式，但是总体上有一定的管理规律可遵循。企业违背了管理常识和客观规律，就可能导致某些方面的管理变形和管理失控，甚至蒙受一定程度的经济损失，最坏的结果可能是企业崩塌。所以，建立系统性、权威性、不断创新且又符合企业实际发展运行规律的管理系统十分必要。企业建立健全了管理系统，具有了清晰的战略目标定位和能够为战略目标服务的合理的组织架构，能够强化企业可持续发展的商业模式，通过组织活力来推动企业立足于市场而基业长青。

企业发展一般经历四个阶段：创业期、成长期、成熟期和持续发展期。在创业期，企业最重要的能力就是盈利，面对的主要问题是市场的开拓和产品的创新，创业的核心人物能够不依靠系统管理而主要依靠能力和开拓精神进行企业管理。企业进入成长期后，需要全方位地构建管理体系，它的形成和运行是否符合企业管理规律，直接影响企业后续的成熟期和持续发展期的生命周期。

一、成长型企业的管理现状和建立健全管理系统的重要性和必要性

在市场经济大潮中，成长型企业如同鱼儿散布于商海，它们的成长与发展是推动经济进步的重要力量。然而，随着经济全球化和技术革新的加速，成长型企业面临前所未有的挑战，管理系统的不完善往往成为制约其发展的瓶颈。企业快速发展的同时，内部可能存在管理参差不齐、战略规划不明确、人才结构不合理、创新能力不足等问题。这些问题制约了企业的长远发展，企业亟须通过整体管理系统水平的提升来解决这些问题。系统化管理不仅能够提升企业运营效率，还能够提升企业的市场适应性和增强核心竞争力。因此，对成长型企业而言，提升管理系统是实现企业可持续发展的关键。

也有一部分成长型企业东拼西凑了一大堆制度和流程，建立起来的管理体系缺乏系统性和目标导向，结果并没有促进管理的体系化，并没有提升企业的管理效率和经营效益，还造成了和企业规模不相匹配的大企业病。管理是为经营服务的，如果管理没有提升管理效率，没有提升经营效益，那说明管理没有发挥作用，因此，遵循客观管理规律，建立健全简洁高效的管理体系，对成长型企业来说至关重要。

二、成长型企业必须建立健全的九个管理模块

成长型企业必须建立健全的九个管理模块，梳理清楚彼此的逻辑关系。

1. 第一个模块：发展战略规划

企业管理体系的建立是围绕企业战略目标而展开的，所以企业战略规划是关键，企业既不能好高骛远，也不能把目标设定过低而没有挑战性，否则企业战略规划只能流于形式，产生不了价值。只有企业的管理形成系统，并符合管理规律，企业才有灵魂和身躯，才能在商海搏击中茁壮成长。

成长型企业的发展战略规划，就是确定企业的发展方向，企业发展定位是什么，聚焦取舍的产品或服务是什么，突出市场定位，明确企业锁定和抢占什么市场，达到多少产值，企业要做到多大的规模等，以及实现战略目标分几个台阶，资源保障和实现路径分别是什么。这些问题搞清楚，企业才有可能朝向目标努力进取，否则就是摸着石头过河，盲目发展，很难可持续发展。

2. 第二个模块：核心流程设计

企业确定了战略目标，就要科学合理地分析达成这一目标需要的几个关键的工作步骤，围绕这几个步骤中的几个重要动作和工作重点，精心设计企业的核心业务流程，确定流程的节点和要求、责任人和工作标准，明确匹配的资源保障要求，最大限度地确保企业发展战略目标的实现。

3. 第三个模块：建立组织结构

根据企业的发展目标，结合企业的核心业务流程，分析流程中的各个工作环节需要什么样的部门来负责，并论证这些部门之间的相互关系和作用，从而构建组织结构。组织结构是为企业的战略目标服务的，是梳理明确权力边界、确保责权利对称的保障，有了科学的组织结构，企业才能够进行专业分工，才能够保证企业决策的快速响应。

4. 第四个模块：制定岗位职责

有了核心工作流程和组织结构，就可以统计和归纳各个流程的节点和工作要领，用来设定工作岗位和编制岗位职责及岗位说明，从而把部门目标分解到每一个具体的岗位上，延伸和推理出多项工作指标，使每一个岗位都有清晰的工作目标。然后再以达成目标的工作量大小定岗、定编、定员，并进行各岗位的价值评定，为下一步设计薪酬方案和进行绩效管理奠定基础。

岗位职责的明确，使常规性的工作有条不紊，使突发性的工作未雨绸缪，明确审批权限和议事规则，启用ERP、OA及钉钉等管理工具，来提高工作效率，确保人人有事做、事事有人做。

5. 第五个模块：设计薪酬体系

企业首先根据战略所关注的目标和岗位责任、绩效考核等内容，结合涉及薪酬待遇的政策法规，设定薪酬构成；其次按照岗位价值评价，和市场及同行业的相关岗位的薪酬水平进行比较，设计本企业的薪酬体系，促使员工与企业结成利益共同体，共同为实现企业目标努力奋斗。

6. 第六个模块：推行绩效管理，建立绩效评估体系

企业各岗位确定了工作责任，明确了岗位目标，就可以制定绩效管理指标。将企业战略目标转化为年度目标，再将年度目标分解为可量化的绩效目标，实施公正的绩效评价机制，确保员工绩效的客观性和公平性。企业只要不

折不扣地执行绩效管理和建立有效的考核监督机制，就可以促进各部门、各岗位完成工作任务，来实现企业总体的战略规划目标。

7. **第七个模块：激励机制建设**

激励机制建设是一项系统而复杂的庞大工程，它始终贯穿企业的引才、留才、用才及人才培养的全过程。它必须能激励员工工作热情，能调动员工的工作主动性和创造性，能够让员工有施展才华和发展的空间，能够让员工看到希望和未来！只有实现了这一目的，企业所建设的激励机制才有实效，才会发挥作用。激励机制是企业的兴奋剂，能够让企业快速达成目标而持久不衰。企业只有构建了有成效的激励机制，才能够保持足够的组织活力，而组织活力是确保企业可持续发展的核心竞争力。

8. **第八个模块：构建创新机制**

创新是企业发展的动力和源泉，它包括管理创新、技术创新、营销创新、观念创新和资本创新等。企业失去了创新，就失去了生命力！因此，企业必须建立健全创新成果评审机制，聘请创新顾问团，落实成果申报和创新奖励政策，充分调动各层级领导运用经济杠杆刺激企业科研投入、科研开发和创新应用，使企业一直保持核心竞争力，为企业可持续发展奠定基础。

9. **第九个模块：文化价值管理**

文化价值管理从文化的高度来管理企业，属于企业信仰范畴。优秀的企业文化，能够带动员工树立与组织一致的目标，并在个人奋斗的过程中与企业目标保持步调一致，能为员工营造一种积极向上的工作氛围、共享的价值观念和管理机制，从而产生鼓励积极创造的工作环境，也会对企业的绩效管理产生强大的推动作用。

企业目标的实现，绝不仅是某些经济指标的完成，还必须包括企业全员的理想、抱负和社会责任的实现。制定一个好的企业发展目标，对培养企业的创新能力，调动员工的积极性，增强企业的核心竞争力等，都有着非同小可的作用。

三、成长型企业的管理系统要持续改善、持续优化

随着市场竞争的加剧和经济环境的变化，成长型企业面临诸多挑战，为了提升竞争力，成长型企业必须加强和改进管理系统。只有不断提升管理水

平，企业才能够在激烈的市场竞争中立于不败之地。对内提升效率，优化管理流程，减少冗余，提高决策效率和执行力；对外增强企业市场适应性和竞争力，抓住市场机遇，打造核心竞争力。

　　管理是七分沉淀，三分设计，所以成长型企业要想在竞争激烈的市场中立足，必须持续改善、持续优化管理体系，使成长型企业的管理体系充分发挥优势，永远保持活力，持续有效提升管理水平，实现企业的可持续发展。

第三讲

领导力与企业文化

第一节 领导力的内涵：一半是人格魅力，一半是领导权力

一、什么是领导力

"领导力"为什么越来越热呢？就是因为我们这个时代的经济环境，进入了高度不确定的时代，一个企业组织，它的资金、规模、战略，哪一样都不是必胜的保证。这时候，领导力的重要性就体现出来了。

当下中国的这一代创业者，面对的是不确定的未来，不是看创业者明智不明智，有没有高明和清晰的战略，关键是创业者是否能够说服员工并点燃员工热情，让他们摆脱原来的惰性，相信创业者的判断和选择，跟着创业者敢打敢拼，最终找到光明的出路。

我们常常发现，一个看起来靠谱的项目，因为领导人没有强悍的领导力，成员之间没有达成共识，信心没有被点燃，能量没有得到充分发挥，军心涣散，最终结果是一地鸡毛。反过来，一个看起来不太靠谱的项目，但领导人有过硬的领导水平，吸引了一批点燃自我的优秀人才，相互赋能，齐心协力，披荆斩棘，最终开创一片新天地。这样的案例数不胜数。正所谓，兵熊熊一个，将熊熊一窝。

沧海横流，方显英雄本色。那么，什么是领导力呢？

领导力有多种解释，本书选取了两个最有代表性的解释进行分享。

德鲁克说过，领导力就是把一个人的视野提到更高的境界，把一个人的成就提到更高的标准，锤炼其人格，使他能够超越通常的局限，然后把他的潜力和持续的创新动力开发出来，让他做出他自己之前想都不敢想的那种成就。这是德鲁克的定义。

管理学大师库泽斯和波斯纳写过一本书《领导力》，他们对领导力的定义是："动员大家，为了共同的愿景而努力奋斗的艺术"。

二、领导力的主题词和关键要点

根据管理学大师的定义，我们提炼出领导力的三个主题词和三个关键要点。

1. 领导力的三个主题词

第一个主题词是动员。动员就是发动、鼓舞的意思。是否会做动员，是区分领导者是否优秀的一个标志。第二个主题词是愿景。就是说，领导者要善于描绘愿景目标，没有信心、不会描绘愿景的领导，往往会扼杀团队成员的潜力。第三个主题词是艺术。领导力的内涵是怎样做人的艺术，而不是怎样做事的艺术。艺术主要看天赋，是自我塑造、自我修炼的结果。

2. 领导力的三个关键要点

根据领导力的定义，我们同时提炼出领导力的三个关键要点。第一个关键要点，领导力是一种激励他人的能力。把一个人的潜力、持续的创新动力开发出来，让他做出他自己以前想都不敢想的那种成就。第二个关键要点，领导力所激励的追随者，所有人都必须实现共同超越，共同超越更高的目标。例如，团队今年实现了一千万元的销售目标，明年还是一千万元，后年变成了七百万元，这个团队就不具有领导力，没有共同超越就没有领导力。领导力是一种超越，超越的目标可以是收入，可以是更高的利润，也有可能是一种产品的创新，像大家每年都期待的苹果公司的产品发布会，期待着苹果手机有革命性的创新出现。这种共同超越是领导力的第二个关键要点。第三个关键要点，领导力是领导者和追随者之间的一种动态的人际关系。如果领导者换了工作单位，环境变了，人际关系变了，之前领导者和下属之间相对稳固、相互认可、相互依赖的人际关系需要重新建立，原来的领导力也不一定起作用。所以，领导者需要时刻保持和维护他和追随者之间的人际关系。

用一句话总结，领导力就是激励追随者，共同超越自我，达成更高目标的一种能力，领导力就是影响力，是引领众人去一个未知地方的能力。

三、领导力的三个人格特质

根据领导力的主题词和关键要点，我们可以反思反问：为什么别人愿意追随你？为什么别人愿意相信你？为什么你的追随者要跟着你走？原因是什么？

原因就在于领导力有三个人格特质。第一个人格特质，能够领导业务，别人追随你是因为跟着你有前途，有光明的未来，能够从当下的胜利走向更大的胜利。第二个人格特质，能够领导他人，别人追随你是因为追随你，有一种归属感，追随者能够成长，能够实现人生理想。第三个人格特质，能够领导价值观，别人追随你是因为你们有共同的价值观，在一起做的事情非常重要、非常有意义，能够产生价值观的共鸣。

说到价值观共鸣，我们可以联想一下中国历史上的人物，如刘备、刘邦等人。他们的武功很强吗？不是！他们很会排兵布阵吗？他们很有战略技巧吗？也不是！但是，跟他周围的将军比较，他们有一个不一样的地方，就是他们有很明确的价值观，他们的价值观指引着部下去实现各种超越。我们再分享一个价值观共鸣的案例。1983年，乔布斯为了让当时的百事可乐总裁约翰·斯卡利加入苹果公司，说出了这段极具煽动性且至今仍被人津津乐道的名言——"你是想卖一辈子糖水，还是跟着我们改变世界？"这句话深深地触动了斯卡利的内心，他毅然决然地离开了百事可乐，担任了苹果公司的首席执行官，和乔布斯一起共同用苹果手机改变了世界，这就是价值观共鸣的力量，这就是领导力人格特质的吸引力法则。

基于领导力的三个人格特质，我们总结出这样一个结论：员工的执行力差主要是管理者的领导力水平有欠缺造成的，员工的执行力差本身就是一个伪命题。首先，因为管理者领导力水平欠缺，描绘美好愿景的能力差，人格魅力不够，吸引不到真正有能力、有强烈事业心的优秀人才，形不成可以复制、可以自我纠错的组织活力，只能招聘能力和岗位要求不相匹配的员工，这为执行力差打下了基础。其次，因为管理者领导力水平欠缺，他的格局就成为企业发展的天花板，激励大家共同超越的能力比较弱，教练和辅导水平低下，员工意愿不高，主动性不强，执行力不可能高。最后，因为管理者领导力水平欠缺，无法点燃员工的内驱力，员工的潜力和能力没有得到完全发挥和释放，工作的业绩呈现肯定不会理想。就像武大郎一样，只会招聘和任用身高比自己低的员工，绝不会招聘像姚明一样身高的员工，培养不了超越自己水平的人才，就无法为企业的稳健快速发展提供后备人才梯队。

所以说，员工的执行力差，本质上是管理者领导力水平低下导致的。

四、领导力的本质内涵：一半是人格魅力，一半是领导权力

一名优秀的领导者，因为领导力所散发的凝聚力和感召力，会成为引领员工奋勇向前的榜样和旗帜，成为推动组织能力建设和企业可持续发展的最重要的驱动力。通用电气的前首席执行官杰克·韦尔奇说过：对企业而言，领导力比战略更重要！领导力就是影响力，影响力是无法被委任的，必须靠自己去赢得，领导力的底线，不在于领导者自己能够走多远，而在于能够让别人走多远。

领导者影响他人的前提条件有两个：一个是领导权力，另一个是非职务的人格魅力。组织赋予的权力，可以对他人产生影响，但是容易让部下口服心不服，而且影响的人数有限。况且职务在本质上不属于自己，组织可以通过一纸红头文件任命你，也可以通过一纸红头文件把职务权力收回去。

那么，什么样的权力能够让人心服口服？能够使受影响的人数不受限制？能够让权力永远属于自己呢？这种权力就是非职务权力，就是构建一种属于自己的不受外界影响的个人权力，也就是个人所特有的人格魅力和影响力，这才是真正的领导力所在。

格局和利他思维，成就领导力。一位领导者的格局，就是这家企业发展的天花板。员工有可能因为领导者的职务、因为领导者的能力、因为领导者对他的培养而服从；但是领导力的最高境界，是员工因为内心佩服领导者而拥戴他们。

第二节　领导力在业绩经营层面的要求：
高境界、高杠杆、高绩效

领导力经常被理解为领导者在管理方面的能力，其实领导力对于业务开拓也有能力要求，尤其是成长型企业，企业整体的管理沉淀还没有形成，管理体系还没有理顺。在这种情况下，业务开拓者的领导力水平尤为重要，特别是全面突破和全面超越能力，就是以个人极强的开拓能力在业绩结果上呈现的良好表现来推动企业快速发展，领导力在业绩经营层面的要求，就是"三高"：高境界、高杠杆、高绩效。

一、领导力之"高境界"

领导人有高境界，在业务开拓方面主要是方向认知和决断力超过周边的人，在个人影响力方面主要是个人魅力和品德修为超过周边的人。成长型企业的员工对领导的信任感和崇拜感，主要是源于领导做出符合企业实际的决策和对企业的组织管理过程中展现出优秀组织技能所形成的，以及领导本人的个性特征和成长背景，优秀的领导对下属具有积极的影响力，所以能够形成以领导为中心、具有工作热情和开拓精神的工作团队。

1. 能够以身示范，鼓舞人心

"千军易得，一将难求。"优秀的领导在企业中处于核心地位，权力大、责任大、影响大，企业发展好不好主要靠领导。领导就是榜样标杆，一举一动都会影响下属员工的认识和行动，成为他们的效仿对象。优秀的领导能够在市场环境复杂多变的不利情况下给予团队成员信心，营造积极进取的工作氛围，并且能够以身示范，不断精进，通过行动带领大家共同奋力拼搏，实现预期目标。

2. 能够承担风险，挑战现状

在共同实现工作目标的过程中，优秀的领导能够带领团队成员扫除前进方向上的阻碍，克服困难，敢于承担风险，挑战现状，突破自我，能够主动担当，带头肩负责任，让团队成员更具有凝聚力，内心更有底气。在他的领导下，团队成员充分发挥各自的能量，能够以领导为榜样，挑战自我，挑战最高目标。一名优秀的领导,会帮助身边的人成为最好的自己,通过个人的成长促进团队整体水平的提高。

3. 有远见、有智慧,能够建立起组织信仰

优秀的领导具备带动别人、影响别人的能力,具备有远见、有智慧的个人属性。优秀的领导,一定具有感染力,自身散发着个人魅力,一直影响周边的人,会有许多人愿意追随他。其实团队的整体水平一定会体现在领导身上,只有解决了最高领导人的问题才能够解决企业组织的根本问题,只有领导的能量不断放大,团队组织的竞争力才能整体提升。同时,领导给团队成员提供资源保障和施展能力的舞台,让团队成员共同成长,并建立起组织信仰。

二、领导力之"高杠杆"

真正的业务高手,在业务开拓过程中都具有"杠杆思维",能够充分利用现有资源,获得事半功倍的理想效果。优秀的领导进行业务开拓,必须运用好三个杠杆:信任杠杆、动力杠杆和团队杠杆。

1. 用好"信任杠杆",让团队价值最大化

在困难面前,信心比黄金更珍贵。倘若领导本人都不能够坚定信心,面对困难犹豫不决,认为无法完成任务,那么下属难以有必胜的信心,最终导致目标无法顺利完成。很多时候,目标就像一座难以攀爬的高山,当你站在山脚下,仰望山顶时,会感到深深的挫败感。但是关键时刻,优秀的领导能够用坚定的信念,带领团队成员迸发出强大的力量,实现最终目标。正如稻盛和夫所说:"心不唤物,物不至。"领导和团队成员有了共识,有了相互信任,内心笃定坚毅,充满必胜信念,即使是再高的山,也能够攀爬到顶峰。

2. 用好"动力杠杆",借力出奇迹

成长就是做之前没有做过的事情,突破就是做之前不敢做的事情。任何人的成长,都面临着突破自己的边界机会,一个人的潜力是巨大的,只要人的潜力被激发、被点燃,能够发挥的能量就会超过正常水平的40%~120%,这也是为什么一些事情,交给不同的人来做,结果不一样的原因。优秀的领导善于激发团队成员的潜力,团队成员能够自我赋能,点燃内心的激情,充分发挥

"动力杠杆"的作用，将各方优势相互结合，强强联合，借力出奇迹，超水平突破目标要求。

3. 用好"团队杠杆"，大幅提升团队执行力

一个人的时间和创造力都是有限的，因此，为了实现组织效益倍增，优秀的领导需要关注团队杠杆。实际上，不是所有的管理者都擅长带团队，知道如何发挥团队的整体力量来成就事业。许多管理者更倾向于亲力亲为，往往沦为"保姆型"管理者。团队是管理者的坚强后盾，一个人再优秀，也赢不过一个团队，优秀的领导能够有效运用团队杠杆的强大优势，建立一套自上而下的工作目标追踪系统，检查督促目标进度，关注业务流程和关键指标，帮扶团队提升业务技能，最终通过大幅提升团队执行力的方式来实现组织效益倍增。

三、领导力之"高绩效"

在企业的生存和发展当中，优秀的领导总是处于核心和关键地位，起着决定性作用，领导的能力高低直接关乎企业命运。随着整个市场环境的变化，组织要想获得高绩效，必须提升管理者的领导力。优秀的领导能够发现团队成员的内在动机，将个人目标与团队目标结合，激发团队成员的自驱力，汇聚所有能动力量，通过团队成员的齐心协力，最终实现高绩效的组织目标。

1. 当好教练员，助力个体实现高绩效

"绩效好不好，关键看领导。"绩效的提升与人和环境有密切关系，绩效是内因和外因相互作用的结果，对绩效影响最大的因素是团队的领导。

优秀的领导善于发挥团队成员的特长，首要工作就是要合理分工、合理授权、最后通过组织绩效合理分利。合理分工的前提就是通过员工个人与领导在不断互动沟通的过程中进行个人业务承诺，来点燃员工的内心动力和确定目标方向。通过领导教练辅导的能量赋能，引领团队成员释放个人能量，让员工收入有增长，认知有提升，发展空间有提高，最终实现个人价值和组织价值的双赢。

2. 通过全员个人突破，实现组织高绩效

绩效和领导力是存在正向关系的，领导力建设是提升组织绩效的关键，

是企业在竞争中处于不败之地的根本保障，也是企业做强做大的必经之路。一名优秀的领导，要善于将长远的目标落实到短期的定位上，给团队成员设立合适的多维结构化目标，引领团队不断进步。任何团队的成功，最终都是靠结果说话，一个人可以走得很快，但一大群人可以走得更远。优秀的领导要时刻引导员工寻找完成任务的规律与法则，帮助团队成员释放活力和创造性，实现全面超越和全面突破，同时通过提升组织效率来降低成本，获得更多的组织绩效。

3. 擅长营造组织氛围，构建高绩效企业文化

优秀的领导能够给团队成员指明一个共同的、明确的、并愿意为之奋斗的愿景和目标，能够真正了解人性的内在需求，用恰当的方式激励员工，挖掘员工的潜力，推进业务的拓展。团队成员依靠内驱力主动工作，完成业务开拓目标的同时，员工对领导的内心认可度加强，信任感与日俱增，形成和谐的人际关系和相互成就的工作关系，进而团队成员有共同的价值观，促进高绩效企业文化的形成。

优秀的领导是团队的领路人，是团队的带头雁，领导团队是全盘指挥的中枢系统。没有他们的良好管理，队伍就会松散；没有他们的团结一心，员工就不能和谐共进；没有他们的卓越领导，企业就不能良好发展。领导团队是成长型企业崛起的关键，是成长型企业发展制胜的必要条件，要想让企业腾飞，首要条件就是构建一个卓越团结的领导团队，通过高境界、高杠杆和高绩效的经营开拓，实现卓越的理想目标。

第三节　企业文化建设的最高境界：无中生有，相互成就

企业文化是企业的灵魂，是推动企业发展的不竭动力，能对企业整体和企业成员的价值及行为取向起引导作用，对企业员工的思想、心理和行为具有约束和规范作用。当企业文化被企业员工共同认可后，它就会成为一种黏合力，从各个方面把其成员聚合起来，进而产生巨大的向心力和凝聚力。

一、企业文化发展的三个阶段

企业文化的形成和落地是一个不断叠加、不断提升的发展过程。第一个

阶段就是创业阶段，这个阶段的老板是企业文化的设计师，企业文化充分体现老板的思想、性格、认知和格局。一般企业文化的外在表现是老板语录比较多，部分老板喜欢当家长，喜欢感恩文化，喜欢一呼百应；个别老板喜欢建立各种员工群，喜欢在员工群里发红包，员工群里全是掌声、鲜花，老板很享受。有人说，企业文化就是老板的性格，这句话有道理，但是只存在于企业发展的第一阶段，即创业阶段。

企业文化发展的第二阶段是企业家文化。随着企业规模的增长，老板的眼界得以开阔，高素质员工不断增多，从其他行业新加盟的高管也在增多，他们开始影响企业文化，企业管理开始规范化，老板个人的影响力在减弱。

真正的企业文化出现在第三阶段，就是企业文化成为企业管理运营的一部分，员工成为企业文化的行为主体和价值创造主体，员工对自己的企业产生自豪感，提高工作主动性，部门之间的协作水平明显提高，沟通成本明显降低，无形的企业文化开始潜移默化地影响员工的行为。在企业内部，企业文化增强了员工的凝聚力，在企业外部，提高了企业的影响力，企业文化建设成为提升企业核心竞争力的加分项，这是企业文化发展的最高阶段，即企业文化成熟阶段。

二、企业文化建设成功的关键因素

企业文化能够建设成功的因素有很多，但关键因素有三个：老板有格局，利益分配机制领先，管理体现人性。第一个关键因素也是最主要的关键因素，老板有大爱有格局，能够引领企业健康发展，能够成就员工，这最重要。第二个关键因素是利益分配机制必须领先，企业文化的行为主体是员工，企业和员工之间的关系是相互成就、共同成长的关系，企业首先能够让员工挣到钱，让员工有成长，员工在内心才会认可企业。第三个关键因素是管理要体现人性，通过人性化的管理，让员工快乐地工作，用人性的大爱鼓励员工主动担当，无须扬鞭自奋蹄，企业和员工共同发展，互相成就。

所以，领导者的格局、视野、气量，决定了企业文化建设的精神高度，企业的利益分配机制和人性化管理，决定了企业文化建设的物质高度。我们都知道河南省的超市胖东来，为什么胖东来的影响力那么大？就是因为胖东来的

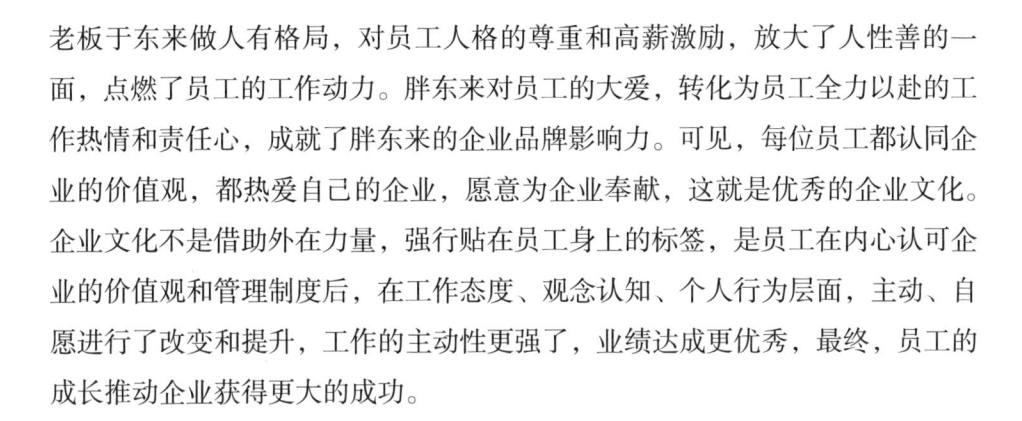

老板于东来做人有格局，对员工人格的尊重和高薪激励，放大了人性善的一面，点燃了员工的工作动力。胖东来对员工的大爱，转化为员工全力以赴的工作热情和责任心，成就了胖东来的企业品牌影响力。可见，每位员工都认同企业的价值观，都热爱自己的企业，愿意为企业奉献，这就是优秀的企业文化。企业文化不是借助外在力量，强行贴在员工身上的标签，是员工在内心认可企业的价值观和管理制度后，在工作态度、观念认知、个人行为层面，主动、自愿进行了改变和提升，工作的主动性更强了，业绩达成更优秀，最终，员工的成长推动企业获得更大的成功。

三、企业文化建设的误区

企业文化在建设过程中存在好多误区，主要有三个误区比较突出。

第一个误区是形式主义严重。就是把企业文化当成表面文章，企业文化表象化，不仅企业文化和企业管理实际脱离，而且员工行为没有体现企业文化，可以说是魂不附体，皮肉分离，企业文化成了形象工程。第二个误区是内涵上的误区，企业文化和企业管理运营的理念不一致，甚至相冲突。说一套，做一套，如企业文化要求客户第一，而实际上，一旦出现客户纠纷或者质量问题，企业不是推脱责任，就是一味地找理由，转移矛盾，企业文化和企业实际运营理念相冲突。第三个误区是定位误区，就是企业文化定位跑偏了。内容上，存在着包治百病的理想主义，企业文化不可能包治百病，企业文化建设的基础是制度建设和物质基础，不注重制度建设和物质基础，直接用企业文化要求员工，就等于用道德绑架代替基础管理，这是不切实际的理想主义；部分企业的企业文化像公式一样一成不变，和企业的战略发展和方向调整不同步，缺少成长优化的活力；还有企业把单一的团队建设和文化活动当成企业文化，缺少建设企业文化的系统思维，拉低了企业文化的精神高度，没有将企业文化上升为企业信仰，企业文化生存土壤养料不足，发挥作用严重受限。

四、企业文化建设的最高境界

企业文化建设工作，需要经过三个定位，即企业文化认知定位、企业文化认同定位和企业文化强化定位。通过这三个不同定位的提升和沉淀，员工逐渐认识到企业文化的重要性、企业文化如何与工作行为相结合，同时在工作中逐步强化企业文化，让企业文化真正符合企业发展的需要，助力企业的可持续发展。

企业文化发展的不同阶段，对应不一样的表现境界。企业文化建设的最高境界，对企业和员工来讲，一定是无中生有、相互成就的关系。

先说无中生有，企业文化建设成功的关键标志，就是员工行为的主动改变，员工焕发了工作热情，提高了工作效率，用结果思维呈现工作目标，就是人均创造的经济效益比预算高、比同行高，高出预算、高出同行的那一部分经济效益，就是无中生有的。

再分享相互成就，领导者的格局决定了企业文化建设的高度，企业通过二次分配增值利益，鼓励员工主动担当和积极作为，给予员工超过预算的超值回报，员工获得更高的收入，企业获得更高的效益。企业搭建舞台，员工提供精彩，实现了企业和员工的相互成就。所以说，企业文化建设的最高境界，就是无中生有、相互成就。

第四节　民营企业文化建设问题观察与对策思考

当下，大多数民营企业虽然已经从生意的个体迈向组织化的企业，起步早的企业已经摆脱了艰难的生存状态，进入了成长期；起步晚的企业仍然停留在创业期。尤其是规模比较小的成长型民营企业，员工离职率和在岗人员主动贡献率偏低，核心岗位人才引进比较困难，这些可量化的指标、可观察的状态，一直在掣肘民营企业的高速健康发展：好的客户拿不下，好的产品项目不敢接，好的变革方案无法推广，好的转型思路阻力非常大。

导致这些问题的根本原因是什么？是现有人员能力不足，还是员工缺乏主动作为的意愿？是企业治理水平不行，还是组织机制出了问题？是薪酬福利待遇竞争性滞后，还是文化治理方面跟不上节奏？或许，以上原因都是交织在一起的，无法判断究竟是哪个因素起着决定性、致命性的影响作用，但不可否认，企业文化的问题一定贯穿其中，对其他几个因素有着牵引作用。

一、民营企业文化现状的四点观察

1. 注重形式表现,轻视创新和反馈

使命、愿景、价值观的内容,存在每家企业的员工手册中,张贴在企业会议室的墙上,但是深入了解后发现,很少有企业指定专业部门负责诠释企业文化核心内容与价值主张,也没有梳理企业发展中的关键历史事件或里程碑事件作为支撑来帮助员工准确且深刻理解企业文化的内涵。因此,很多企业的文化无疑沦为一种口号式的、标语式的文化,纵使员工每天都念一遍,也只是入口入手,而不会入脑入心,更不会深刻认识到企业文化对自己的影响与作用。企业文化的建设与创新是密切相关的,许多民营企业只重视企业文化建设,一旦企业文化的雏形基本形成就认为建设过程结束了,全然不顾企业文化的主动创新与反馈。

2. 企业文化建设和经营管理脱节,企业文化成了悬挂在头顶的吉祥物

有些企业的企业文化不是基于企业的战略定位及未来发展而开展认真研讨、听取意见、反复论证过程后确定的核心内容。大多是借鉴同行标杆企业或者优秀企业的内容进行组合的结果。因此,在具体的经营管理活动中,有些企业的高层会忽略企业文化的指引作用,做出与企业文化相违背的管理行为。企业文化建设和经营管理脱节,企业文化成了悬挂在企业头顶的吉祥物。

3. 企业文化缺乏员工内心认同,没有形成心理契约

企业的健康发展需要两种纽带:一种是物质、利益、产权的纽带;另一种是文化、精神、道德的纽带。企业如果只有前一种纽带而没有后一种纽带,是不能健康发展的。优秀的企业文化能够创造出一个良好的企业环境,提高员工的道德水平和科技文化素养,对内形成企业凝聚力,对外提高企业竞争力,形成企业发展不可缺少的精神纽带和道德纽带。企业文化缺乏员工内心认同,主要原因就是员工的基本利益没有得到保障,企业领导的管理理念没有得到员工信任,无法形成心理契约。

4. 裙带关系复杂,严重影响组织变革和现代管理理念的导入

部分民营企业存在着复杂的裙带关系,企业里可能有老板的家人、族人、同学、同乡等。由于这些错综复杂的关系和裙带关系本身的自然条件,小群体

会成为一种客观存在，当企业的决策与小群体的利益发生冲突的时候，他们之间就会出现各自为战或者联合对抗的行为，使得企业有令难行，甚至导致企业机体的分化，同时，复杂的裙带关系会扰乱企业的组织裁判和组织评定工作，严重影响组织变革和现代管理理念的导入。

二、优秀企业文化的三个特点

1. 以人为本

企业文化大多来源于创始团队或主要创始人过往的经历、感悟及思考，包含他们人生的阅历和工作成败的大彻大悟，承载他们的价值主张和事业追求，蕴含他们想把企业及企业里的人带到一个什么样的方向和高度的愿望。在激烈的市场竞争条件下，企业能够生存和发展，关键因素并不是企业制度、企业管理架构或者企业的管理水平，在于是否能够真正尊重员工，激励出员工的潜能，充分发挥员工的聪明才智和创造精神、团队精神，使企业产生一股强大的凝聚力和组织活力，来推动企业可持续发展。

2. 表里一致

优秀的企业文化一定是可以看得见、摸得着、闻得到的。评价一家企业的文化建设水平，不是看墙上的标语和开会的口号，而是看管理干部的一言一行、普通员工的一举一动，与企业文化的主张是否保持高度一致。同时观察公司的环境氛围、人际关系等是否较好地验证了企业文化所倡导的核心价值理念，还可以看一下公司的文化橱窗、宣传空间里的内容有没有较好地呈现企业文化的精神。总之，企业文化所强调的核心内容，均应该以不同的方式呈现在员工及客户面前，能够融入员工血液，铭刻在员工脑海里，最终落实到员工行动上。

3. 持续优化

一个可持续发展的企业要转型升级是一个必然的过程，随着企业管理水平的提高，员工综合素质的提升，企业战略目标的不断实现以及企业发展阶段的变化，原来的企业文化肯定有与发展要求不相适宜的地方，这时候需要持续优化企业文化，以此实现企业文化和企业发展阶段的统一。

三、文化落地建设的四项内容

企业文化进行具象化的落地，不外乎要从制度层面、标识层面、行为层面着手，同时将企业文化的理念贯穿企业治理和经营管理的全过程，即重视管理文化的塑造。

1. 制度文化

建章立制是现代企业治理的基本要求，规章制度的建立，不仅代表企业的治理水平，也是对全体员工的刚性约束和行为引导，还是企业树立外部形象的重要内容之一。完备的制度体系、精细的制度内容更是处理员工关系的重要尺度。制度的功能体现在两个方面：一是避免员工犯规、犯错；二是引导员工向上、向善。因此，制度文化应该充分体现出法治与道德的内涵，能够体现出制度文化为企业发展服务的要求。

2. 标识文化

公司的文化标识和员工行为是最能够直接体现企业文化落地效果的。常见的文化标识包括：企业的内部道路标线、指示牌，楼层、办公区域引导牌，公司 logo、旗帜，文化符号，如信笺、水杯、签字笔、鼠标垫、电脑桌面背景、落地玻璃腰封等，文创用品、工装也是标识文化的一种。企业文化对员工行为的影响直接减少团队成员之间的沟通成本，提高协同配合效率，提高员工工作的主动性和积极性。

3. 行为文化

员工的行为方式是企业文化的充分表达，企业文化所倡导的行为标准，有助于强化员工对企业文化的认知与理解。如果在一家企业，你看到的员工状态都是满面红光、精神抖擞，行动上坚毅果断、干脆利落，实际上这是企业文化在员工行为上的折射，这是员工相信企业的管理活力和对未来增长的信心表现。

4. 管理文化

"管理"一词大多适用于平行关系和上下级关系的场景当中，平行部门之间的沟通是否顺畅、上下级之间的沟通是否存在官僚主义，组织传播中"正版消息"多，还是小道消息多，都能集中反映企业的管理文化和组织价值观。多年的工作实践和观察告诉笔者，基层员工的绩效低、对企业的认同度低，甚至是团队稳定性差,都与企业的文化和直属领导的管理风格有着密不可分的关系。

四、文化落地建设的三点对策思考

1. 做到文化建设和经营管理相融合

企业文化要定期围绕核心价值主张,用企业历史中的重大事件、现实中的先进典型,做好文化诠释。要建设优秀的企业文化,必须完善企业的管理体制,规范企业的管理制度。在此基础上,才有可能谈及企业的文化建设。企业文化管理方式作为管理理论和管理实践长期发展的自然结果,它的现实意义就在于直接导向未来,增强员工的自信,提升团队工作效率。

2. 做到柔性文化和刚性制度相衔接

员工为何关心企业,尽职尽责地工作,最重要的原因就在于这些能够让员工分享到企业成长带来的好处,员工能够感受到成功的乐趣,体会到人格被尊重的温暖。企业文化的引导激励功能,不仅是把企业做好,也要引导激励员工做一个积极向上、奋发有为的人。企业文化作为柔性管理,要和刚性制度相衔接,规章制度能够约束和管理员工的,就应用规章制度来管理,否则,就用企业文化来倡议和引导,柔性文化和刚性制度的衔接,能够共同为企业服务,为管理赋能。

3. 做到文化优化和发展战略相统一

企业能否持续生存的两个决定性要素是,理念依据是有没有核心价值观和战略构想,客观依据是必须有市场客户和核心竞争力。企业文化需要有一脉相承的逻辑和执行,同时需要持续迭代与创新,在保持文化内核与机理始终如一的同时,要紧跟时代步伐和时代特点,在诠释文化理念的形式上推陈出新,做到企业文化的优化和发展战略相统一,做到将全体员工凝聚到企业的组织信仰中,实现企业和员工相互成就、共同成长的目标。

五、一流的企业管理靠文化

优秀的企业文化,对内能凝聚人心,激发员工奋斗和奉献的热情,对外能塑造良好的企业形象和口碑,有利于品牌扩张、市场拓展、客户开发和人才引进。美国兰德公司、麦肯锡公司、国际管理咨询公司的专家基于对全球优秀企业的研究，得出结论：世界 500 强胜出其他公司的根本原因，就在于这些公司善于给他们的企业文化注入活力，这些一流公司的企业文化同普通公司的企业文化有着显著的不同，他们最注重四点：一是团队协作精神；二是以客户为中心；三是平等对待员工；四是激励与创新。凭着这四大支柱所形成的企业文化影响力，这些一流公司保持百年不衰。所以说，一流的企业管理靠文化，二流的企业管理靠制度，三流的企业管理靠人。

第四讲
绩效管理与绩效增长

第一节 绩效管理满意度只有 17.6% 的背后，首先是绩效管理理念搞错了

对企业来说，绩效管理是战略管理工具，是增强企业战略执行力的一套方法，是企业管理运营的核心和总抓手。但是，在绩效管理的具体实施上，有些企业存在很多问题，高质量的绩效管理方案运行后，无法得到高价值的回报，这成为困扰企业领导者和人力资源部的一个核心问题。关于绩效管理满意度的数据，中国人力资源网曾经对 1200 余家企业进行了绩效管理落地实施的调研，结果显示，对绩效管理感到满意的企业只占 17.6%，对绩效管理感到不满意的企业，高达 71.7%。

为什么绩效管理在大部分企业落地实施不理想？如何才能够提升绩效管理水平呢？

首先，转变管理者的理念，开展绩效管理的第一要务，是转变管理者的理念。绩效管理不是利益分配工具，不是监控员工工作状态的手段，也不是对员工进行罚款的"理由"和"砍刀"。绩效管理的出发点，是帮助员工挣钱，是通过分配增量收益增加员工收入，通过员工的成长推动公司组织绩效的增长。这是管理者做好绩效管理的第一个正确理念。绩效管理有两条线，明线是目标设定和论功行赏，暗线是建立高绩效标准，通过业绩表现来识别高绩效人才。绩效管理是企业健康成长的体检单，是检验战略目标落地实施的矫正器，

是企业运营最有效的管理手段，这是做好绩效管理的第二个正确理念。做好绩效管理的第三个正确理念是，员工的绩效成绩不是考核出来的，是各级中层管理干部领导力水平和教练辅导水平结合员工本人努力付出的综合结果。理念的载体是人，人的理念发生了改变，并不能直接改变工作内容和工作业绩。企业必须在正确理念指导下，通过可行的实施方案和管理工具，配合责任主体才能够得到理想的工作结果。很多企业的战略目标清晰了，但实施绩效管理的中层管理干部，对于目标分解没有达成共识；管理体系改变了，但是执行管理体系的管理干部的管理理念没有改变；绩效管理的流程更新了，但是执行管理机制负责人的头脑没有更新；绩效目标分解完成了，但是中层管理干部辅导员工水平提升的教练能力还不具备；管理干部的激励水平和影响力欠缺，员工工作的主动性得不到挖掘和点燃等一系列体系化、配套化的管理运营机制，在错误理念的引导下，不协调、不匹配地共同运行，必然导致绩效管理的结果呈现不理想的状态。

　　管理必须为经营服务，单纯的管理不体现价值，为了管理而管理没有意义，行动是理念的反映，理念错了，行动就会跑偏。举一个通俗的例子，之前我们在乡村公路上，驾驶的是机动三轮车，现在乡村公路变成高速公路，机动三轮车换成小轿车，但我们的驾驶习惯，还有对交通法规的认知和意识还是之前的，并没有随着新的环境发生任何改变，那我们驾驶小轿车的操控感和舒适感就比较差。所以，绩效管理实施平台的硬件和软件改变了，但软硬件的操盘手"人"没有改变，同样实现不了绩效管理的良好目的，所以绩效管理实施不理想的根本原因，还是在于"人"，在于领导干部的管理理念和认知方向。管理大师吉姆·柯林斯在《从优秀到卓越》一书中提到："卓越的管理者首先确定的，不是要将车开往何处，而是首先考虑请合适的人上车，让大家各就各位，让不合适的人下车，最后才决定开往哪里。"材料不对，一切白费，选人才就像选种子，绩效高低在选人才的时候就注定了结果。选择合适的人才，比制定科学的绩效管理方案更加重要。

　　但是，相当数量的企业，只是希望通过一套绩效管理体系来提升组织绩效，试图用管理手段去解决人的问题，反而要花费更多的时间解决不合适的人带来的后遗症问题，劳心费神，得不偿失。

管理干部，尤其是有决策权的管理干部，绩效管理的理念错了，绩效管理的方向就会严重跑偏，这就导致对绩效管理不满意的企业高达71.7%，对绩效管理满意的企业只占17.6%。

实施绩效管理，必然涉及绩效工资，必然涉及员工的切身利益。在约定俗成的现实环境中，绩效工资从本义上说，应该根据工作成绩和劳动效率发放。但在实践中，由于绩效的定量不易操作，除了计件工资和佣金制外，更多的是依据员工绩效而增发的奖励性工资。

从专业角度看，根据企业的行业特征及商业模式，同时根据员工工作岗位是否能够进行风险规避、是否重要、是否属于监督岗位等特点，绩效工资的构成归属有三种方式。第一种属于效益剩余，不属于固定工资，单位给员工签发入职通知书时要告知入职员工的工资总额和明细构成，这种绩效工资构成容易操作，不易发生纠纷，符合绩效管理是增量利益分配的原则，是绩效工资构成归属的上策。第二种绩效工资构成属于平台共享利益，即员工工资总额当中的绩效工资，由员工和企业各负担一半，是绩效工资构成归属的中策，只要绩效工资系数不低于0.5，员工的内心感觉就等于没有扣工资，员工接受度较高，适合国有企业。第三种绩效工资构成属于固定工资，绩效工资属于固定工资的一部分，这种构成不符合绩效管理的基本理念，是绩效工资构成归属的下策。如果企业的绩效管理体系不成熟，岗位责任和业绩评定不客观，组织绩效评定标准和裁判职责不清晰，最高级别的绩效裁判能够随意更改绩效结果，最终出现的结果是，即使绩效系数最高，也就是能够拿到全额工资，大部分员工拿不到全额工资，容易将绩效工资当成普通扣款的名目，对员工的工作积极性打击最大，是最失败的一种绩效工资构成方式。即使绩效工资系数超过1，让少部分员工拿到资金性质的绩效，等于奖励业绩完成突出的极少数员工，但这种绩效工资设计对组织绩效的负面影响在总体上无法消除。

所以，绩效工资的构成归属设计和实施是有条件的，具体包括六条：工资范围足够大，各档次之间拉开距离；业绩标准要制定得科学、客观；业绩衡量要公正有效，衡量结果应与工资结构挂钩；有浓厚的企业文化氛围支持业绩评估系统的实施和运作，使之实现奖励先进、约束落后的目的；将业绩评估过

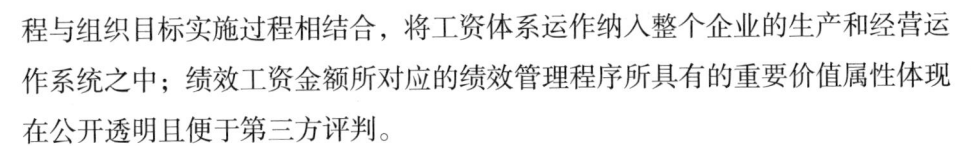

程与组织目标实施过程相结合，将工资体系运作纳入整个企业的生产和经营运作系统之中；绩效工资金额所对应的绩效管理程序所具有的重要价值属性体现在公开透明且便于第三方评判。

最后，实施绩效管理要把握三个定位。第一个定位：抓住一个重点，为员工增加收入，让员工明白为谁工作。第二个定位：把握两个方向，进行组织能力建设，确保实现整体目标。第三个定位：搞明白三个问题——如何提高员工工作积极性？如何将工作量化和价值化？如何提升团队协同效率？

第二节　开展绩效管理前，进行诊断检视的可行性分析

绩效管理是战略管理工具，是企业管理运营的核心和总抓手，是连接战略目标和年度目标的枢纽，更是把年度目标转换为员工岗位工作目标的总分解器，涉及企业管理运营和员工利益的各个层面，一旦运转不理想，会严重损害企业和员工的利益，副作用非常大。因此，开展绩效管理前，要像中医养生一样先清再调后补，企业必须先诊断检视，再准确定位，后具体实施。根据企业现状进行可行性分析，先盘点员工、运营、财务、客户四个维度的现状，对企业自身做X光健康体检，分析哪里有问题、有几种问题、哪个问题最严重、病灶在哪里、引起病灶的根源是什么。通过绩效管理，我们想改变什么，要解决哪些问题，企业管理现状能否匹配绩效管理要求，企业的承受力如何，开展绩效管理的总体程序和要求如何清晰布局，要通过诊断检视进行可行性分析，这是最重要的，切忌盲目开展。

一、可行性诊断和检视分析的作用和体现的方面

企业开展绩效管理进行可行性的诊断和检视分析，能够帮助企业找出实施绩效管理过程中存在的问题和漏洞，并制定有针对性的预案和策略，找到让企业顺利开展绩效管理的充分理由，开展绩效管理，提升企业的管理运营水平，将局部的竞争力扩展为全局的竞争力，推动企业健康稳健地全面发展。开展绩效管理之前，企业进行的可行性分析的诊断检视，体现在以下四个方面。

第一，企业战略是引领绩效管理航向的明灯，预算管理是计算企业运营速度和记录行驶的里程表，企业文化是凝结绩效管理运行的平衡器。企业如果缺乏战略指引、预算管理和企业文化的指引，面对市场变化和资源保障的不足，在没有调整预案的前提下调整业绩预期，必然出现运营管理的混乱，最终这种耗财费力的庞大管理工程为企业带来的不是业绩的持续攀升，而是没有底线标准和框架标准而引起的管理运营混乱，会大幅提升企业的管理运营成本。

第二，员工的执行力强，依赖于企业有清晰的工作流程作为员工的行为标准，依赖于企业有基本的管理制度、评价制度和分配制度，这些作为管理运营的方向盘和导航扶手，能够为员工提供工作动力。否则，管理者可能为了自身利益钻管理的空子和强调突出客观理由，或者相互推卸责任，部门之间就会为了所谓的双赢而妥协和牺牲企业利益。

第三，一个优秀的绩效管理系统不仅能推动企业整体绩效上升，而且还有助于提升员工的个人职业技能。也就是说，职位分析与员工岗位胜任力是绩效管理的起点与落脚点。如果企业的管理基础欠缺，职位分析不到位，岗位胜任力不匹配，员工只能跟着"感觉走"，在表面忙碌和表面繁荣之下疲于应付，在这样的前提下实施绩效管理，不仅严重浪费管理成本，还实现不了组织绩效的目的。

第四，如果推动绩效管理的直线经理的教练辅导水平不到位，考核细则不清晰，反馈机制不健全，部门协同效率低，那关于员工个人成长的评价标准就无从谈起，绩效管理就成了混沌文化，员工不论优秀或者不优秀，都找不到清晰的理由，员工之间的人际关系也会趋于紧张，员工对企业的认同度下降，核心人才流失，沟通成本提高，会助长江湖式和阴谋式的管理风气蔓延，企业整体管理会失去公信力，不利于团队建设和组织绩效提升。

二、开展绩效管理前，进行分项诊断检视的可行性及解决方案分析

1. 管理运营基础和管理机制诊断检视分析

第一，重点分析企业的组织架构是否清晰，是否能明确区分各业务模块的业务边界，各业务模块是否有独立的负责人，各业务模块的垂直分层管理是否清晰，从基层到高层的汇报关系是否明确，企业是否有相对清晰的议事规则

和授权体系。

第二，重点分析员工的职业角色和绩效结果期望清晰度是否明确，是否有清晰的职责分工和岗位责任说明书，员工的工作内容是否有清晰的验收标准，工作工具和资源保障协作是否到位，工作流程和运营系统及授权体系是否有冲突，基层的岗位职责和企业层面的授权分工体系是否匹配，管理岗位的责任、义务和权力是否平衡。

2. 业绩贡献主体的能力和激励及评价体系诊断检视分析

第一，重点分析绩效贡献主体的能力，是员工为完成绩效结果所具备的知识技能、综合素质和价值观等要素，是否匹配绩效管理全面开展的要求；员工的能力短板是否有直线经理进行教练和辅导，工作过程的反馈和沟通问题，直线经理是否能够通过领导力水平进行圆满解决，绩效合同和绩效结果清晰度是否一致，员工的预期绩效价值认知是否正确。

第二，重点分析薪酬结构当中的绩效薪酬是否体现二次分配增值利益的原则，企业的激励和价值评价体系是否公平，绩效结果兑现是否及时，组织绩效和个人绩效的组成分解关系是否合理，预算管理和业绩兑现认定标准是否一致。

3. 企业的组织活力水平、资源保障和影响执行力原因诊断检视分析

如何让组织成员提供个人工作动力和无限创新动力，企业能否专门设立影响绩效干扰因素的组织，来解决绩效管理过程中出现的各种矛盾，在保证个人能力建设的基础上，企业整体目标的实现是否有稳健的组织执行力做支撑。

重点分析员工执行力不理想的原因：是技能不足、激励机制不到位导致动力不足，还是流程不顺畅和资源保障不到位造成的延误，还是目标任务本身难度太大或者员工能力不够造成的，企业是否有组织纠错和自我优化的调整机制，共同付出、相互成就的企业文化是否处在主体地位，考核标准是否有助于部门之间的协同配合。

三、开展绩效管理的成本分析、结果分析等总体诊断分析

1. 适用性

实施绩效管理整体方案的时候，这个整体方案在弥补企业当下管理运营差距方面有多大的把握。整体方案实施后，能否覆盖或缩短企业的管理运营差

距，保证整体方案的实施结果预期优于当下。

2. 经济性

任何解决方案的整体实施都需要投入管理成本，企业的预算方案支持力度如何？整体方案的实施成本是否低于绩效管理不实施引发的成本？并且从企业发展的长远角度来看，即使实施整体方案的成本和当下绩效管理不实施引发的成本相当，但着眼将来，方案实施会不断解决问题，促进企业整体竞争力提升，仍然值得全面实施。

3. 可行性

实施整体解决方案，不仅要投入时间和人工成本，还要投入技能和能力。评估企业当下的培训能力、分析专业实施机构的专业水平，或者引入部分外援力量，判断是否可以保证方案的正常运行。

4. 组织接受度

整体实施方案与企业文化之间的协同程度如何？在企业文化认可方面需要投入多大的成本？按最不理想的预案分析，企业可否承受最坏的结果？

5. 员工接受度

整体实施方案，能够被多少员工、多少团队成员，在多大程度上接受？按最不理想的预案分析，如果出现员工离职、部分岗位调整的最大可能，企业能否承受？组织建设水平和资源保障力量能否支撑企业渡过难关，能否根据预期结果优于现在的投入分析，坚持优化，最终实现比较理想的结果。

绩效管理作为战略管理工具，能够将企业远景战略转化为可执行的具体目标，能够促进管理者和执行者之间达成对工作的共识，同时通过 PDCA 的过程管理，发现问题改进问题，找到差距不断优化提升，最终实现员工成长推动企业成功的合作双赢。

第三节　实施绩效管理的唯一路径选择：由三驾马车并行开路，"六个确定"保驾护航

绩效管理是"先利他、再利己，结果共赢"的正向激励文化。

开展绩效管理就是寻找企业的优点和特长，通过识别价值贡献多寡，避

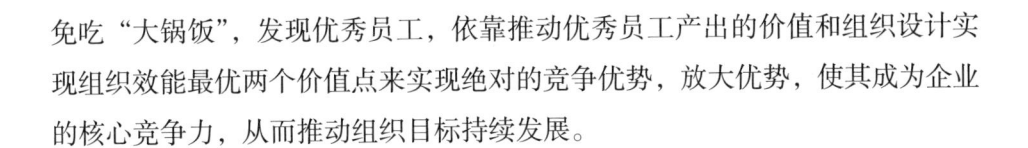

免吃"大锅饭",发现优秀员工,依靠推动优秀员工产出的价值和组织设计实现组织效能最优两个价值点来实现绝对的竞争优势,放大优势,使其成为企业的核心竞争力,从而推动组织目标持续发展。

一、绩效管理必须由三驾马车并行开路

在企业中,三个部门都可以成为绩效管理的组织部门,这三个部门是人力资源部、财务部、计划信息部(运营部)。具体开展方式只有一种:由人力资源部、财务部、计划信息部(运营部)三驾马车同时发力,做出符合企业实际和专业要求的方案,获得决策层全力支持同意后试运行。

从财务部的角度看,绩效管理的主要内容包括组织编制预算,进行会计核算,按照预算目标进行支付。

从计划信息部(运营部)的角度看,绩效管理的主要内容包括组织制定战略目标,对战略目标进行分解和过程控制,对经营结果进行分析和评判。

从人力资源部的角度看,绩效管理的主要内容包括设计绩效管理方案,组织绩效辅导,按照考核指标进行考核。

那么,哪一个角度的考核是好的考核方式呢?实际上,单纯从哪一个角度看都不是最好的考核方式,只有将三者有效结合在一起的考核方式才是最好的考核方式。原因很简单,一个完善的绩效管理系统,首先是从战略目标制定和分解开始,然后形成考核指标,而考核指标的达成需要财务预算系统,同样,一个完善的绩效管理流程必不可少。这样,就通过绩效管理把财务角度、计划信息角度、人力资源角度的绩效有效结合在一起。只有三个部门齐心协力,才能开发出一套完善的绩效管理系统。这里面需要明确三个部门的主次关系,通常,整体的绩效管理程序由人力资源部发起,计划信息部(运营部)和财务部在其中各个环节配合。当然也有例外,有的企业把部门的考核也就是从战略到预算到部门考核指标的过程交给计划信息部(运营部),而把员工的考核交给人力资源部。至于采取哪种方式要看企业部门的分工,最好是由人力资源部统一发起各个流程,作为绩效管理流程第一责任人推动整个程序有序开展。

当然,还有一种方式,因为一把手是人力资源管理专家,专业认知很清晰,对绩效管理的理解,以及对人性的理解非常专业、非常完备,也明白开展

绩效管理的基础条件和要求，由一把手亲自挂帅，配合专业的人力资源团队开展绩效管理，也可以获得成功。但这种方式的比例太小，毕竟术业有专攻，即使一把手学过人力资源，也不太可能在成为一把手后持续深耕，持续专注专业领域。当然，我们必须承认，这是最好的开展方式，笔者曾经操盘一家行业标杆企业五年之久，绩效管理指导下的业务拓展非常成功，原因比较特殊，就是企业的核心团队成员曾经都是笔者的下属，彼此非常信任、非常认可，新的标杆企业建立之初，高管团队全部有人力资源、法律和财务背景，管理和专业认知清晰且基本一致，非常有利于推行绩效管理，这是一种特殊情况。

通常情况下，领导不专业，认知不准确，仅依靠人力资源部做绩效管理，不说是全盘失败，至少是不成功的。作为战略管理工具，绩效管理一定是一把手工程，单纯依靠人力资源部实施，做不了，也做不好。

二、运用"六个确定"绩效管理模型，为开展绩效管理保驾护航

为了帮助管理者掌握绩效管理发生作用的机理，企业内部要对绩效管理实施形成共识，避免最终落得"认认真真走形式"的下场，避免最终让大家陷入无限痛苦的绩效魔咒，管理者在正式实施绩效管理前，一定要运用六个确定绩效管理模型为绩效管理的开展保驾护航。"六个确定"绩效管理模型的内涵和主要工作如下所述。

1. 确定视角——顶层设计、组织视角

有一些公司的管理者，包括人力资源部，缺乏顶层设计思维，缺少历史视角、组织视角来看绩效管理，想当然地把考核条目罗列一番，给到决策层来实施。你问他们，贵司的绩效管理在哪几个变量上推动了业务的发展？这几个变量之间的逻辑关系是什么？企业的绩效管理方案和顶层设计的相互依存体现在哪里？制定这些考核要求，是基于企业的历史视角，还是组织视角？他们回答不了。

企业每年的发展起始于战略目标，对战略目标的分析和拆解是绩效管理的源头。首先，企业要拿出战略拆解的全景图，这是组织发展的首要纲领。绩效管理要推动、促进战略目标的实现，否则企业无须进行绩效管理。战略全景图拆解完毕后，通过战略解码导入到下级单位，即各事业部或者各业务层或者

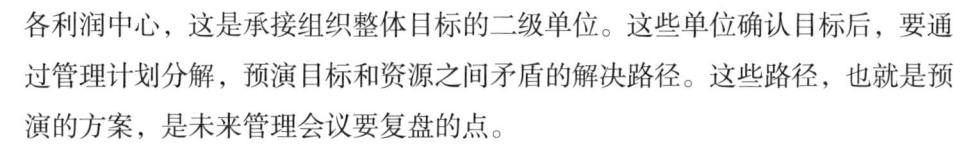

各利润中心，这是承接组织整体目标的二级单位。这些单位确认目标后，要通过管理计划分解，预演目标和资源之间矛盾的解决路径。这些路径，也就是预演的方案，是未来管理会议要复盘的点。

2. 确定基础——责任到岗、权力归位

主要工作是完善组织结构、部门职责、岗位职责、授权事项等组织管理工作，为战略绩效管理实施奠定坚实的基础。实施绩效管理前，企业首先要做的一项工作就是要对公司的组织结构、部门职责和岗位职责进行梳理，避免职责重叠、职责空白、管理汇报关系混乱、多头领导、岗位设置不清晰、岗位职责不明确的现象发生。梳理组织架构及岗位职责的原则：因事设岗，而非从岗位现有人员的工作内容出发；从设置的合理性和运行的高效性两个方面入手：保证各岗位工作内容饱和，职责分明。总之，三驾马车要帮助管理层做好价值评价系统和价值分配系统，这是组织绩效管理的基础之一。

3. 确定方向——战略清晰、目标一致

主要工作是运用平衡计分卡战略地图工具对企业的战略目标进行梳理和明确，为绩效管理的实施提供整体方向。企业未来 1 至 3 年要往哪个方向发展？要达成什么目标？要在哪几个方面做到差异化？在哪几个方面形成独具特色的竞争力？这是企业必须考虑清楚的，也是指导绩效考核工作的指南针。不做战略梳理行不行？不做战略梳理会对绩效考核形成什么影响？如果不做战略梳理会出现"战略是战略，考核是考核，战略与考核分属两张皮"的现象。这个现象导致的最坏结果就是，企业考核的东西不是高层关心的东西，高层关心的东西在考核里没有体现。最后企业的绩效管理政策得不到高层的支持，如果考核得不到高层的支持，那么中层消极抵抗就有了理由，"高层都不关注，我们凭什么那么认真？"因此，绩效考核流于形式只剩下一个时间问题。实际上，很多企业的绩效考核也是这样一个结局。面对这样的结局，有些企业人力资源部门还表现出不解和困惑，搞不清楚为什么高层说一套做一套，嘴上说考核重要，说考核势在必行，要求各级经理认真对待，但是到了真正实施的时候，却又变卦了呢。其实原因很简单，绩效考核体系没有融入战略运营体系，没有发挥落实分解战略的作用，也没有和员工职业发展规划结合起来。

4. 确定规划——指标明确、行动有力

主要工作是对前期梳理的战略目标进行系统分解，在战略目标的基础上提取用于考核的关键绩效指标，为准确衡量员工的绩效提供适合的"标尺"。基础打好了，战略目标也梳理清楚了，接下来很重要的一步就是确定绩效考核指标，这是绩效管理的"标尺"，要想定出合理的指标，使得指标与企业的战略更加契合，企业要做好绩效规划工作。绩效规划就像盖房子的蓝图一样，非常重要，这一环节抓好了，考核指标的适宜性就抓住了，衡量的尺度标准也会更加清楚。每个人选取 5 至 8 个考核指标，形成业绩合同，作为后续绩效管理工作的评价尺度。

5. 确定改进——教练辅导落地生根

主要工作是在绩效目标和指标的基础上，上级与下级保持持续沟通的状态，对下级进行高效辅导，绩效辅导和绩效面谈是绩效执行的核心环节。摆在第一位的工作是需要建立一个正式的绩效面谈沟通机制，这个机制需要组织保障。经验表明，当有第三方在场的时候，绩效面谈可以按照程序进行得比较深入，尤其开始实施绩效管理时，人力资源部除了提供方法、工具、程序外，还要参与旁听，帮助直线经理提升面谈技能技巧。同时，人力资源部人员代表公司参与面谈，人力资源部在场旁听，有利于营造一个正式的沟通氛围。

6. 确定激励——持续回馈、良性循环

主要工作是完善与目标相匹配的薪酬激励，基于员工的表现给予相应激励。目标和激励一定是关联的，有什么样的目标就有什么样的激励，不要只顾目标而忘记了激励。激励不仅要及时兑现，还要全员知晓，只有及时激励才会形成管理公信力，才会鼓励员工在下一周期的绩效改进环节主动提升自我，主动改善工作。对组织或个人完成目标的奖励，会使员工朝着组织期望的方向努力，从而提高个人和组织的绩效；定期通过有效的绩效评估，肯定成绩，指出不足，并对组织目标达成有贡献的行为和结果进行奖励，对不符合组织发展目标的行为和结果进行一定的约束。通过激励机制促使员工自我开发，以提高能力素质、改进工作方法，从而达到更高的个人和组织绩效。管理者一定要记住，经营企业就是经营企业的行业排序，就是经营企业的核心竞争力，就是经营员工的内心期望值和人性的欲望，本质上就是经营企业的组织活力，就是经

营员工的积极性。

三、绩效管理体系的最终目的

建立绩效管理体系的最终目的就是要为企业赋能，就是从财务、客户、内部运营、学习与成长四个角度，将组织的战略落实为可操作的衡量指标和目标值的一种管理体系。由人力资源部、财务部、计划信息部（运营部）三驾马车制定完成绩效管理体系并由"六个确定"为绩效管理实施保驾护航之后，企业就要根据自身的实际情况和需要，选择合适的绩效管理方法，以促进员工的个人发展和公司的整体绩效提升为核心，稳健通过绩效管理的全面开展来提升企业的核心竞争力。

第四节　做好绩效管理，中层干部必须具备四种能力，转换五种管理角色

一家企业的中层干部既是高层决策的执行者，也是企业管理运营的核心力量，还是团队建设和组织绩效的负责人，更是绩效管理的第一责任人，是保证绩效管理顺利实施的关键。我们发现，同样的绩效方案在不同的企业落地实施结果完全不一样，除了企业决策层的绩效理念不同，核心原因还在于具体操盘绩效管理的中层干部的能力水平和管理角色转换有重大差别。

笔者结合多年的管理咨询实战经验，在中层干部的能力和管理角色层面，总结出要想做好绩效管理，中层干部必须具备的四种能力及需要转换的五种管理角色。中层干部具备的四种能力是奠基铺路能力、指标设定及分解能力、优秀教练的能力和检查工作进度的能力；中层干部需要转换的五种管理角色是绩效合作伙伴、辅导员、记录员、公证员和诊断专家。

一、中层干部必须具备的四种能力

1. 第一个能力——奠基铺路能力

企业如果实施绩效管理，必须具备管理基础，主要是组织架构基本健全，职责分工相对清晰，工作流程基本顺畅。同时，还必须有专业的绩效管理组

织,确定好绩效管理运转程序,建立一套可执行、可落地的绩效管理制度和实施细则,确保绩效管理能够有效运转,绩效考评结果能够公平兑现。

说到奠基铺路能力,我们可以做一个场景模拟,如果道路是一条坑洼不平的泥巴路,汽车快速通过就没有可能,至少把道路修理平整,才能够让汽车平稳行驶。绩效管理也一样,要想顺利落地实施,企业要具备落地实施的基本条件。

2. 第二个能力——指标设定及分解能力

实施绩效管理时,企业首先要明确目标,如何清晰地设定目标,有一个关键的工作方法,就是采用工作推演的方式,先确定工作范围、界定好责任边界,权衡责任主体完成工作任务的能力,分析实现绩效目标的路径,管控过程。总之,工作推演的核心就是"凭什么能够做到"。目标设定后,中层干部利用逻辑树或者思维导图,先一层一层地分解工作目标,确定指标名称,分析影响指标完成的关键因素,确定具体、可操作、可衡量的关键行动措施,衡量指标完成时间是否合理、资源保障是否齐全。绩效管理指标只要设定清晰,绩效管理工作就等于完成一半。接下来就是如何分解指标,分解绩效管理指标有三个要求:分解有来源,提取有原则,筛选有重点。

分解有来源:指标分解来源于岗位职责、工作流程节点要求、部门总体工作的二次分解、个人工作计划和个人需要改善的短板等方面。

提取有原则:是否有利于提升工作效率?指标分解与岗位职责匹配性如何?是否体现了"关键指标"和专项改善原则?个人指标对部门指标是否有承接性?

筛选有重点:指标分解应结合近期重点工作、员工改进空间、指标的考核难度、管理成本等因素。总之,分解指标的总要求就是关注指标焦点,抓住工作重点,员工能够胜任,而且员工有成长空间。

我们以KPI指标分解为案例,指标分解的权重比例大致要求是这样的:

- 明确性60%,目标定义清晰,标准要求明确;
- 关联性10%,指标上下贯穿,前后衔接一致;
- 激励性10%,能够点燃员工动力,提高员工工作主动性;
- 挑战性10%,个人目标汇总>部门指标汇总>总目标;

- 保障性10%，绩效管理有资源支持和保障，部门之间协同配合到位。

同时还有数字化、整体系统性、奖罚分明的要求。指标分解以数字化方式呈现，可以准确计算完成进度，单个指标必须服从整体指标，体现指标的整体系统性。绩效考核周期结束后，根据指标完成情况，进行奖励或处罚，体现奖罚挂钩原则。

3. 第三个能力——成为优秀教练的能力

数据表明，员工岗位技能的提升，70%是在中层干部的指导下实现的，员工能力的改变和业绩的提升是因为员工的思维方式和行为方式发生了改变。员工的改变是中层干部每天的督促提醒、不断检查工作进度、不断优化整改的检查机制促成的。中层干部最大的价值体现就是帮助员工成长。中层干部要想成为一名优秀的教练必须抓住两个要点。第一个要点是激发员工的责任主体意识，最有效的方法就是提问，不断提问可以启发员工的思路，让员工自己找到解决问题的方法。通常问题包括：

- 你是如何理解这个工作目标的？
- 你准备从哪几个方面着手开展工作？
- 你认为关键的工作步骤是什么？
- 有可能产生风险的环节在哪里？你有哪些规避风险的方案？
- 你现在有什么困难？需要哪些帮助？

成为一名优秀教练的第二个要点是帮助员工树立完成目标的责任感。主动工作和被动工作有大不同，中层干部如果直接发号施令，等于放弃了深度开发员工潜能的机会，面对被命令、被告知的工作安排，员工就会缺乏创意和激情，就会缺少主动思考和应对的积极性，绩效改善就会不理想。为了把工作的主动权还给员工，中层干部向员工提问时，不要急于发表见解，更不要轻易给出答案，让员工自己思考解决方案，中层干部最多做一些补充、提一些建议。工作目标、解决方案及实现路径，都是员工自己确认的，那么无形之中员工完成目标的责任感就树立了。中层干部拿到了员工的承诺，剩下的时间只需按时间节点掌握工作的进展情况，必要的时候提供一些指导就可以了。

4. 第四个能力——检查工作进度能力

每个人都会有惰性，员工只会做上级检查的事情，不会做上级希望的事情,所以检查工作进度非常重要。检查工作的方式主要包括:数据报表分析、工作总结会议、协同部门反馈、绩效改进建议、进度对照预警、现场检查巡视、个人述职报告。为了让检查工作成为常态,要建立对事不对人的业绩检查机制。

检查工作以计划检查和业绩检查为主,计划检查主要检查行动方案,完成工作目标的措施是否周全,应对预案是否合理。业绩检查主要是对照目标找差距,责任人制定改进方案,并承诺改进后实现的呈现结果,检查工作进度的三个流程如下所述。

(1)对照考核目标,发现差距

建立绩效管理跟踪平台,根据检查结果,对标考核要求,按照公开性、及时性、周期性原则,公布检查结果。

(2)找出原因,制定优化方案

通过对标标杆,找出业绩存在差距的原因,制定优化改进方案,提出纠偏改正的完成时间和质量要求。

(3)持续跟进优化,完成目标任务

对检查结果的纠偏和优化措施,以改进措施是否落地为抓手,持续检查、持续改进,最终实现目标要求。

二、中层干部需要转换的五种管理角色

在绩效管理的不同环节,为了体现出管理价值,确保绩效管理成功落地,中层干部还需要转换五种管理角色,分别是绩效合作伙伴、辅导员、记录员、公证员和诊断专家。

1. 第一个管理角色——绩效合作伙伴

从本质上分析,绩效指标的制定与完成要求,对于中层干部和员工而言首先是利益共同体,员工完不成工作任务,部门的业绩受影响,中层干部的利益必然受影响。所以说,中层干部为员工制定绩效目标的同时,就是在为自己制定绩效目标,中层干部对员工的绩效结果负责就是对自己负责,中层干部和员工首先是绩效合作伙伴的关系。

2. 第二个管理角色——辅导员

明确了员工的绩效考核指标,中层干部就要按照辅导员的角色要求,对

员工进行绩效辅导，绩效辅导有三条基本原则。

（1）反馈及时

管理大师稻盛和夫说过"工作现场有神灵"，当中层干部在工作现场，及时对员工进行指导，无论是表扬还是批评，中层干部的反馈是最有效的。

（2）真诚帮助

中层干部根据员工的理念和认知水平，以及具体的行为表现，就事论事进行利弊分析，真诚帮助员工改正优化，员工就会慢慢成长。

（3）辅导有针对性

中层干部要发挥影响力，针对员工的业绩提升提出解决方案和建议措施，确保辅导有针对性，有改善效果，能够立竿见影。

只要中层干部辅导到位，保证绩效管理的方向正确、过程可控、出现问题及时纠正，绩效管理的考核结果，就不会出现大的意外。

3. 第三个管理角色——记录员

如果不做绩效记录，有哪一个中层干部，可以清楚地说出一个员工一年当中，共有多少次工作计划没有完成？分别是在哪一天？是什么原因造成的？恐怕没有。

中层干部当好记录员，形成详细的绩效表现记录档案，就可以全面掌握有事实、有根据的一手资料，确保在绩效打分评价环节不让意外发生，绩效考核就会更加顺畅。

4. 第四个管理角色——公证员

绩效管理结果，是员工薪酬和岗位调整、制订培训需求计划的重要依据，和员工的切身利益密切相关，所以绩效管理过程和结果的公平、公正至关重要。在绩效管理的打分评价环节，中层干部应该站在第三方的角度，以客观公正的公证员角色进行绩效评价，不能够带有任何私心和主观情绪。中层干部只有做到了客观公正，做事有公信力和说服力，做事不偏不倚，才能够让员工对你产生信任感。信任是管理的基础，没有信任，管理的权威和作用就会大大减弱，所以当好公证员很重要。

5. 第五个管理角色——诊断专家

绩效管理周期结束后，中层干部要做的一项重要工作，就是和员工做一对一的绩效面谈，把过去一个绩效周期的表现反馈给员工本人，诊断员工的绩效表现，帮助员工找出工作上存在的不足。从诊断专家的角度，系统诊断员工的绩效结果，找到病灶，从知识、技能、态度和外部障碍这四个方面，为员工制订绩效改进计划，放到下一个绩效管理周期，加以改进和提高。

企业的每一名中层干部，核心岗位职责只有两条——团队建设和组织绩效，只有下属的不断成长才能够体现中层干部的价值。当企业开展绩效管理时，中层干部如果能够体现出四种能力要求，能够及时转换五种管理角色，共同塑造和提升绩效管理的组织能力，一定会比较理想地实现绩效管理的整体目标。

第五节　绩效增长：机制设计与运营保障

绩效，从管理学的角度看，包括个人绩效和组织绩效两个方面。分析字面意思，绩效就是绩与效的组合，"绩"就是业绩，体现企业的利润目标；"效"就是效率，体现管理目标的成熟度。

企业业绩增长，体现在财务报表上就是净利润的增加，净利润的计算公式：

净利润 = 毛利 − 税金及附加费 − 费用 − 资产减值损失 − 所得税

因为税金及附加费和资产减值损失相对固定，所以从净利润的计算公式来看，提高企业业绩的方式主要有两个路径：提升毛利和降低三项费用。三项费用是财务费用、管理费用和销售费用。提升毛利从收入和毛利率两个方面考虑，总体分析，提升企业毛利、毛利率和降低三项费用，有六大路径。

一是借力行业增长促进企业收入提升；二是通过产品竞争力提升市场销售份额；三是通过拓展市场应用领域和增加产品的细分品种及扩张上下游产业链来实现品类扩张；四是通过资源向利润率更高项目倾斜从而改善产品结构；五是通过降低成本和扩大规模效应来提高毛利率；六是提升管理效能和压缩不合理开支来降低费用。

德鲁克说过：管理就是管绩效，其他都是成本！厘清了绩效增长的路径发展逻辑，我们发现，归根到底，提升绩效增长的核心就是提升员工积极性和创造性为主的组织活力及运营管理创新，即如何做好绩效增长的机制设计与运营保障。

对于企业生存和发展而言，绩效管理侧重于过程，实现企业稳健发展才是目标，实现企业的绩效增长才是最终目的，而确保绩效增长的机制设计与运营保障，需要改良企业运营管理土壤，优化目标分解和保障措施，匹配合适的运营管理人才，做好自我运营，通过对运营流程的检查督导和持续改善优化，通过激励措施和价值分享来点燃员工积极性，为企业高效运营管理保驾护航，实现绩效增长的目标。

一、合理分解经营目标，用好管理抓手

1. 合理分解经营目标，匹配增值利益二次分配

现实中，许多高速发展的民营企业，尤其是中小型企业，高层对于年度经营目标的设定往往是"拍脑袋"的结果，各利润中心的负责人，明明知道完不成，也知道保障资源匹配不到位，还是硬着头皮签订了经营目标责任书，结果，在实际运营过程中，因为保障资源不匹配、资金不到位，就把没有完成经营目标的责任推给了企业决策层，决策层也解决不了这个难题，久而久之，利润中心对企业决策层的信任感就降低了，每年签订的经营目标就成了数字游戏，信心不足，没有了拼劲，看天吃饭，干到什么程度就算什么程度。出现这样的情况，主要原因有两个：一是经营目标是决策层单向强行拍板确定的，二是和经营目标的资源保障不匹配。一部分民营企业的老板，常常有这样的口头禅：如果条件全部具备了，还找你签订经营指标啊？

正确的做法应该是：签订年度经营目标前，各利润中心内部先做好充分准备，基于预备会议、质询互动、测试计算，拿出草稿，再分析市场、产品、客户、员工能力这四个维度，对照企业战略目标、标杆目标和历史目标，匹配资源保障计划，签订的经营目标一定是分层的，跳一跳能够摸到的保底目标，考虑到市场不可预测等因素，再体现挑战目标和冲刺目标。至于资源保障，先由利润中心负责人提出需求，不足部分可以自行筹措，只要符合企业的制度规定就可以。

关键的是，签订的经营目标，一定要体现增值利益二次分配计划，即超

过保底目标的超额利润,企业按一定比例提取组织绩效,由运营管理团队进行二次分配,通过匹配资源保障,实施增值利益分享计划,在运营机制上使企业和运营团队成为利益共同体,体现了"多劳多得、少劳少得"的原则。

2. 使用管理工具,提供验收的标准流程和管理抓手

绩效增长常用三个管理工具。对企业而言,鱼骨图能够帮助企业抓重点、抓关键、抓要点。鱼头是目标,大骨是主干关键维度,小骨是分支具体举措,通过确定核心目标、关键措施、行动举措、成果要求、责任人、完成时间等关键要素,将运营管理企业的责任、权力、义务完全匹配,对业绩结果进行奖惩提供清晰的标准和依据。对部门而言,合适的管理工具是时间圆饼图,体现运营管理的时间要求和验收标准。对个人而言,合适的管理工具是流程图,用量化的标准和流程准确推进工作进度,发挥管理抓手的作用。

二、选择合适的运营管理负责人,要具备结果思维,确保做事靠谱

1. 合适的人做合适的事

管理大师吉姆·柯林斯在《从优秀到卓越》一书中,对于如何选择绩效管理负责人,说过这样一句话:"卓越的管理者首先确定的,不是要将车开往何处,而是首先考虑请合适的人上车,让大家各就各位,让不合适的人下车,最后才决定开往哪里。"选人才就像选种子,绩效高低在选人才的时候就注定了结果。选择合适的人才,比制定科学的绩效管理方案更加重要,管理者能力突破了,组织能力才会提升。如果管理者能力不足,绩效评估、绩效指标反馈、绩效面谈都做不到位。很多企业不是绩效方案不对,而是管理者能力不行,导致绩效管理没有操作到位。其实,实施绩效管理的过程,就是管理者能力提升的过程,把绩效管理做好的一天,就是管理者真正胜任的一天。如果管理者连绩效管理都做不好,不能够很好地为下属制定目标,不能够很好地对项目进行评估和反馈,不能够很好地辅导下属,他怎么能够成为一名合格的管理者呢?所以选择合适的管理者,负责操盘绩效管理项目,最最关键。那合适的人选有哪些要求呢?关键就是两条:做事情具备结果思维,做事靠谱!

2. 什么是结果思维和做事靠谱

劳动值钱吗?劳动不值钱。劳动的结果值钱吗?劳动的结果不一定值钱。

那客户认可的结果值钱吗？客户认可的结果也不一定值钱，只有客户付款、客户用价值和你交换劳动结果才是真的值钱。这就是结果思维的重要性！任何一家公司，都不能够依靠理由而是必须依靠结果来生存；没有结果就没有商业交换，企业就要死亡。承诺结果、创造价值是员工的天职，市场经济当中只有一种利益，那就是客户利益，经济活动的终极目标是创造客户，实现价值交换。所以劳动的结果，必须可量化、有价值、可交换。一个有责任感和担当精神的员工，做事必须有结果。

有结果思维很重要，做事靠谱也很重要，靠谱的最高境界不是凡事有交代、件件有着落、事事有回音，这只是态度靠谱，做到这一步，是靠谱的基本层次，只能说员工尽力了。做事前，先要思考领导意图和组织意图，用极致思维、用公司整体目标导向来思考完成工作的路径和资源匹配，最终工作内容文不加点，不可再优化，工作结果具有不可替代性，超出领导预期，成为免检产品，这才是靠谱的最高境界。

人力资源是最大的资源杠杆和能量转化平台，想做事、能做事的人，不用扬鞭自奋蹄，有事业心、有企图心的人，用做成事来证明自己、成就自己，所以找到合适的人，找到有结果思维、做事靠谱的人，很重要。

三、持续检查督导，持续改善，提升执行力

1. 定期检查工作，是保证工作按期完成的核心

员工不会做上级期望的事，员工只会做上级检查的事。通过检查督导，建立反馈沟通机制来沟通方案，解决问题和达成共识。检查工作时，运用管理表格，尤其是业绩汇报表、绩效改进表和行动计划表非常重要。没有运营管控，就没有组织执行力；没有个人目标管理，就没有个人执行力；没有组织淘汰机制，就没有员工的进化；没有检查的计划是无效的，没有考核的目标是可怕的。通过检查督导，把控重点工作、预期结果、实际结果、成功经验和失败教训，让员工找到解决问题的措施和路径。每个问题的存在，都要对应解决的方法，通过检查质询及时纠偏，不断论证评估，将企业经营目标转化为全体员工每一天的行动计划，由点到面，质量同步，进度同步，最后实现企业增效，员工增收。

2. 持续改善的核心是提升执行力

绩效管理过程中，管理者的角色有两个——教练和裁判。裁判功能要服从教练功能，重点着眼于员工绩效的改善和员工能力的提升，通过管理人员和员工的持续沟通、指导，帮助和支持员工完成工作任务，实现员工个人绩效和组织整体绩效共同提高的双赢。绩效增长的过程，领导要发挥推动力量，起到表率引领作用，业务负责人要承担起组织角色，发挥好教练作用。管理者的领导力和管理水平决定执行力，执行力决定绩效结果。所以，执行力本质上不是员工心态问题，而是运营机制问题，绩效增长就是企业生命线管理，通过绩效辅导把员工的能力转化为动力，提升主动工作的积极性和执行力，最终体现企业业绩增长。

四、奖惩分明和激励措施的机制设计，提升员工工作效能

1. 奖惩分明，强化员工框架思维，增强自身约束意识

每个岗位、每个职位都要由电网机制设定，用霹雳手段，行菩萨心肠。如果员工有轻微触碰电网行为，应以批评教育为主；如果员工有中度触碰电网行为，转岗或者留岗查看，转岗后培训仍不能胜任的，启用自动退出机制；如果员工触碰高压线，那就直接辞退。没有规矩，不成方圆，惩戒的目的能够强化员工框架思维，强化员工遵纪守法和增强自身约束意识，让员工能够保持应有的工作态度和工作效率，保障公司和员工共同利益和长远利益的统一，保障公司各项规章制度的有效执行。

2. 激励点燃员工的内驱力，增强员工的积极性和创造性

员工最终的绩效评估出来的结果，一定要与员工的收益挂钩，如果不挂钩，很难决定绩效薪酬的发放标准，很难让真正高绩效的员工获得更多的收益和发展机会。激励的本质，是激发员工的内在动力，从而能够将事情做正确，既要使员工得到心理及物质上的满足，又要实现激励员工勤恳工作、奋发向上、争取更好业绩的目的，确保企业的战略目标能够达成，确保企业的绩效增长能够实现。激励的作用，就是推动员工不断挑战更高目标，实现自我超越。

激励机制给企业带来的好处是，员工将企业工作转化为自己工作，点燃

个人工作动力，通过个人成长推动企业发展，通过组织考评转变为客户满意度考评，实现自我管理，由要我做，变成我要做，点燃员工的内在动力，员工成长能够创造更多的增值利益。

五、确保绩效增长，就要提前设计好运营机制，做好运营保障

绩效增长是一个产出绩效、创造价值的过程，绩效考核和绩效分配是以绩效增长为导向的，没有绩效一切无效。经营企业，本质上就是经营企业在行业内的排序位次，就是经营企业的核心竞争力，经营企业的组织活力，经营员工的工作积极性和主动性。将企业经营得更优秀，就是用分配机制满足员工对金钱的需求，用晋升机制满足员工对前途的需求，用企业文化引领员工的精神世界，保证员工对内有成长的空间，对外有发展的空间，让基层有尊严、让中层有欲望、让高层有原则地活着。企业只有放大梦想，搭建信念平台，才能够真正地点燃员工内驱力，激活组织活力，最终通过企业绩效增长和增值利益二次分配，实现企业和员工之间相互成就、共享共赢的理想目标。

第五讲
价值分配与风险内控

第一节 薪酬方案：如何进行岗位价值排序并搭建薪酬整体框架

企业愿景、经营战略、组织设计和人力资源战略，共同组成企业的总体战略框架，而薪酬战略是人力资源战略的一部分，服务企业战略，用于吸引和激励优秀员工实现组织目标，为建立和支付薪酬提供可靠的基础，为内部的管理平衡和薪酬政策设立程序和依据。

一、制定薪酬方案的准备工作

薪酬方案是薪酬战略的核心组成部分，一个设计合理、结构有序的薪酬方案，能够吸引和激发员工积极性，能够提升组织凝聚力和活力。对员工而言，一家企业的薪酬方案具有经济保障、激励和社会信号功能，是体现员工个人价值的主要方式。制定薪酬方案要做好以下准备。

第一，在分析企业战略的基础上，确定人力资源战略，为制定企业薪酬策略奠定基础，完成岗位分析，并得到三份成果——岗位说明书、岗位分类和岗位编制，其中岗位分类包括岗位群落图和岗位职级表。

第二，通过外部对标、内部诊断，做好企业内外部薪酬调查，并且企业薪酬水平的确定和调整标准应建立在内外部公平的基础之上。

第三，公布全体员工的职位等级，确保职位等级和薪酬级别及技术级别

——对应，互相匹配，做好岗位价值评估，为每一名员工匹配一个具体的岗位价值排序。

二、岗位价值评估

1. 做好岗位价值评估

岗位价值评估又称"职位价值评估""工作评价"，是在工作分析的基础上，采取一定的方法，对岗位在组织中的影响范围、职责大小、工作强度、工作难度、任职条件、岗位工作条件等特性进行评价，确定岗位在组织中的相对价值，并据此建立岗位价值序列的过程。实施岗位价值评估的意义在于通过科学的方法、统一的标准和合理的程序，建立并保证企业内部各岗位价值排列的公平性和合理性。

2. 岗位价值评估的方法

岗位价值评估的定性分析方法主要有两种：排序法和分类法；定量分析方法主要也有两种：因素比较法和评分法。

（1）排序法

根据岗位的相对价值高低进行排列，按照各类岗位的作用和特征，将全部岗位分成几个大的系统，明确规定各档次岗位的工作内容、责任和权限，评定出不同系统不同岗位之间的相对价值和关系。主要操作步骤：评定人员事先确定评判标准，对同类岗位的重要性逐一做出评判，最重要的排在第一位，次要的、再次要的顺次往下排列，将评定结果汇总，得到序号和，然后将序号和除以评定人数，得到每一岗位的平均序数，最后由小到大评定各岗位的相对价值次序。

排序法的优点是简单明了，灵活性高；缺点是需要更多依赖评估人的主观判断，缺少客观标准，容易造成员工之间不合理的比较和不公平感。排序法适用于规模较小、岗位数量不多、岗位设置比较稳定的企业评估岗位价值。

（2）分类法

分类法是将企业的所有岗位根据工作内容、工作职责、任职资格等方面的不同要求，划分不同的类别，一般可分为管理类、事务类、技术类及营销类等，然后给每一类确定一个岗位价值的范围，并且对同一类的岗位进行排列，从而确定每个岗位不同的岗位价值。主要操作步骤：在岗位分析的基础上，将全部岗位分成几个大的系统，再将各个系统中的各个岗位分成若干层次，先确定等级结构，明确规定各档次岗位的工作内容、责任和权限，明确岗位任职资格要求，根据工作内容对工作岗位进行归类。

分类法的优点是易于操作，而且所需费用较少，与排序法比较更准确、客观；缺点是存在较多主观成分，不能够精确度量岗位价值的大小，不能直接转化为每个岗位具体的薪酬数额。

（3）因素比较法

因素比较法是一种相对量化的岗位评价技术，因素比较法无须关心具体岗位的岗位职责和任职资格，而是将所有岗位的内容抽象为若干要素，一般将其抽象为智力、技能、体力、责任及工作条件等五种要素，并对各要素区分成多个不同的等级，然后根据岗位的内容将不同要素和不同等级对应起来，最后把每个岗位在各个要素上的得分通过加权得出一个总分，这样就得到一个总体岗位价值分。

主要操作步骤：选择常用的评估维度，确定评估维度与因素的权重，一般来说，评估因素个数为 5 至 10 个，且每个因素权重不高于 30% 不低于 5%，对评估因素进行分级描述，制定对岗位价值评估的标准，将对应的得分标准平均分布在各级描述上，并且根据评估结果可以直接得到薪酬数额。

因素比较法的优点是可靠性较高，与评分法相比更系统更可靠，标杆岗位的分析相当彻底；缺点是花费成本较高，评价时间较长，应用起来比较复杂而且很难做出解释，适用于规模较大的企业。

（4）评分法

评分法是目前薪酬设计中运用最广泛的一种量化的岗位评价方法。这种方法要求首先选择、确定岗位关键评价要素和权重，并对各评价要素划分等级并分别赋予分值，然后评估每个岗位。它需要用到的报酬要素比其他方法更多。主要操作步骤：确定岗位评价的主要因素，确定权重，根据岗位的性质和特征，确定岗位评价的具体项目，对各评价因素区分出不同级别，并赋予一定的点数（分值），将全部评价项目合并成一个总体，根据各个项目在总体中的地位和重要性，分别给定权数，然后计算出各岗位的总分数。

评分法的优点主要表现在两个方面：第一，评分法是一种比较精确、系统、量化的岗位价值评估方法，更加有助于评价人员做出正确判断；第二，很容易向员工解释这种岗位价值评估法。评分法的缺点是，尽管向员工解释评分标准和基本原理比较容易，但对评价小组而言，整个评价过程比较复杂。

三、岗位价值评估的原则和结果应用

为确保岗位价值评估工作的顺利开展，提高评估结果的合理性，获得绝大多数员工的认同，需要约定岗位价值评估要遵循的原则和结果应用。

1. 岗位价值评估需要遵循的原则

（1）对岗不对人原则

岗位评估的对象是岗位，而不是从事某个岗位的具体的某一个人，在考虑岗位重要性的过程中不能把从事该岗位的人员联系在一起考虑。

（2）普适性原则

基于企业实际，选择适合企业实际的、统一的评估模型、评估方法、评估技术和评估程序，一定程度上要普遍适用所有岗位。

（3）独立性原则

各项评价要素相互独立，有各自的评价范围，没有重叠；参评人员需要独立对被评估岗位进行评分，互不协商。

（4）保密原则

由于薪酬设计的极度敏感性，岗位评估的工作程序及评估结果在一定时间内应该处于保密状态。

2. 岗位价值评估的结果应用

（1）衡量岗位之间的相对价值

岗位评估作为确定薪酬结构的一个有效的支持性工具，可以清楚地衡量岗位之间的相对价值，确定各个岗位的价值和薪级，岗位价值评估的直接结果是得到明确的岗位价值大小，根据岗位价值大小获得相应的岗位序列、职位等级和薪级。

（2）确定公平合理的薪酬结构

岗位评估的目标是建立一种公正、平等的薪酬结构，使员工在工作中表

现出的能力、绩效与辛苦程度可以在薪酬上得到相应的回报,并形成岗位价值矩阵,通过矩阵列表的方式罗列组织当中所有岗位的价值,从部门、薪级两个维度对比衡量所有岗位的薪级,并评估岗位价值的合理性。

(3)奠定等级薪酬制的基础

岗位评估可以衡量出各个岗位的排序和量化差异,对应到各个职系中相应的职级,确定不同岗位之间的相对价值,从而建立职位等级体系,岗位价值评估是梳理职位等级体系的基础,并且能够据此确定职位的发展通道,建立任职资格体系,制定员工的福利待遇等各项标准。

(4)形成薪酬升降通道

根据岗位评估结果,划分出若干个薪酬等级,确定各个岗位职等的薪酬级别,每个职等内部再划分薪档,形成每个岗位的薪酬升降通道。

四、成长型企业编制薪酬方案的简易办法

如果一家成长型企业所在行业,有非常成熟的标杆企业,为了方便起见,可以采用平移加系数设定的办法,编制薪酬方案。

第一,设定薪酬总额。如果本企业的投资回报率、员工规模、利润产值等核心数据,略等于行业标杆的七成,根据薪酬策略的三大类型:领先型策略、跟随型策略和滞后型策略,可以将本企业总经理的薪酬总额设定为标杆企业的0.8、0.7、0.6倍。

第二,确定了总经理的薪酬总额,其他岗位根据岗位价值,相比较总经理的薪酬标准,薪酬总额分别做系数设定,如总经理薪酬总额系数设定为1,则常务副总薪酬总额系数可以设定为0.9,财务总监薪酬总额系数可以设定为0.8,依此类推,得出各个岗位的薪酬总额,再横向细分薪酬结构。

五、薪酬方案的整体框架呈现

一是依据薪酬级别、职位级别和技术级别三个类别,将全体员工纵向分成N档,如果企业规模较小,为方便管理、体现扁平化原则,纵向分档不宜过多,少于10档为宜;当企业规模非常大时,纵向分档不宜过少,可以先分大类,再分小类,20档左右为宜,纵向的薪酬级别、职位级别和技术级别互相

对应，匹配企业的战略规划和组织结构。这样设计能够吸引人才，同时为战略发展和人才成长留下预留空间，某些职位级别企业当下并不存在，为了匹配战略发展需要，企业也要设置齐全。

二是横向分解薪酬明细结构，岗位价值评估对应岗位薪酬，员工能力和素质评估对应薪酬档差，绩效评价对应绩效薪酬。每个岗位的横向档差建议分为5档，能够体现岗位的稳定性，只要本岗位员工的年度绩效表现及格，即使没有纵向提升职位级别，横向也会自动调档，可以跨档调档，有利于基层操作型员工的稳定，也为年度绩效调薪提前准备了依据。

三是纵向通过职级提升和技术水平提升调整薪酬级别，体现员工的管理运营和能力素质及领导力水平提升，通过横向调整具体岗位的薪酬档差，体现年度绩效管理的调薪目标。

六、薪酬战略的管理趋势

传统的薪酬结构，一种岗位只有一个级别，一岗一薪，主要用于身份管理；后来演变成宽级设计，根据企业类型、行业特点、员工特点和岗位特点等因素，将岗位评价后形成的自然级别合并，级别间的差异与职业发展的晋升阶梯有关，最后进化成宽带薪酬结构，将职位名称归并简化，每个级别上下限范围很大，匹配于扁平化的管理组织，不强调资历，提倡员工职业发展和成长。

事实上，在许多高速发展的民营企业中，在激励机制方面比较常见的挑战是缺乏建立良好业绩评估体系的能力，高层对于战略和经营指标的设定往往是"拍脑袋"的结果。企业在市场中的总体定位是否清晰定义？总体薪酬体系与企业在市场的定位是否合拍？总体薪酬体系和激励设计是否突出了行业特征？是否有效地针对具体员工的岗位职能特点进行了定制？这些问题都可能实实在在地影响薪酬体系的公平合理性，进而影响员工的情绪和积极性，所以企业必须坚持薪酬体系和激励设计、绩效管理挂钩的机制，这样能够吸引高级人才，给员工打造实现人生价值的发展平台，体现组织活力，促进企业可持续发展。

薪酬战略的管理趋势：整体薪酬回报包括薪酬、福利等诸多方面给员工带来的价值，由于外部市场数据的不断变化，薪酬总额变得不再重要，薪酬构成及组合的多样灵活性导致员工不像以往看重薪酬总额,将更多的固定薪酬转化为可变化的业绩奖励,更注重弹性,更注重外部的竞争而非内部的公正。通过宽带薪酬设计,每个薪酬等级具有更宽的薪酬范围以适应扁平的组织结构,更注重对业绩、生产率和能力的奖励,将部分现金补偿作为风险变现组成薪酬总额,不再片面追求薪酬总额的控制,员工人力不再仅被看作成本支出,而是被视为一项企业可以获得的资源和投资,更强调整体薪酬回报而不是薪酬总额理念。

第二节 增值利益二次分配:打造利益共同体,激发共同创业活力的关键

一、增值利益二次分配的关键作用

一般来说,企业的所有者与员工之间的利益是不完全一致的,所有者注重企业的长远发展和投资收益,而企业的管理人员和技术人员受雇于所有者,他们更关心的是在职期间的工作业绩和个人收益。二者价值取向的不同必然导致双方在企业运营管理当中行为方式的不同,且可能发生员工为个人利益而损害企业整体利益的行为。

当然,如果企业实施了股权激励,能够使企业的管理者和关键技术人员成为企业的股东,其个人利益与企业利益趋于一致,能够有效弱化二者之间的矛盾,促使二者形成利益共同体。但是股权激励的实施和兑现及实施范围有很多限制条件,不一定适合成长型企业。但是,增值利益二次分配通过"共享收益"将员工的付出和结果直接绑定,将企业利益和员工利益打造成一个共同的分享平台,成为利益共同体,激发共同创业的活力,提升员工的工作积极性和创造性,促进企业快速发展。

二、实行增值利益二次分配的前置条件

实行增值利益二次分配,首先不需要员工拿现金或将来的收益来购买股份,不需要员工个人的利益投入,也不需要企业所有者或者投资人的利益投

入，企业只需做好资源保障、业务规划，以及制定公布增值利益二次分配方案就可以了。

我们都知道，企业在年初签订年度目标责任书的时候，业绩要求一般分为三个指标：保底指标、挑战指标和冲刺指标。业务运营团队年底完成了保底指标，对比企业总体业绩的底线要求，没有发生增值利益，不需要二次分配；完成了挑战指标和冲刺指标，有了超越保底指标的增值利益，就有了二次分配增值利益的可能，增值利益对投资人而言，是"无中生有的利益"，对这一部分增值利益进行二次分配，投资人当然不会心疼。对员工而言，增值利益是个人的增值收入。从增值利益二次分配的机制设计来看，投资人和员工是共享收益的创业共同体。企业实行增值利益二次分配，需要做好四项准备工作。

1. 划定利润中心

依据企业全年的业绩预算目标，以各业务板块或者业务单元作为利润中心来进行考核，以该利润中心占用企业的所属资产或拨付资金作为运营基础，开展经营活动。利润中心配置的职能人员，属于利润中心的编制，协助配合完成利润中心的经营管理任务，其费用属于利润中心的成本支出，利润中心作为单独核算单位，以其资产、负债和净资产作为运营支持，以其经营成果来计算其损益。

2. 利润中心年度业绩指标确定原则

企业总部根据上年度的经营业绩资料和本年度各利润中心的实际情况，结合当前市场状况，总经理办公会议讨论通过并和各利润中心负责人交流协商后，确定各利润中心的年度业绩指标。业绩指标分为三类：保底指标、挑战指标和冲刺指标。完成保底指标，不存在增值利益，不需要二次分配；完成挑战指标和冲刺指标，有了超越保底指标的增值利益，就有了二次分配增值利益的可能，由企业总部和各利润中心签订书面协议，书面协议的核心就是约定双方的责权利，其中增值利益二次分配方案是重点。各利润中心享有充分的自主运营管理权，可以自主带领本利润中心员工积极地开拓业务，完成企业总部下达的各项任务指标。

3. 各利润中心实行独立核算

企业总部统一负责各利润中心的财务管理工作，各利润中心实行独立核算，负责登记和管理企业所投入的资产、发生的负债及所有者权益。保证会计核算结果清晰、准确，保证资产、负债不混淆，收入不串户，费用不转嫁。企业总部直接为各利润中心办理事项的直接费用由利润中心承担，没有明确指向的，归入企业总部管理费用。企业总部的管理费用在年底按比例（收入比例、人员比例或其他比例）在各利润中心之间进行分配。

为保证各利润中心的资金正常运转，各利润中心负责人必须杜绝一年期以上应收账款的产生，如因管理不善而产生一年期（含）以上的应收账款，则按产生的应收账款的双倍金额抵减营业收入；各利润中心的超期库存，按库存成本作为本利润中心的成本支出。各利润中心经营所需资金，由企业总部定额投入，资金对应的利息由利润中心承担，各利润中心因业务发展需要增加流动资金，由企业总部负责组织开展融资工作，产生的财务费用和融资成本由利润中心承担。在考核期末，各利润中心的坏账损失金额，以及盗窃、消防安全事故、员工意外伤害等非正常因素造成的损失金额，资产材料超标准损耗金额，由企业总部确认，然后从考核利润指标中扣除，各利润中心的业绩完成情况，以企业总部财务部的核算标准作为最终确认结果。

4. 各利润中心高管团队薪酬发放规则

为了体现各利润中心高管团队的运营管理水平，高管团队的年薪分为两部分：一部分是固定发放的月度薪酬，另一部分是年度业绩指标所对应的年度绩效薪酬，各利润中心高管团队的年度绩效薪酬分为三个不同的标准，分别对应保底指标、挑战指标和冲刺指标，完成哪个指标，就领取哪个指标对应的年度绩效薪酬。

三、增值利益二次分配的实际操作

到了年底，根据各利润中心实际业绩完成情况，核算增值利益二次分配所对应的年度绩效。

1. 运营团队的增值利益二次分配计算方案：团队组织绩效

假定一个业务小组作为利润中心，年初确定的业绩保底指标为50万元，挑战指标为60万元，冲刺指标为70万元。超过保底指标的增值利益，团队组织绩效分成40%；超过挑战指标的增值利益，团队组织绩效分成50%；超过

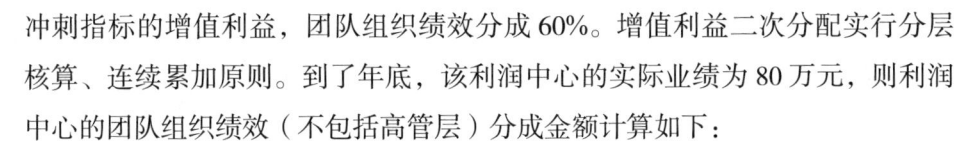

冲刺指标的增值利益，团队组织绩效分成 60%。增值利益二次分配实行分层核算、连续累加原则。到了年底，该利润中心的实际业绩为 80 万元，则利润中心的团队组织绩效（不包括高管层）分成金额计算如下：

- 超过保底指标的增值利益为 10 万元，团队组织绩效分成比例为 40%，金额为 4 万元；
- 超过挑战指标的增值利益为 10 万元，团队组织绩效分成比例为 50%，金额为 5 万元；
- 超过冲刺指标的增值利益为 10 万元，团队组织绩效分成比例为 60%，金额为 6 万元；
- 则运营团队的年底增值利益二次分配总金额为 15 万元，这是运营团队组织绩效总金额，再根据运营团队每个成员的业绩构成分配个人绩效。

2. **管理团队的增值利益二次分配计算方案**

为便于管理团队成员进行二次分配，特制定相关分配细则：负责人 60%，其他员工分配剩余的 40%，按照人数对应的系数比例进行分配，设立经理级别系数为 1，主管级别系数为 0.8，员工级别系数为 0.6，再根据个人绩效得分和级别系数的乘积得出权重比例，计算每位员工的个人绩效。

3. **企业总部职能团队的增值利益二次分配计算方案**

为便于企业总部职能团队成员进行二次分配，特制定相关分配细则：企业总部职能团队的财务、行政及支持人员，全员个人绩效以实际发放的业务部门年度绩效总金额的 70% 作为后台职能部门的总金额；分配职级分为 A、B、C 三级——A 级包括总监、部长、副部长，B 级包括经理、副经理，C 级包括主管、副主管及基层员工；纵向相邻比例不能超过 2 倍，同级别比例相差不能超过 0.5 倍，然后根据个人绩效得分计算出个人绩效。

为了避免业务的后续风险管理，兑现年底组织绩效时，次年 1 月发放 80%，次年 7 月发放 20%。

四、增值利益二次分配的核心作用

很多企业花了大力气在薪酬和激励设计上，结果应用起来发现钱没少花，员工还是没有多少归属感，积极性也都是短期的、一时的，原因就在于没有将企业运营管理打造成共享收益的平台，而企业增值利益二次分配，彻底将员工与企业打造成利益共同体，可以更好地调动和刺激员工的主观能动性，使员工与企业能够更好地一起"共享收益"，员工的稳定性更好，战斗力更强，企业组织更有活力。

增值利益二次分配是一种结果思维，通过共同付出实现利益共享，可以激发企业内部各方面的活力，激发运营管理的潜能和动力，从而提高员工的积极性和生产效率，推动企业可持续发展。

第三节　利益分配机制是企业成败的关键——企业会分钱，管理 60% 的工作就解决了

企业最大的财富是人才资源，人力资源是企业最大的变量资源和最大的能量转化杠杆，但是人力资源是相对静态的资源，是以员工的身体作为储存条件的，从员工的个人能量转化为企业的组织能量，从员工个体的人力资源转化为企业整体的组织能力，必须通过利益分配机制进行点燃和激活，企业发展成败的核心是利益分配机制，如果企业留不住人才，企业就不可能有出路。企业留不住人才的根本原因是利益分配不合理，利益分配机制是企业发展成败的关键。

一家企业要想做强做大，首先要解决的问题是利益分配机制。如果员工做了一元钱的事情，马上就有一元钱的回报，那他就没有理由不做，他不做，来自企业内部或者外部劳动力市场的人也会做。这就形成了市场化的竞争机制和即时利益兑现机制。

企业的管理制度，总体上可以分为三大类：一类是管理保障制度，一类是绩效评价制度，一类是利益分配制度。企业能够持续发展的动力来源于人才团队的能量输出，人才团队能量输出的关键核心在于利益分配机制，人才不是企业的核心竞争力，培养和保有人才的能力才是企业的核心竞争力，利益分配机制才是决定企业成败的关键问题。

利益分配机制直接决定企业的管理成效和企业命运。而利益分配和权力、责任的分配是一体的，老板都希望员工可以像自己一样热爱企业，愿意为企业

全力奉献，这需要员工真正把企业当成自己的家。改变的办法只有一个，即如何让员工像老板一样努力工作。抓住这个动机原因，把它转换成员工工作的动力。基于这个动力，员工自然而然地就会表现出高绩效的动作和行为。其实管理很简单，只需把员工的责任、义务和利益，像等边三角形一样做均衡分配就可以了。华为的利益分配机制就具有标杆意义和引领作用，华为公司的分钱，实际上是广义的"分钱"，它具体表现为：分权、分利和分名。首先是分权，华为分权激励机制表现最彻底的就是华为的轮值 CEO 制度，这在世界范围内也是一个独创，没有哪一家企业能够把 CEO 的权力分给核心高管的，这需要企业家具有非常大的智慧和格局才可以做到。其次是分利，在分利这个层次上，华为的做法非常多元化，包括宽带薪酬、奖金、虚拟饱和配股、TUP 期权激励、各种专项奖金方案等，都充分体现了华为在分利方面做出的努力，这些做法对中国企业非常具有借鉴意义。最后是分名，各种基于荣誉的或者名誉的激励，包括蓝血十杰、明日之星或者各种首席专家的头衔等，其本质都是"分名"。对钱、对权、对荣誉的分配，是华为激励机制的基本内容。所以，人才不是华为的核心竞争力，对人才进行管理的能力才是华为的核心竞争力。华为的生命力和核心竞争力之所以强大，就是因为华为的利益分配机制世界领先！华为用利益分享的方式将员工的才智凝聚起来，直接决定了企业的管理成效和命运。

除了华为公司之外，阿里模式、巨人模式的利益分配机制也具有借鉴意义。阿里模式即阿里巴巴公司的利益分配模式，马云带领阿里巴巴团队创业的时候，他拥有了最多有利资源，也是付出最多的人，但他不是阿里巴巴的控股老板。他把企业的利润与所有人分享，从而获得了最珍贵的人才资源和人气资源。正所谓"财散人聚，财聚人散"，拥有了人才和人气，企业自然会创造更多的财富。巨人模式即巨人集团的利益分配模式，巨人集团的创始人史玉柱由"首负"变首富的传奇故事，影响和改变了许多人。他与每位员工合作的时候，在每个项目上总是让员工挣到比他多的钱，巨人集团把每位员工当成合作伙伴，为他们提供创业平台，一步步把他们培养成有能力挣大钱的老板，而公司只保留 30% 的利润，70% 的利润都与员工分享，让每位员工感觉到是在为自己打工，从而员工把企业当成自己的家，把企业的事当成自己的事，员工对企业的忠诚度非常高。

企业经营就是一个创造价值、分配价值的过程，就是一个挣钱、分钱的过程。建立好利益分配机制，员工就不是为老板打工，而是为自己工作。员工能拿多少工资不是老板定的，而是根据自己创造的结果计发的！老板带的是团队、搭的是平台、建的是机制。员工和企业就形成事业共同体、命运共同体和利益共同体，这会激发出员工的无限动力、责任心和主动性，真正实现了利益趋同、上下同欲、思维统一、绩效必增的理想目标，这样的企业必然勇往直前，引领市场发展潮流而稳健发展。

所以，企业的利益分配机制是企业管理运营的核心，是企业成败的关键，如果本着公平公正的原则，把分钱的机制提前设定好，企业60%的管理工作就解决了。

第四节　成长型企业，筑牢运营风险的"防火墙"

企业风险分类的方式有很多，跟内部控制联系在一起，可以把风险分为两大类：可控风险与不可控风险。不可控风险主要包括政策变更、自然灾害、宏观经济变化等。可控风险主要包括企业运营层面的风险。总的来说，成长型企业面临的运营层面的风险主要有经营管理风险、不构筑防火墙引发的风险和企业扩张的风险，企业需要根据自身的情况，制定合适的风险管理策略，以应对这些风险，确保企业稳健运行。

一、经营管理风险

1. 经营的不稳定导致的融资风险

成长型企业对外界经济环境的依赖性较大，除了对国家产业政策和金融政策有着较强的敏感性之外，国家经济制度安排、宏微观经济环境变化、行业竞争态势加剧，也会增大成长型企业的经营风险，那些经营不佳或销售渠道不畅，或者竞争实力不够及难以实行多元化经营来分散风险的企业往往首先受到市场的冲击。而经营风险的增大又破坏了企业经营的稳定性，企业更难以满足市场融资的条件，融资会更加困难。

2. 管理水平低下导致的融资风险

管理水平低下主要表现在，成长型企业的管理观念相对落后，内部管理基础工作不健全，产品研制的技术力量有限，对市场的变化趋势缺乏预见性等。管理上的种种缺陷致使成长型企业的发展后劲不足，高开业率和高废业率是成长型企业的主要特点。据统计，成长型企业五年淘汰率近70%，约30%左右的成长型企业处于亏损状态，仅有三成左右具有成长潜能，七成左右发展能力薄弱，能够生存十年以上的成长型企业仅占1%。因此，成长型企业无论是直接融资，还是间接融资，都会面临诸多融资条件的限制，融资障碍和风险都比较大。

3. 信用危机导致的融资风险

成长型企业信用不足是一个普遍现象，有的企业会计信息不真实、财务做假账、资本空壳、核算混乱，有的企业抽逃资金、拖欠账款、恶意偷税，这在一定程度上影响了成长型企业的形象。相对于大型企业的很多信息的公开化和容易以极低的成本获取，成长型企业的信息基本上是内部化的、不透明的，银行金融机构和其他投资者很难通过一般渠道获得，因此，银行要向成长型企业提供贷款或者投资人对成长型企业投资，不得不加大人力资源的投入以提高信息的收集和分析质量。一方面增加了银行或者投资人的运营成本，另一方面也会给企业的融资带来困难和不确定性。

4. 高昂的融资成本限制了成长型企业的融资能力

首先，成长型企业的资金来源渠道单一性、来源方式简单化和融资结构不合理导致融资成本无法达到最低化。其次，民间借贷的高息限制了成长型企业的融资能力，民间借贷比较容易实现无担保贷款，在适应企业资金需求方面比商业银行有优势。民间借贷本着高风险高收益的原则，必然执行高利率，但成长型企业普遍资金不足，高额利息必然限制其融资能力。

5. 规避经营风险先从任务承揽着手

对工程施工类企业而言，经营承揽是企业创效的源头，规避经营风险先从任务承揽着手，企业要做到"四不揽""三不与""两不决""一取消"。"四不揽"：不揽垫资工程、不揽潜亏工程、不揽未经立项报批工程、不揽资金不到位工程。"三不与"：不与中介、不与没有资质的私企、不与信誉不良的企业合作。"两不决":不做没有利润空间的投标报价决策、不做以牺牲企业利益为代价的战略性投资决策。"一取消":取消中介环节,自主参与市场竞争。同时,企业还要坚守廉洁自律这条底线,有效规避企业经营风险。

二、不构筑防火墙引发的风险

1. 企业资产和家庭财产之间不构筑防火墙的风险

根据《中华人民共和国公司法》的规定,公司是独立法人,拥有法人财产权,公司对外经营自负盈亏,公司以全部财产对公司负责。因此,公司在经营过程中发生了债务,公司以全部财产对外清偿,如果股东按规定缴纳完了出资,该债务就和股东无关。即使公司无法偿还债务,公司即便被宣告资不抵债进入破产程序,债权人也不能起诉股东,要求股东承担公司债务。但如果公司滥用公司独立法人地位和股东有限责任、逃避债务、严重损害公司债权人利益,股东对公司债务承担连带责任,即用家庭财产承担债务。

为什么企业的债务会传导至家庭?主要原因是企业家在创立公司之初和在企业经营的过程中,没有构建企业资产与家庭财产的防火墙,导致企业风险穿透家庭财产,如果创业失败,家庭财产会承受失败的后果,造成企业和家业两空的局面。所以,初创公司的创业者或是已具规模的企业家,一定要有底线思维。为了自己的家庭,为了自己身上所负担的责任,经营企业的时候,一定要考虑:如何在家庭财产与企业资产之间建立一个可靠的防火墙,做到即使城门失火也不会殃及池鱼。

2. 替人担保的风险

担保责任分为一般担保和连带责任担保。一般担保是在债务人通过诉讼仍不能承担债务时,担保人应当承担担保责任;连带担保责任是,债权人可以直接要求债务人和担保人任何一方承担责任,不受债务人有无能力的限制。第二种风险是影响担保人的贷款额风险,在正常情况下,借款人自己还款,担保人不用操心,但借款人所借的贷款额及月供款,一般也显示在担保人的信用记录内,担保人自己申请任何贷款时,他所担保的债项会被视作他自己的债项,因而可能影响担保人的贷款额。

3. **虚拟民营企业集团所属业务板块之间的风险穿透**

民营企业集团的构成有两种：一种是在市场监管机构正式注册的公开承担民事责任的集团公司；一种是没有注册、只用于集团内部管理、对外没有法律效力的虚拟集团。虚拟集团所属业务板块对外是不同的法人主体，对内通过交叉持股或者代持股方式，构成运营主体。

虚拟集团的经营生态表现为，法人治理非常不规范，各业务板块之间资金不封闭，集团本身没有资金池，却利用投资人身份不断抽取各业务板块的流动资金对外投资或者开拓新项目，各业务板块之间也不建立风险防火墙，股东交叉持股，相互担保，这样的非常规操作等于人为制造流动性资金穿透风险，一旦某个业务板块的银行贷款还不上，内部汇集的流动资金不足以填上贷款的窟窿，就容易火烧连营，使风险蔓延到全部业务板块，整个集团公司遭受灭顶之灾。

所以，虚拟集团内部不同的业务板块之间一定要建立风险防火墙，确保资金使用的封闭和安全性，即使内部某一业务板块"失火"，因为实现了债务隔离不至于引发整体穿透风险。

三、企业扩张的风险

企业无论采取内部扩张还是外部扩张，都会加大投资力度，因此资金使用更加紧张，需要拓展筹资渠道来筹资。所以，企业正常的运营风险，主要有投资风险、现金流风险和并购风险。

1. **投资风险**

投资风险主要由实物投资风险和金融投资风险组成。实物投资风险是由直接投资、固定资产投资、流动资产投资、无形资产投资而带来的收益不确定。这类投资风险的产生主要是由决策失误和投资环境恶化等造成的，一般来讲，有三种表现形式：一是投资项目不能如期投产，不能取得投资收益，或者虽然投产，但不能盈利，反而出现亏损，导致企业整体盈利能力和偿还能力降低；二是投资项目并没有出现亏损，但盈利水平很低，利润率低于银行贷款的利息率；三是投资项目本身不能变现、不能进行市场交易、不能办理抵押手续，成了休眠冷冻资产，如没有合法手续、没有交易对象的投资项目等。

金融投资风险是由股票投资、债券投资和储蓄投资等带来的风险，可分为系统性风险和非系统性风险。系统性风险是全局性因素的变化，如经济形势变化、通货膨胀、利率汇率变化等，导致证券市场上所有证券的收益发生变动的风险。非系统性风险是某些因素的变化导致证券市场个别证券收益变动的风险。

企业投资所面临的各种复杂性局面和因素，使得企业投资行为必须谨慎。企业对外投资前往往存在一个大的问题，即事前的调研工作不充分，在没有做好充分准备和客观分析的情况下盲目投资。造成这一问题的主客观原因主要包括节省时间、减少资源投入、一味地追求经济利益等，因为投资前的调研缺乏全面性和充分性，所以企业对外投资处于风险中。

2. 现金流风险

现金是流动性最强的资产，现金流为什么比利润重要？因为现金流比利润更能反映企业的经营获利质量，现金流的充足与否更直接地决定了企业的生存能力和延续性。现金相当于人的血液，企业一直亏损，但现金流充足，企业也能够存活，反过来，企业有报表上的利润，但没有现金流，照样有破产的危险。

企业有利润但没有现金流的情况，主要有两个原因：一是企业只顾销售产品，无暇顾及销售回款，或者是在赊销管理方面不得要领，应收账款管理不善，导致销售出去的货物或劳务无法及时回笼资金；二是业绩造假，通过虚假的营业收入、营业成本数据，营造盈利状况不错的假象，既然是造假出来的利润，自然不会有相对应的现金流入。除去业绩造假的情况，遇到销售回款的难题，可以试着增加现金折扣、缩短收款期来加速现金回笼。

3. 并购风险

一项完整的并购活动通常包括目标企业选择、目标企业价值的评估、并购的可行性分析、并购资金的筹措、出价方式的确定及并购后的资产整合，上述各环节都可能产生风险。流动性风险在采用现金支付方式的并购企业中表现得尤为突出。由于采用现金收购的企业首先考虑的是资产的流动性，流动资产和速动资产的质量越高，变现能力就越高，企业越能够迅速、顺利地获取收购资金。若并购方的融资能力较差，现金流量安排不当，则流动比率也会大幅下降，影响其短期偿债能力，给并购方带来流动性风险。

企业并购过程的程序合规非常重要，笔者早年给一家汽车贸易集团做过管理顾问，集团收购了一家民营的汽车销售4S店，收购之前，按流程和合规性要求目标企业必须做债权债务公告，但老板性格很自负，拒绝了法务的要求，越过这一重要环节，直接变更全部股份完成了收购。结果收购工作刚刚完成，第三方企业出具了一张被收购方企业签字盖章的现金借款借据，虽然做了笔迹鉴定和公章真伪核实，但最终败诉，白白损失现金380万元。

相对以上风险，税务风险有专业机构监督，有统一的公开标准和要求指导，只要企业的财务管理人员专业水平较高，遵纪守法，和税务部门悉心交流，即使税务筹划出现问题，也有改正的机会。至于产品研发和新产品投入的风险，实际上无法控制，这属于企业经营的试错风险，经营管理就是一个试错过程，没有任何力量保证经营管理的方向永远是正确的。

四、部门联动，整体防范，减少风险发生

核心竞争力体现了一家企业的造血功能，而资本的诉求是在最短的时间里追逐最大的利润，资本是兴奋剂，也是迷魂散，个别大企业的休克式破产让我们明白一个道理：企业如果没有风险预防机制，盲目扩张，就会使企业跑马圈地却失于精耕细作，拓展突破却迷失方向，急于求成却昙花一现，结果是卖血后不能造血，只能流血牺牲，在商业的大败局当中，壮烈而悲情地烟消云散。

所以在企业的生产经营活动中，企业要想实现可持续发展，必须对各类风险进行有效的预防和控制，内部控制作为企业管理的中枢环节，是防范企业风险最行之有效的一种手段。企业可以把生产、营销、财务等各部门及其工作结合在一起，统一规划工作流程，从源头进行风险防控，从而使各部门密切配合，充分发挥整体链条的防范检查和制衡监督作用，减少风险事故的发生，顺利实现企业的经营目标。

第六讲
管理变革与职场生态

第一节 高管空降到民企,为什么很难存活

高管空降到民企,为什么很难存活?六个错位是主要原因。

创业老板往往凭借着市场机遇和个人独当一面的能力,带领一帮创业兄弟奋力拼搏,最终实现企业从生存期到成长期的跨越,然而成功进入成长期企业的发展好像进入停滞徘徊期,企业效益不见起色,管理混乱局面不见改善,老板比以前更加繁忙了。环顾四周,审视身边那些忠诚质朴的创业兄弟,总感觉他们欠缺点火候,当下难当重任,于是老板自然而然地想到引入职业经理人,希望职业经理人能够力挽狂澜,迅速给企业带来"翻天覆地"的变化,冲破企业成长的瓶颈,带领企业走向辉煌,实现创业最初的梦想。经过精挑细选,被选中的职业经理人信心满满地入职,但事实上大多数入职民营企业的职业经理人结局并不完美。据统计,中国民营企业外聘高管的阵亡率高达70%~80%,超过30%的高管入职一年后离职,以各种原因抱憾挂冠而去,只留下创业老板和他的创业兄弟们继续在风中凌乱,在原地转圈。

事实上,一般中小型民营企业的老板并没有带领企业从小发展到大的直接经验,他们面临的问题是全新的,老板自己也需要有一个随着实践逐步成长的过程,有时候也看不清企业存在的关键问题,导致老板和职业经理人的认知理念发生错位,企业存在的问题也得不到彻底解决,一轮又一轮的企业成长和一部一部的衰亡史精彩而又遗憾地按时间周期进行巡演。那么,创业老板和职

业经理人之间到底存在哪些认知错位呢？

一、战略定位的认知错位

职业经理人一般具有体系化的教育背景，且在正规大企业有比较完美的任职经历，他们认为企业必须有清晰的战略定位，业务板块有取舍，才能有聚焦，企业的战略目标必须有量化表达，有实现路径和资源保障计划，还有人才储备。对于如何打造企业的核心竞争力，老板肯定有深入的思考，虽然战略目标是对企业未来的假设，但毕竟是企业的发展方向，至少有成型的文本来呈现企业的战略目标，高管团队对于战略目标至少达成初步共识。有了战略定位，企业才能够确定核心竞争力和战略目标的主攻方向。

但是，遗憾的是，大部分成长型民营企业的战略规划，在老板心里就是一个想法，即使有文本呈现，也是召集内部人员参照同行业标杆企业拼凑的一个文字版本，主要作用是给别人看的宣传材料，企业整体运营上就是蒙头狂奔的状态，对于战略规划，企业就没有认真讨论过，也没有邀请业内专家分析论证过是否具有可行性，更没有和年度经营计划相贯通，这是老板和职业经理人对于战略定位的认知错位。

二、全面预算的认知错位

创业中的中小型民营企业年初也签订年度目标责任书，各业务板块的负责人也都签了字，但没有和全面预算挂钩，资源保障计划没有充分讨论沟通，原因是创业民营企业的资金一般比较紧张，老板大约用40%的精力筹集资金，老板做事的风格就是有条件要上，没有条件也要上，如果所有条件都具备了，还要招聘职业经理人吗？

全面预算和年度目标责任脱节，导致业务和财务是脱节的，财务部门的职能主要是融资和核算，实现不了业财融合，也谈不上为业务赋能。因为资金保障和目标责任不匹配，所以各业务板块由于资金问题没有完成业务目标，也无法追究责任，也不存在增值利益二次分配的条件，本质上还是"大锅饭"的味道。资源保障毕竟是组织层面的事情，和业务板块的负责人没有关系，既然各业务板块负责人的责任、权力和利益不均衡，就会出现年年签订责任目标，年年完不成的情况，员工的工作动力不足，组织活力欠缺。

职业经理人认为的全面预算应该从销售开始，有了产品或服务的销售单价，有了全年销售计划对应的销售数量，就有了全年营业收入预算总额，再匹配销售成本和运营成本，匹配法定的税收成本，就计算出了毛利率，各业务板块的全面预算和业务目标相互联动，业绩经营结果就成了裁判，可以根据年度目标完成情况实现增值利益二次分配的可能，多劳多得，少劳少得，实现了伯乐只赛马不相马的公平分配，员工工作有动力有目标，责任、义务和利益相一致，组织活力被激活。这是老板或者企业现状和职业经理人之间的第二个认知错位。

三、管理理念的认知错位

关于"管理规范"，一般老板的理解就是制定一系列制度，通过制度履行管理职能，很多企业的管理就是通过"搞运动"的方式开展的，老板在某个培训课堂上听到某种管理方法，回到自己的企业立刻试行，下次听到另一个培训老师的管理方法，又在自己的企业活学活用，或者直接照搬本行业标杆企业的规章制度，改一改规章制度的标题，直接应用。

其实，管理的精髓不是建立一套系统的制度流程，企业管理不是缺乏概念、制度和方法，而是缺乏沉淀，缺乏持之以恒的改善和优化。企业发生过的事情，或者经常发生的事情需要规范起来，这时候需要根据现实情况制定管理制度，管理需要"七分沉淀，三分设计"，管理体系主要依靠沉淀形成，而不是设计制定出来的，也不是从其他企业凭空移植过来的。换句话说，企业某个阶段的主要问题解决了，针对这些成功经验进行总结和沉淀，就会形成具有自身特色的制度。

设计制度，关键是明确导向，也就是这个制度是基于何种理念设计的，能够解决哪些关键问题。抓住主要问题，找到解决办法——设计制度。七分沉淀就是把执行有效的管理活动固化下来，形成制度模板，不断地持续改善。

四、高级人才定位的认知错位

企业在不同的发展阶段需要不同的人才，人才类型有开拓型、守成型、业务型和建设平台型。例如，企业在快速扩张过程中，需要建设平台型人才，招聘的时候人才最好有过从"乱"到"治"的职业经历。不然，很难期望招聘到的员工有建设平台的能力，而来自知名行业背景的职业经理人，并不意味着他会建设管理平台，他们更多的是依赖平台开展工作。

老板聘请职业经理人来建立管理体系，职业经理人加盟后以为自己的主要任务就是建立管理体系，但实际上，老板既期望他建立管理体系，又期望他运行管理体系。其实，大多数具有知名行业背景的职业经理人并没有多少建立管理体系的经验，他们更多的经验是按照体系要求，如何在现有管理体系规则当中运营，这就为老板和职业经理人之间的认知错位埋下伏笔。

创业型中小民营企业的管理体系建设和团队建设力量相对薄弱，如果职业经理人只会在体系相对完善的平台基础上做管理，他可能无法实现老板的期望目标，老板请职业经理人加盟企业做管理，实际上是期望他来建立管理体系，而建立管理体系与应用管理体系是两个完全不同的能力要求。

五、流程管理和结果思维的认知错位

关于决策方式或者处理工作进度的方式，大企业是流程优先，流程是最大的权力，所有岗位都有详细的岗位职责说明，员工的工作进度通过流水线式的节点来规划，通过程序要求来检查过程，通过总牵引单和目标标准来验收工作成果，超出部门分工和职责范围约定的个别工作，通过召开专题会议的方式来确定责任部门，大企业的职业经理人接到工作任务，会立即分配工作任务给下级或分管部门，然后等待下属汇报成果，一般不能跨层指挥工作，要按照层级要求来，原则上一个员工只有一个上级。而快速成长期的民营企业往往要求管理人员有突破性思维方式，他们更强调结果，不管是越级指挥，还是亲自操刀或者下沉补位，甚至是请协作部门喝酒吃饭，只要把事情做成了就是好干部，就是有能力的干部，并不注重工作流程和标准的梳理和沉淀。

另外，正规大企业一般有详尽的议事规则，总经理、高管层及中层干部之间都有明确的授权与分权要求，责任边界比较清晰，但创业民营企业的老板更喜欢掌控一切，没有授权与分权的习惯，他们更习惯事事汇报，大事小事都由自己拍板决策。

六、体系化和规范化的认知错位

创业民营企业的管理团队，普遍缺乏体系化的问题思考方式，他们基本上是业务开拓思维，总结提炼和形成管理体系的能力比较差，领导力理念欠缺，经验萃取和价值总结理念较弱，教练和辅导能力不足，导致团队成长比较慢。自己能做成事，但不太善于培养管理型团队。

成熟企业的组织能力建设比较到位，组织有共同发展的目标和方向，有组织分工和协作要求，有体系化的人员激励和考核改进方案，整个管理体系已经形成一个闭环，整个组织的应激反应比较灵敏，能够基于责任来配置资源，后台职能部门能够对前端业务部门进行业务赋能，帮助一线部门完成业绩目标，部门之间有清晰的责任线，哪个地方出现问题，一般能够迅速发现。

创业民营企业的管理体系不健全，对能人比较依赖，对权力指挥比较依赖，整个团队的体系化和规范化水平比较薄弱，期望职业经理人迅速提升企业的体系化和规范化程度，这在客观上增加了难度。再说，企业的组织体系又不是电子设备，只要职业经理人一启动，整个组织体系就会按照设定的程序要求自动运转，出现反常的情况指示针就会显示出来，这种理想化的期望显然不现实。

另外，企业的管理变革应该采取渐进方式，不宜采取激进方式。就像开车一样，有经验的老司机开车时善于"拐大弯"，乘客几乎没有什么不舒服的感受。"拐大弯"就是一种渐进式管理变革。老板急于看到成绩，没有给职业经理人"拐大弯"的机会，期望立刻看到焕然一新的局面，这种脱离实际情况的期望，只能加深双方的分歧。

综上所述，创业民营企业的老板和职业经理人之间，至少存在六个方面的认知错位，如果民营企业的老板善于反思，同时职业经理人调整自我，双方的认知错位就会减少，但是民营创业老板因为创业有了良好的开端，往往比较自我和自信，因此大部分老板和职业经理人的认知错位就会发展成分歧，甚至是矛盾，一直发展到最后双方没法合作了，职业经理人只能黯然离去。

这就是为什么一些优秀的职业经理人，宁肯在大企业稳定发展，也不去民营企业做高层、拿高薪的原因，除非他们碰到的是学习力非常强、性格比较

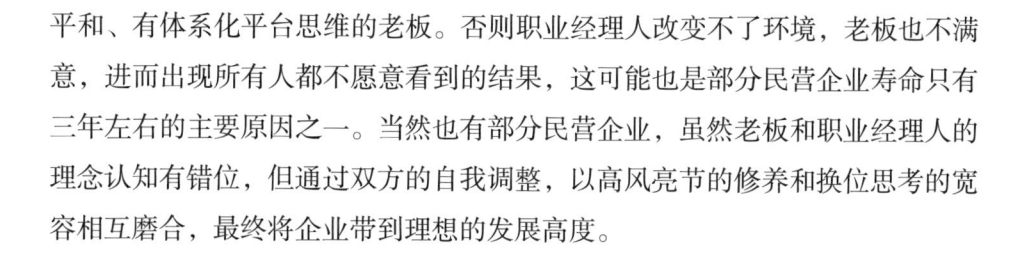

平和、有体系化平台思维的老板。否则职业经理人改变不了环境，老板也不满意，进而出现所有人都不愿意看到的结果，这可能也是部分民营企业寿命只有三年左右的主要原因之一。当然也有部分民营企业，虽然老板和职业经理人的理念认知有错位，但通过双方的自我调整，以高风亮节的修养和换位思考的宽容相互磨合，最终将企业带到理想的发展高度。

第二节　管理的常识及管理者定位的若干关键词

中国传统文化讲究治理，管理是外来词。

一、管理最简短的定义

什么是管理？字数最少、总结最精准的管理定义是：管理是符合人性的合作机制的设置。

从管理的定义来看，管理涉及两个关键。

第一个关键，管理者要学会激发每一个人的善意和潜能，管理最大的问题就是激励机制设计，就是确保组织有活力。

第二个关键，是合作机制的设置，需要将总体目标和个人目标，用利益机制结合起来，让大家齐心协力，过程有规范，结果有兑现，共同实现组织要求。

归根到底，管理是通过分工与协作，实现提高效率、降低成本的组织价值。管理的最高原则就是能够充分发挥个人特长，凝聚共同的愿景和向一致的方向努力。

二、管理的常识

管理要做好责任、权力和利益三个管理要素的平衡，三个管理要素的关系，就是等边三角形的关系，当责任、权力和利益实现了平衡，管理就开始发挥作用了，管理出问题，多是由这三个管理要素不平衡造成的。

管理，就是先理人，后管事。管理的核心就是先找对人，把合适的人放在合适的位置，再通过计划、组织、指挥、协调及控制等手段，通过他人拿到组织想要的结果。管理的本质,就是通过他人拿到结果。我们常常发现,同样的一件事交给不同的人做,结果完全不同,因此管理活动必须以人为中心,人对了一切都对了,人不对一切都不对。

三、管理开展的前提条件

管理活动开展或者实施,应该也有前提。现代管理学大师彼得·德鲁克说过,管理的本质是建立在组织的信任上,而不是建立在强权上,老板和员工之间有了信任,组织和员工之间有了信任,管理的作用才能够充分发挥。所以,管理的前提是信任。例如,一名新入职的员工,他和新的工作单位以前没有交集、没有信任,如何让他对新的工作单位产生信任呢?只有一个前提,就是及时发放工资,而且工资发放的总额和结构,和对员工入职前的承诺一样,就这么简单。只有这样,新员工和工作单位之间最基本的信任才有可能建立。

如果员工对工作单位不信任,对直接领导不认可,对老板不认可,处处怀疑这家企业,他还会有超强的执行力吗?他还会自动自发地努力工作吗?完全不可能!同时管理高度很难提升,管理作用很难发挥,领导说什么他都不信,没有了公信力,还谈什么管理啊!

一家企业的制度再健全,但老板缺乏契约精神,欠缺人格魅力,管理水平照样高不到哪里去;尽管企业的制度不健全,但老板的认知高度和能力水平很强,管理可能也差不到哪里去。老板的认知高度和能力水平决定企业发展的天花板。

四、管理的刚性与柔性

管理制度的出发点是基于人性之恶设定的,管理相当于大河的河堤,是为了不让河水决堤造成破坏性才这样设计的,所以管理具有强制性。随着社会的发展,人员素质的普遍提升,文明程度的提高,管理的刚性程度变得较为柔和,制度管理是刚性管理,企业文化管理就是柔性管理,慢慢地管理从侧重于自上而下的计划控制,演变成自下而上的激励赋能、价值分享。毕竟管理制度约束之下的员工行为,是用外力压迫监督的方式来实现管理目的,而企业文化等价值分享方式，是用理想和目标激发点燃员工的内驱力，员工是用主动担当的方式实现管理目的，工作的主动性和创造性发挥更强烈，即使工作压力大，会劳累，员工也是快乐的。

五、管理冲突及管理者如何管理冲突

因为管理是动态的，所以在管理过程中，一定会出现管理冲突。每位成熟的职业经理人都应该清楚，管理水平是在不断的管理冲突中提升的，管理最终的目的，是不断解决新问题，让复杂问题变得简单。

优秀的管理者管理冲突是讲究策略的。

一是谨慎地选择想处理的冲突：管理者可能面临许多冲突，管理者应当选择那些员工关心、影响面大，对推进工作、打开局面、增强凝聚力、建设组织文化有意义、有价值的事件，亲自抓，一抓到底。

二是仔细分析冲突双方的代表人物：哪些人卷入了冲突？冲突双方的观点是什么？代表人物的人格特点、价值观、经历和资源因素如何？

三是深入了解冲突的根源：不仅了解公开的表层的冲突原因，还要深入了解深层的、没有说出来的原因。

四是妥善选择处理办法：通常的处理办法有五种，即回避、迁就、强制、妥协、合作。

六、管理者的基本能力

管理者能力的标准有很多，领导力、决断力、沟通力、亲和力、学习力，这么多的能力里面，哪些是管理者的基本能力呢？

回归到管理的本质，管理到底要管什么？无非两个内容：管人，管事；再加上时间维度：管现在，管未来。

管人、管事、管现在、管未来，构成四个维度的思考。

一是管短期的人——通过招聘人才、淘汰庸才的方式，组建工作团队，保证现在的事情有人做。

二是管长期的人——环境是变化的，而人是追求稳定的，两者冲突，要求人和环境同步变化，做好人才储备和人才梯队建设，保证将来的事情有人做。

三是管短期的事——构建不依赖能人的高效工作体系，将工作能力常态化，实现制度健全、流程清晰，保证做好短期的事情。

四是管长期的事——企业将来主要做什么？实现路径和资源保障是什么？保证将来的事情有人负责，就是战略规划清晰，实现路径和方法可行。

所以，管理者的四项基本能力是人才队伍建设能力、组织变革能力、高效体系构建能力、战略规划能力。

七、管理者的分工

在企业内部，管理任务是分层级的，需要分工。

高层管理者，主要对企业的未来和成长负责，主要关心投资回报率和市场占有率；中层干部，主要对企业的稳定和效率负责，主要关心团队建设和组织绩效提升；基层员工，主要对企业的盈利和市场负责，主要关心服务或产品的成本、品质和销售。

八、高级管理者的定位

根据管理者的分工，一家相对成熟的企业，高管层的定位就是成为四个中心、做好四件事情。

一是人才配置中心：把合适的人放在合适的岗位，解决人岗匹配的问题。

二是资源保障中心：根据管理运营任务要求，做好资源匹配，保障业务正常开展。组织让员工打仗，但是不给枪，不给子弹，员工就没法打仗，所以资源保障很重要。

三是规则制定中心：要明确利益分配规则，形成公开公正的赛马机制，关注过程，但是让结果说话，点燃员工动力，保证责权利对称，保证组织活力，任何一家企业，只要把挣钱、分钱的规则制定好了，管理任务的60%就完成了。什么是企业？最简短的定义就是四个字：挣钱分钱。

四是利益兑现中心：根据提前确定好的利益分配规则，结合任务指标完成情况，及时兑现分配利益，不及时兑现利益，或者兑现打折，员工就会不信任你，管理的作用就会失效。

第三节　成长型企业存在的管理误区

成长型企业刚刚渡过生存期，处在夯实基础、稳健发展的上升期，企业议事规则和授权体系不完善，岗位职责和业务流程相对粗放，管理人员的管理理念和综合素质也有待提高，在管理体系建设上客观存在种种误区，主要有以下四类。

一、第一类是独断式管理

成长型企业主要依靠老板个人作用和市场机遇起家，在渡过企业生存期，发展到一定规模后，由于创业时期的事无巨细、老板都要亲自参与的习惯，形成了老板不愿撒手、喜欢掌握一切的特点。有些创业期的老板，创业成功确有运气的成分，却迷信自己的以往成功实践，经验主义胜过理智判断，听不进旁边明眼人的金玉良言。但企业规模体量增大，管理变量变多，让老板不仅承受发展之累，还忍受心态之苦，从一个侧面折射着一个阶层的生态镜像，老板依然像传统火车的火车头一样，带领大家往前跑，控制观念是其骨子里的核心管理思想，必然导致老板身心疲惫，同时压抑员工的积极性和自我实现的价值感，只不过老板自己并不觉察或者不愿改变。

二、第二类是管理过度

组织执行力的运行保障有四个：战略规划、运营机制、团队和企业文化。处在成长期的企业，相当于一张桌子的四条桌子腿，虽然长度都不长，但总体是平衡的，桌子还比较稳当。结果老板好大喜功，希望通过管理提升运营效率，结果就是管理这一条桌子腿过长，导致整张桌子失去平衡没法使用。管理过度，管理的量变因素就会变得不可控，让整个企业管理生态变形。

三、第三类是人治管理严重

公司处在成长期，管理基本依靠老板的一张嘴来实施，形成典型的人治管理，渗透着江湖文化和权谋文化的坏风气，管理体系形不成标准，随意性过大，管理的执行力就会受到严重影响，容易丧失企业的公信力。

涉及员工切身利益的三件事情是成长型企业老板千万不能做的：自己不能制定规章制度，不能制定薪酬考核制度，不能决定员工离职。老板只要做裁判就不是好人，人力资源部就没法工作，都是老板说了算，都是老板定的，老板就没有管理退路，公司就是一个大型的个体户。解决办法就是由公司授权，而不是由老板个人授权，由组织出面制定管理制度、确定薪酬考核标准、按程序决定员工离职事宜。如果老板把公司授权和个人授权混为一谈，就完全成了人治管理。

四、第四类是用经营的理念来搞管理

经营是应对市场和客户的，根据市场的变化，在合法合规的前提下，为了经营业绩的最大化，对经营行为做调整很正常。但管理主要是对内服务，管理效果像中草药的药效一样，有一个沉淀的过程，拿着经营的理念来搞管理，不断调整，不停打补丁，管理制度最终成了补丁摞补丁，管理效力不仅大减还相互矛盾，严重影响企业的可持续发展。

管理和经营两者是有本质区别的：管理是为了提升效率，经营是为了提升效益，管理是为经营服务的，企业的管理水平不能超越经营水平，管理如果不能够为经营服务，那管理就没有任何价值。

第四节 职场生态：空降职业经理人如何打开工作局面

成长型民营企业的发展进入瓶颈阶段后，企业一般先进行内部挖潜或内部整顿，如果没有产生效果，老板就会反思自己是不是有什么能力短板阻碍了企业的发展，于是寻找职业经理人加盟的计划应运而生，不管是通过猎头招聘、朋友推荐，还是行业挖角，职业经理人加盟企业前，老板的期望值都很高，期望着职业经理人迅速提升企业管理效率和运营效益，扭转改变企业当下的局面。但鉴于职业经理人是单枪匹马加盟企业，新官上任确实面临较大风险，所以新入职的职业经理人能否迅速打开工作局面非常关键，上任伊始要"烧三把火"，同时还要规避风险，通过创造价值找到自我定位。

一、第一把火：先通过局部工作取得成绩，立竿见影，同时争取整体改革方案获得肯定

职业经理人走马上任，很多员工会拭目以待，大家期待新领导带来新气象。新官上任三把火，有的职业经理人急于表现，急急忙忙"烧三把火"，但火总是烧得不旺，行动方案中途夭折，没有取得预期效果，可能还带来新问题。

俗话说："行家一出手，就知有没有。"职业经理人出手一两次后得不到预期的效果，员工从期待到观望，最后到质疑。老板也会从坚定支持变成满腹狐疑，一旦出现这种局面，职业经理人在企业中的处境就有点"麻烦"了。

企业的环境比较复杂，在职业经理人没有得到充分授权、没有树立威信的前提下，不宜大刀阔斧，其最重要的工作是树立威信、赢得员工认可，通过局部工作取得突破。职业经理人有领导职务，员工服从是应该的，但更多的威信是建立在职业经理人的行动和行动效果上的。因此，职业经理人必须通过局部工作做出亮点——既能够解决大家看到的问题，又能够产生较高的组织绩效，让人耳目一新。

但是新任职业经理人只是通过局部工作做出成绩是不够的，任何企业的老板高薪聘请职业经理人，都希望其做出更大的成绩，所以新任职业经理人深入了解企业后，最短有一个月的时间系统思考，向企业老板和高管团队提交整体解决方案，在整体解决方案得到企业老板和高管团队的高度认可后，才能够将整体思路转化成具体的实施方案。

企业业务发展永远是第一位，管理变革永远是第二位。通过局部工作找到亮点和突破口，带来的业绩增量会给新任职业经理人全面实施管理变革争取时间，管理变革可能涉及企业内部原有的利益格局，会"得罪人"，在没有形成自己掌控的团队之前，最好先将管理变革放一放。只有企业业绩增长了，员工士气和支持管理变革的积极性提高了，整体管理方案实施的条件才有可能具备。

二、第二把火：达成团队共识，挑选原有干部中的优秀人才当先锋，凝聚力量

通过局部工作或者在管理的薄弱环节上取得成绩后，下一步的工作重心是建立广泛的统一战线，团结一切可以团结的力量，尽量减少改革阻力，不要

激化早已存在的企业内部矛盾。每个变革阶段先集中力量解决一个关键问题，只要不影响企业大局，其他问题和矛盾可以先放一放，取得核心管理团队的共识，就为解决其他问题赢得时间。

任何面对管理变革的企业都存在三类人：一类人拥护管理变革；一类人持观望观察态度；最后一类人担心自己的利益受到损失，内心抵触变革。但大部分员工会采取观望观察态度。新任职业经理人的工作就是进一步扩大支持管理变革的阵营，尽量减少抵制管理变革阵营的人数，为全面深化企业改革积攒力量。

空降的职业经理人是单枪匹马入职企业，只能使用原来的管理干部，在争取他们力量和支持的同时，千万不能指责他们能力水平低下，更多的是鼓励原有的管理干部，从原有管理干部中识别人才，通过量化的工作内容和验收标准，评价他们的能力和水平，此时此刻，不能够使用感性的、非客观的评价标准评价他们，伯乐赛马不相马，选择其中态度和能力都很优秀的人员作为改革先锋的力量。千万不能一上来就大量招聘新人，把原来的管理干部换掉，这样操作老板肯定不会同意，假如加盟的职业经理人最后干砸了，自己离开了不要紧，还把干部队伍搅乱了，企业的损失会更大，所以要大量使用原有的管理干部，聚拢人心，把合适的管理干部放到合适的岗位上，发挥他们的优势长处，只有让大部分员工分享到改革的红利，让他们尝到甜头，才会最大程度获得他们的认可。

三、第三把火：选取优势市场做试点，对增值利益二次分配，然后推行全面实施方案

首先，选取客情关系比较好、管理基础比较牢固的优势市场做试点改革，调整业绩提成比例，细化激励规则，加大增值利益二次分配的力度，这样做既保证不损害公司的基本利益，还增加了企业收益，同时通过增量分配增加一部分收入给员工，企业和员工两方受益，皆大欢喜。试点市场取得成功后，先行参与试点人员的收入就会提高，这全面激发员工的效仿和羡慕，也会激发员工的干劲，形成"你争我抢、主动积极"的工作局面。

从局部亮点突破到全面聚拢人心，接下来需要做的就是激活整个管理团

队和员工队伍，激活队伍要依靠制度来牵引，但总体路径是实施以业绩为导向的管理方案，才能够保证企业基业长青。所以，要通过这种改革措施让全体员工认识到，自己多得的利益是自己干出来的，而不是领导赏赐的。同时通过调查分析将实施方案涉及的制度和流程，提交高管层开会研究，通过大家讨论，将个人思路转变成组织规则，组织认可后颁布实施，这样改革的动力就转变成企业行为，改革的阻力就会大大减小，为全面方案实施铺平道路。

其次，职业经理人要学会分身，学会站在第三方角度看问题，一定要牢记自己的教练员身份，自己是规则的核心制定者，不是运动员，个别工作岗位人员缺乏，或者工作能力不匹配，可以暂时职能补位，短期充当一回运动员，但不能长此以往，个别岗位人员的工作能力确实不匹配岗位要求，可以内部小范围调配解决，或增加人手。在依靠自身和团队的努力取得突破性成果后，要及时教会下属成员，让自己脱身，把业务捋顺，把人员配置好，不能总是亲力亲为，而是让团队成员忙起来，让自己有精力做更重要的事情。

职业经理人的首要工作是制定工作目标，每次工作任务分配下去，最多提供给下属简要的工作思路和实施路径，由团队成员具体制定实施方案。职业经理人听取下属团队成员的汇报后，提出自己的专业见解。在具体执行环节，职业经理人主要关注工作关键节点和业绩成果，依据实施计划，比对实际执行情况，进入PDCA（计划—执行—检查—处理）的工作循环。这样可以保证职业经理人真正"脱身"，成为下属团队的保障资源中心，给团队成员赋能，帮助下属成员解决问题，履行一名管理者的职责定位。

同时，要注重使用管理抓手和管理工具，业务成熟后固化沉淀成管理模板和工具，转交给相应的下属团队来操作。对于新开拓业务或不宜成型管理的业务，由大家共同讨论，一是能够激发团队成员的智慧，同时给团队成员提供各种解决问题的视角，能够发现考察人才，也能够提升团队成员的工作积极性。

四、"三把火"的主次顺序和底层逻辑

职业经理人上任，工作千头万绪，无论是企业内部还是企业外部，矛盾和压力都一起摆在其面前。此时，新任领导最容易"乱了阵脚"，被压力和问

题牵着鼻子走，抓不住重点，做不出亮点，吃力不讨好，工作很辛苦但没有成效，所以职业经理人"三把火"的主次顺序是有讲究的。

首先，要做的事必须得到团队认可，树立威信，这是整体实施方案被认可、被接受、被执行的前提，要想得到团队成员的认可，必须通过个人行动及其工作效果来增强团队信心。个人精力有限，不可能面面俱到，所以必须抓住工作重点，找到管理的薄弱环节快速突破，做出亮点，赢得团队成员的认可。只有这样，才能消除团队成员的部分疑虑，保证新的方案被接受和执行到位。

其次，要做的事能够提升整体组织绩效，而且是依靠团队整体力量做成的。对待老员工，要眼睛向前看，选择心态好、能力强、态度正的干部，把他们变成改革的主力军，获得核心动力。大局有了改观后，可以对人员做适当补充调整。

最后，凝聚团队的力量还必须依靠组织，组织的力量来源于企业制度和运行机制，要让个体的想法和智慧转变成组织活力，激发大家的积极性，确保组织良性发展。

五、职业经理人要规避的三个"忌讳"

新入职的职业经理人，单枪匹马进入一个陌生的企业生态，肯定不会一帆风顺，有一些"坑"必须提前避开，有一些失误必须提前防范，有一些"忌讳"必须牢记，才能够确保整体方案实施相对顺利。一般而言，职业经理人要规避的"忌讳"有三个。

1. 第一个"忌讳"

大面积否定管理干部能力水平，导致自己成为孤家寡人，举步维艰。

随着企业不断发展，任何企业的员工队伍都存在能力提升和转型的问题，这是一个现实且客观存在的问题。单枪匹马入职新企业的职业经理人，不可能把所谓能力不高的员工全部换成能力高的员工，谁能够保证新招聘的员工一定是能力强的员工？即使能力再强，对企业文化的适应性和忠诚度也很难保证。而且短期内大量引进新员工本身会给企业带来更大的潜在风险。即使能够招聘到大量能力强的新员工，企业老板也不会同意。从老板角度看，如果职业经理

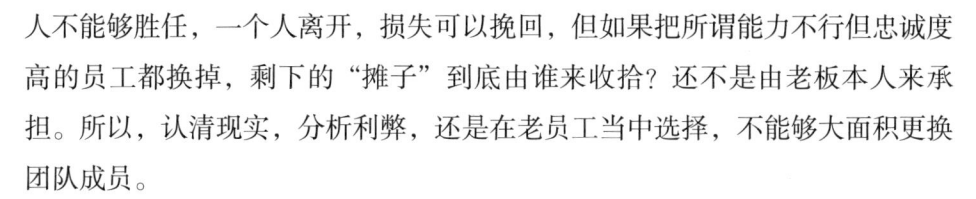

人不能够胜任，一个人离开，损失可以挽回，但如果把所谓能力不行但忠诚度高的员工都换掉，剩下的"摊子"到底由谁来收拾？还不是由老板本人来承担。所以，认清现实，分析利弊，还是在老员工当中选择，不能够大面积更换团队成员。

2. 第二个"忌讳"

从教练员被动转变成运动员，抓不住重点，找不到定位和方向。

职业经理人入职后，陷入具体的工作事务，被企业存在的问题捆绑，从教练员被迫转变成运动员，根本没有精力系统思考问题，提出整体解决方案。每天都被现实的压力和矛盾牵着鼻子走，没有时间静下心来系统思考企业存在的实际问题，几乎时刻都在救火，没有时间和精力进行长期规划，老板希望的系统改革方案也没有时间做出来，整体组织绩效也没有改善，最终被老板和团队成员认为能力不行和缺乏系统思路和整体方案实施能力。

因为人的精力有限，有经验的职业经理人，一定要抓住工作当中最为关键的问题，找到老板最为关心的问题，通过提升局面亮点体现个人能力，通过提升局部业绩增量体现个人的改革成效。最终能够体现职业经理人水平的，终究是老板要的业绩。所以，职业经理人需要对所有问题排序，要抓住重点，抓住能够引起增量变化的核心重点，聚焦资源力量整改问题，让团队成员看到希望和成效，看到成效和自己有关系，自己分享的蛋糕变大了，成员工作的主动性增加了，而不是眉毛胡子一把抓。

3. 第三个"忌讳"

过于突出管理的作用，整体方案脱离实际，没有形成团队共识。

管理不能够脱离业务单独存在，管理的核心作用是提高运营效率，管理本质是为业务经营服务的。管理必须以任务和目标为导向，不能为了管理而管理。同时也不能够在短时间内大面积改变企业的管理基础，不能另起炉灶，让企业的管理基础面目全非。所以，企业的整体改革方案，要有一个轻重缓急的排序，附带合理的进度时间和要求，以及实施步骤和实现路径，匹配保障资源，保证方案落地有可行性，能够大面积实施，本质上企业的管理风格，七分靠沉淀，三分靠设计。另外，整体方案一定要接地气，符合企业实际情况，让高管团队和老板同时认可，切忌"假大空"。

六、职业经理人还要具备较强的突破力、容忍力和抗压力

空降的职业经理人除了要规避三个"忌讳"之外,期望迅速打开工作局面,还需要本人具备较强的突破力、容忍力和抗压力。

先说突破力,缺乏突破力最主要的表现,就是将没有实现工作目标的原因归结为"条件没有达到要求,因此没做成"等。真正的突破力就是没有条件创造条件,或者只给一点点条件,充分发挥个人潜力把事情做成。如果凡事都要求企业提供完备的条件,然后才能完成任务,那么还需要职业经理人吗?企业发展从某种角度讲,就是不断消除限制因素,改造诸多不利条件的过程,尤其是发展中的民营企业,管理基础比较薄弱,缺乏资源,多数情况下要依靠个人努力突破困局,开展工作。单枪匹马的职业经理人要想在发展中的民营企业生存下来,必须具备较强的突破力。没有一定突破力,不会创造条件,不会整合资源办成事情,一味"等、靠、要",大概率职业经理人很难在快速发展的企业中存活下来。

再说容忍力,管理好坏不是用规范性来衡量的,而是用实践的有效性来衡量。成长中的企业一定程度的混乱是可以忍受的,关键方面不能乱。职业经理人必须能容忍一定程度的混乱,具备容忍力,不要把发展中的问题扩大化和绝对化。

最后说抗压力,抗压力包括抵抗非正式渠道的信息干扰、小道消息干扰及噪声干扰的能力。如果职业经理人遇到压力乱了阵脚,下属就会不知所措,整个团队就有"散掉"的危险,这是兵家大忌。另外,职业经理人要始终以真诚的态度处理其和老板之间的关系,处理好其和老板一同创业的"元老"之间的关系,不管"元老"的水平能力如何,他们在老板那里有一定的话语权,要让他们成为管理变革的推力,至少不能成为改革的阻力。

单枪匹马入职企业的职业经理人,不仅要面对企业的管理土壤和管理基础,而且要接受人员素质和公司过去积攒下来的矛盾和问题,还要根据企业发展要求做出工作成绩,生存环境比较艰难,成功率也比较低,压力比较大,但也正是这些困难和问题能够促使职业经理人发挥个人能量,实现个人价值。所以,新入职的职业经理人一定要清晰定位,积极作为,确保个人的职业生涯和企业发展同步进行,实现个人进步和企业成长的双赢局面。

第五节　职场主管：提高公文写作水平

美国作家马克·麦考梅克说过：对于领导而言，谁能很好地汇报工作，谁就在努力工作；相反，谁不好好汇报工作，谁就没有努力工作。可见，工作成绩很重要，如何让工作成绩被领导看到，工作成绩具有呈现感更重要。

人与人的交流需要通过语言，而单位与单位、单位与个人，或者上级机关与下级机关之间的交流需要借助公文。企业也是一样，企业发展到一定规模，公文就是必需品了，因为企业领导人的意志贯彻需要的层级越多，必须有一个载体来明确目标、统一思想，且能防止信息遗漏或者理解偏差，只有行政公文能够履行这个重要职责。

一、好公文的标准

文字能力的提高，需要一个长期积累的过程，它不是一个单纯表达的问题，而是和写作者的思想深度、思维能力、素材储备等方面直接相关的，有思想、有头脑的人，才会写出好公文。

要想写好行政公文，首先要熟悉公文的类别、公文的定义和格式，以及熟悉公文的基本结构和职能要求。八股文时代，写文章讲究"起承转合"，这样套路写出来的文章眉目清楚、前后呼应、层次井然、浑然一体，对于今天公文写作仍然有借鉴意义。现代社会的公文写作，也有自己的话语体系和行文方式，中共中央办公厅、国务院办公厅印发的《党政机关公文处理工作条例》，对公文起草提出二十四字规范要求："内容简洁，主题突出，观点鲜明，结构严谨，表述准确，文字精炼。"抛却形式和文种，行政公文必须有章法，好公文的标准就是十二个字：逻辑清晰，语言专业，明白晓畅。

二、起草行政公文最快的捷径

起草行政公文最快的捷径就是"套模板，填空"，具体流程可以分解为四个步骤。

1. 确定主题，找到模板

根据公文写作要求，首先确定公文大标题和题材选择，寻找相近的三个公文模板，然后准备材料来源，材料来源有三个：本单位已有的，自己积攒保存的，第三方搜索借鉴的。

2. 设计结构，分列提纲

像设计房子的结构规划图一样，初步确定公文的整体结构，根据内容要求和题材要求，拟定好大小提纲，提纲数量和结构布局能够承载公文内容的写作要求。

3. 筛选资料，丰富内容

材料是公文内容的骨架和活力体现，材料选择要服务于整体内容要求，同时匹配提纲观点，见解独到，阐述深刻，概括精练，体现公文的整体内容表达，在提纲统领下排兵布阵，各归各位。

4. 润色加工，检查交付

紧扣公文主题，做到框架结构合理，逻辑清晰，内容完整，观点全面，文字准确，最后以领导的角色身份进行"模拟演练"，自己先诵读，满意后形成草稿。

三、提炼二级标题的提纲观点

公文的整体结构有了，最考验公文写作水平的是提炼二级标题的提纲观点。二级标题的提纲观点，就像人体的骨架，作用是支撑公文的整体内容，划分逻辑结构，保证公文从形式上符合要求，再从逻辑和内容上打磨修订。

本书用三个案例说明二级标题的提纲观点是如何提炼的。

1. 案例一

案例一：某机关迎接上级主管单位综合考核的汇报材料，提炼出如下三个提纲观点。

- 第一个问题"几个数字"，汇报的是工作成效；
- 第二个问题"几条做法"，汇报的是工作经验；
- 第三个问题"几点思考"，汇报的是今后的打算。

加上文件标题，然后用文字材料填充丰富提纲观点，公文的整体框架和结构就体现出来了。

2. **案例二**

案例二：某机关向上级主管单位汇报"如何深入学习贯彻党的二十大精神"，就是把问题梳理出来，讲了五个方面，每个问题作为一个观点来汇报。

- 解决学用脱节问题，把学风搞端正；
- 解决观念滞后问题，把思维搞科学；
- 解决思路不清问题，把路数搞对头；
- 解决统筹不力问题，把秩序搞正规；
- 解决上行不够问题，把导向搞端正。

五个问题，转化成五个二级标题的提纲观点，清晰总结存在的问题，实现汇报效果。

3. **案例三**

案例三：某单位在调研汇报技术干部队伍建设情况时，列举了四对矛盾，把这些矛盾关系找出来，总结提炼，区分层次，就呈现出公文的框架结构。

- 知识技能与任务需要不相适应的矛盾；
- 编制结构与工作实际不太相符的矛盾；
- 知识更新与后续教育衔接不紧的矛盾；
- 组织稳定与思想稳定难以统一的矛盾。

从以上三个案例可以看出，公文的二级标题的提纲观点特别关键，因此要精准提炼。

四、如何让公文有亮点、焦点、特点，如何提升公文的温度和味道

1. **把本质的东西揭示出来，把精粹的东西写出来**

话不在多，但要切中要害，剖析问题要深透，有深刻的启迪、震动和警醒作用，能够提出新颖独到的见解和应对解决方案，用逻辑力量增强思想性，用材料提炼出条理性，让公文平和有生机，一份公文，有几处甚至一处闪光的观点，就足以使全文生辉。

2. **确定主题，确保公文条理清晰和层次有区分**

领悟领导意图，标题要醒目漂亮，抓题扣题要准确；论点鲜明，一段话

提出一个论点；每一部分开头的引题不能太长，要简短有力，开门见山、推窗见月；观点论证充满逻辑性，一个钉子一个眼，条理清晰，结构严谨。

3. 尽量用典型事例说明道理

文章结构是人体的"骨骼"，具体事例是人体的"肌肉"，文章有血有肉，读起来才能有滋有味。尽量用典型事例说明道理：毛主席著名的演讲《愚公移山》，就是借用"愚公移山"这个历史典故，说明"只要团结一心，坚持到底，就一定能取得胜利"这个道理，至今还让我们记忆犹新。

4. 尽量用深刻的感悟说明道理

例如，"想得清楚，才能干得明白""只要设身处地，就有千方百计""管住自己，天下无敌""带团队要带风气，带家庭要带和气，带孩子要带志气"，等等。

五、汇报材料的写作技巧

因为汇报材料经常使用，本书重点分析汇报材料的写作技巧。

1. 高质量的汇报材料，一定要转换领导角色，具有客户思维

要写出高质量的汇报材料，关键是要转换领导角色，反复思考领导交代的思路和观点，完全把自己摆在领导的位置上，突出讲话的主题，突出领导的风格。

提升汇报材料的高度、力度、深度和广度，要用辩证的观点看待问题、分析问题，强化以领导为中心的沟通观念，挖掘受众的意图和需求，掌握工作汇报的核心内容和整体结构。

必须具备客户中心思维。领导的注意力是有限的，通过工作汇报展现自己，领导就会看到你的成长。工作汇报，是自己可以掌控的最迅速、最实用、见效最快的职场崛起法宝。

2. 写出漂亮的汇报材料，需要三个阶段的历练

起步在学习——学习和掌握写作知识，多研读范文，掌握套路和技巧。如果不顺畅，可以参考范文写法，承上启下的转折句很重要，为我所用。

功夫在平时——平时要养成处处留心的习惯，做个情况通；养成积累资料的习惯，做个资料库；养成独立思考的习惯，做个思考有深度的思想者。

精品在修改——所有的精品材料都是在反复修改中成就的，绝对没有一遍成功、一炮打响的事情。材料不怕改，越改越精彩。

六、快速提升公文写作水平

1. 公文写作，就是思维能力的运动过程

起草文稿的过程就是思维能力的运动过程，勤于思考主要是就一件事情的分析能力和解决能力，良好的思考能力和逻辑能力是笔杆子的核心能力；思维运动包括观点怎样阐释，素材怎样选用，形势怎样分析，任务和要求怎样提出，所以构思和写作过程，就是思维活动开始的过程；领导的意图再正确，最终那些高质量的文稿，还是依靠起草者良好的思维能力和较高的认识水平完成的。

2. 初学写作者尽快"上路"的途径

要熟悉公文的特点、结构和语言风格；要善于借鉴，揣摩和模仿，熟悉公文写作的布局谋篇、语法修辞等要领；有较敏锐的洞察力和较强的思维能力，分析问题和处理问题有方法论，不仅要善于领会领导意图，而且要富有创造性。

3. 写作高手应该具备的思维能力

布局谋篇、组织文字的能力是基础，分析问题和认识问题的能力是关键，看问题要全面客观、辩证深刻，表现在文稿写作中，把话说透，把问题点准。在基本遵循领导意图的前提下，调动自己的知识积累和思维能力进行扩展、延伸和完善，尤其在起草那些领导意图交代得不明确、不具体的文稿时，要提前主动思考，根据调查研究及时提出决策建议。

七、写好公文的注意事项

1. 前开后聚合，放收两相宜——思维在起笔时发散，定稿时收敛

起草文稿时，要先根据主题、讲话场合和要求，大胆地"放"，打开思路"胡思乱想"，罗列出与主题相关的观点及相应素材。内容准备齐全后，接下来就是予以整合，紧扣主题确定可用材料，按照布局形成写作提纲，填充材料支撑内容和观点要求，简洁地收敛。

2. 起草行政公文的时间分配

先用50%的时间构思整体框架，先不要唐突下笔，要做好充分的前期准备工作，用20%的时间拟定整体结构；用30%的时间修改提炼，通过角色模拟，诵读优化。

3. 文章被修改的过程，是一个互动提升和成长的过程

你起草的行政公文，领导一个字也不修改，领导还当领导干吗？领导完全可能通过文章修改这件事情来判断你的性格，感受你对他的态度，显示自己的权威，实施对你的领导，获得一种心理上的优越感和快感。特别是在你的文字能力没有得到领导高度信任和同事普遍认可前，你必须坚决按照领导的要求去改，在反复修改中磨砺自己，调整认知角度，换位思考。

4. 避免踏入公文写作的"坑"

其一是把行政公文当作文学作品来写，这是写作者的"大忌"，文学创作形式约束比较少，而公文的表现形式是约定俗成的"戴着镣铐跳舞"，有严格的形式要求；其二是主题不清晰，没有充分领会领导意图，领导意图是公文的总方向，既是起点要求，也是终点要求；其三是没有提炼出核心要求，分析不透彻，重点不突出，针对性不强，结构逻辑和提纲排序混乱，文法和修辞的使用缺少专业性，整体内容逻辑性、条理性、可读性较差，缺少亮点和闪光点。

5. 公文文稿签发前，审核是重点，好文章是改出来的

行文理由是否充分，行文依据是否准确，内容是否符合国家宏观政策要求，是否完整准确体现了发文机关意图，是否同现行有关公文相衔接，所制定的政策措施和办法是否切实可行，内容呈现是否符合公文起草的专业要求，都是写作者需要注意的关键点。

八、能够写好公文，在职场中更容易获得成功

在现代企业当中，公文是沟通和管理的重要工具，擅长公文写作的人在职场中更容易获得领导的认可，更容易获得同事的尊重，更容易获得客户的信任。如果你能够写出清晰、简洁、准确的公文，领导会认为你是有能力的，会给予你更多的机会和挑战，如果你想在职场中获得更大的成功，一定要多加练习，提高公文写作水平。

第六节　成长型企业引进高级人才，要做哪些准备和调整

对于盈利模式比较成熟、组织机构相对健全、已经渡过生存期的成长型企业来说，适当引进外部高级人才，等于引进了一部分新的不同于以往的管理机制和运营体系，这会大大优化企业当前系统性的惯性思维，促进企业内部现有高级人才加速"学习"，提高工作效率，激活工作活力，能够促进更适合企业的管理运营方案落地生根，同时对于推动企业的管理创新乃至组织变革，也是一个良好的契机。

现实情况却不容乐观：在国有企业或者大型正规企业成长起来的高级人才，基本依靠系统化和体系化的角色分工开展工作，依靠相对清晰的授权体系和议事规则履行岗位职责；而成长型企业的体系化管理水平比较薄弱，授权体系和议事规则欠缺，有的老板喜欢跨层指挥工作，导致从国有企业或者大型正规企业跳槽来的高级人才，开展工作很困难，个人价值无法实现，管理思想在新的管理岗位也无法输出，投入产出不匹配，存在心理落差。而且大部分成长型民营企业的家族关系和参与裁判比较多，组织评价体系不健全不客观，外部引进的高级人才认为工作履历无法增加职业生涯的亮点，最终选择离开。另外，与很多成长型企业老板交流时发现，企业对高级人才的急功近利和错配使用，导致他们的人才战略一次次地走入误区，一次次地与高级人才失之交臂，甚至一次次地彼此伤害。

从更深层次的角度来看，大多数成长型企业自身很难在较短的时间内培育出高级人才，有的企业在获取和留住高级人才的过程中，缺乏精心的策划、准备和安排，没有为高级人才设计专门的培育机制和激励机制，就像习惯在高速公路上快速行驶的汽车无法在乡村公路上保持同样的速度，最终速度不得不降下来。实际上高级人才就像一颗颗种子，放在不同的土壤里，结果完全不同，有的茁壮成长，有的枯萎死掉。从国有企业或者大型正规企业入职的高级人才，还是那颗种子，但种子成长的客观条件和土壤变了，健康成长就受到限制和影响，导致引进到成长型民营企业的高级人才，大部分水土不服，存活率比较低。

因此，成长型企业引进高级人才，必须有双向互动、双向奔赴的动态调整理念，只让外部引进的高级人才单向适应企业，企业本身不做任何改变和调整，就失去了引进高级人才的意义。所以，引进外部高级人才之前和之后，企业要做好充分准备和适当调整，等于利用高级人才加盟时机对自身做一次组织变革。

一、引进高级人才前

1. 引进高级人才前，要在企业和高级人才之间达成心理契约

董事会和现有高管层的心态认同很关键，要形成一致意见，达成共识，避免给将来加盟的高级人才制造矛盾和障碍。高级人才是否带有激情地投入工作中，是否对企业忠诚、有责任感，以及能否在工作中获得满意感，很大程度上取决于企业与高级人才之间心理契约的实现程度。高级人才加盟企业后，除了正式的劳动合同，还心存一些隐性的、未公开化的、非正式的期望，这些期望同样决定高级人才的工作满意度和积极性。所以，引进高级人才过程中，企业要传递真实、有效的信息，不夸大、不隐瞒，要把企业的真实情况传达给拟加盟的高级人才，让高级人才对企业有相对客观、全面的认识，形成合理的心理契约，避免正式加盟后形成心理落差，对企业产生不信任感。

2. 引进高级人才前，企业要梳理清楚自身的战略定位和实现路径，能够让高级人才看到美好的愿景

企业拥有美好的愿景、清晰的战略定位与实现路径和明确的行动，才能够把企业的发展与高级人才的成长有效地契合起来，实现企业与个人发展的"共赢"。如果高级人才看不到企业的愿景和自己的未来，工作起来就会缺乏挑战性，就会萌生去意，所以让高级人才感受到、体验到未来的广阔空间是留住人才的基础，许多高级人才就是流失到竞争对手那里去获得更大的职业增长空间。如果企业能够在不断的发展中给予高级人才更有挑战性的工作、更多的成长机会，高级人才肯定会更加忠诚于企业，努力提高企业的经营业绩。

企业成功的关键在于战略定位很明确，以及明确阶段性发展目标。在企业创业初期，需要在区域市场开拓产品，就需要具有冲锋陷阵经验的领军人物开疆拓土；企业产品开始在全国市场布局开拓了，最好启用元帅与军师混合型

的人才来领军;企业规模不断发展壮大,发展成了行业标杆,就应该由具有相应职业背景的国际化、系统化思维的高级人才来带队了。

3. 引进高级人才之前,要明确高级人才的角色定位和工作职责范围,找到价值发挥空间,确保高级人才快速融入团队和有施展才华的机会

计划引进的高级人才角色定位要准确,要充分授权,知人善用。用人过程中,确有一些企业不愿放权,把聘来的高级人才当成"办公室副主任",没有合理的授权和分工,高管难尽其才,无法实现个人价值最大化,长此以往,高级人才自然有离职倾向。也有企业对高级人才期望过高,希望他们几个月就能够创造出辉煌业绩,对高级人才缺乏应有的耐心,这加速了高级人才与企业分手的节奏。

企业要为高级人才搭建一个舞台,一个让其施展才能、实现其价值的舞台。高级人才都是具备过硬的专业素质并且在个人成长过程中积累了大量的管理运营经验,因此会有较高的价值索取,企业通过高薪聘请外来高级人才加入高层管理团队,应尽可能地为高级人才创造施展才华的机会,根据高级人才不一样的专业特长,匹配相应的平台让他们在工作中寻找价值体现,增加工作满意度和心理黏性。

4. 引进高级人才前,薪酬激励体系有实施预案,而且和当前的实施体系有平衡性,一流的人才必须有一流的待遇

薪酬待遇是一个人的社会价值最为直接的体现,直接代表着人才的市场价值,没有合理薪酬待遇要求的人是不可能有太多贡献的。如果企业提供的薪酬待遇高于市场平均水平,收入比较可观,人才对企业的满意度和忠诚度就会提高,就会增加其对企业管理细节上瑕疵的容忍,会增加工作横向配合上的妥协度,还会增强自我管理和奉献意识,内心也有个人价值充分实现和被尊重的自豪感。理论上这属于领先薪酬策略,反之,如果一个人的薪酬比市场水平少10%,那么他的工作积极性可能减少50%。

二、引进高级人才后

1. 引进高级人才后,让新加盟的高级人才有时间去熟悉情况和调整自己

企业发展到一定阶段,盈利模式相对固定,战略目标相对清晰,制度体

系相对全面，决策流程相对完整，目标管理和任务分解相对成熟，对新加盟的高级人才，要给予一个时间进行全面的了解和掌握，去调整自己和公司的节奏，实现目标方向和行动统一。

在磨合和互动过程中，每个加盟的高级人才的管理潜力和长短处得以显现，从而更好地使每个人的定位和自己的长处相吻合，也促使企业在输入新鲜血液的过程中提升管理经营力量和水平，然后企业根据年度目标计划，合理分解工作任务，实现个人目标和企业发展目标相一致。

2. 引进高级人才后，要建立知识共享机制，创造奋发进取、彼此尊重、融洽工作的氛围，在沟通中建立信任感

现代企业的最高决策者，要做一个有魅力的领导，首先要修己安人，让员工喜欢，受员工尊敬、谦和、忠恕、创新、奋进。高级人才需要的是尊重：一是体面而有尊严的待遇；二是个人才华的施展平台——职位和职权；三是决策团队成员之间的平和沟通和信任。

道不同不相为谋。高级人才往往在企业中独当一面，对于企业战略及企业运营会形成自己的见解与主张，也会在管理企业的过程中形成自己的管理思维及行为模式。当决策团队成员之间有分歧时，一定要尊重其他成员的意见，充分沟通，先统一思想，再统一行动，切忌武断、居高临下。如果企业建立了一个民主会商的决策机制、一个充分沟通的交流平台，个别高级人才发现自己和企业最高领导层存在分歧时，因为有宽容和谐的工作关系，也会进行反思调整，更多以换位思考的方式参与决策和参谋，高管团队会更加团结，更加相互尊重和包容。

3. 引进高级人才后，要创建学习型组织的企业文化，创造条件给予培训、交流的机会，让高级人才的才华不断提升，满足其社会心理需要

通常高级人才在市场上往往处于供不应求的状态，因此高级人才有比较大的选择空间，他们不缺工作机会，他们向往更高的职业发展空间。而且高级人才比较成熟，决策比较理性，除了具有竞争力的薪酬待遇以外，他们比较关注发展机遇和工作环境。

企业应创造条件帮助高级人才提升领导力和专业及行业的认知水平，帮助树立行业"专家"的社会形象和满足有成就的社会心理需求。企业提供超越竞争对手的职业培训,很显然能够更容易维持高级人才的忠诚度和凝聚力,营造良好的工作氛围,用凝聚力留住人才。

一般来讲,高级人才的社交、尊重、自我实现的需求比普通员工更为强烈。所以,一些社会活动,企业要鼓励高级管理人员参加,这既是高级人才自我实现的需要,也是提升企业品牌和影响力方式之一。

4. 企业之间的竞争归根到底是人才的竞争

比尔·盖茨说过:"如果把我最优秀的20名雇员拿走,那么微软将会变成一个不起眼的公司。"美国钢铁大王卡耐基也曾说过:"你可以拿走我的厂房、设备、资金,但你只要给我留住人,五年后我仍是一个钢铁大王。"由此可见,高级人才是企业的立身之本,是现代企业最重要的资产,是企业可持续发展的核心资源,对企业发展有着举足轻重的作用,是直接影响企业战略目标实现和核心竞争力形成的关键要素。

如果企业的制度环境、文化环境、资源条件等不具备时,引进的高级人才就会水土不服,结果可能只有一个:彼此伤害!所以,成长型企业在引进高级人才之前和之后,要做各种准备和调整,确保高级人才和企业之间实现共同成长和相互成就的合作关系。

第七节　培训效果好坏,取决于企业结合自身进行吸收转化的能力

一、培训一定会解决企业自身问题吗

培训,是否能够解决企业自身问题,实际上分三个层次。

第一个层次是能不能的问题,比如员工的专业技能培训,培训员工制作PPT、制作EXCEL表格、学习安装电脑等就属于专业技能培训,属于技术逻辑流程类课程,只要员工认真学习,就能够学会。

第二个层次是想不想的问题,如员工的价值观、认知情感、工作态度、工作意愿等,培训老师讲得再好,授课水平再高,但不能保证立刻改变员工,因为员工的价值观和认知水平,是长期潜移默化形成的结果,外力只能影响和

引导员工的价值观和认知，但是不会立即发生改变。价值观的形成受生长环境的影响，包括家庭环境、社会环境、个人经历、偶像或导师的影响等，形成过程复杂而又深刻，每个人都不尽相同，价值观的形成对认知的判断起到底层支撑的作用，价值观的引导与形成对人生道路的选择至关重要，价值观还有立场和利益的区分，每个人站在不同的立场，能得到什么样的利益，大概率就会做出不同的选择。作家茨威格有一句名言：只有当一个人的处境发生戏剧性断裂式改变的时候，才可能导致世界观的改变。所以，涉及员工价值观的内容的培训最多能够局部影响或引导员工，但他们不会立刻发生改变，况且随着人的阅历和认知变化，价值观也会出现变化。

第三个层次是可不可以的问题。企业管理层的管理理念、企业的管理运营基础、企业所处行业产业链位置所对应的经营特点及员工整体素养等，这些因素的优化提升，只能通过自身的发展调整来改变，培训老师没有力量解决，为什么一些培训机构的实战训练营只做咨询式培训，只出具培训方案，不负责培训效果的转化和落地，就是这个原因，因为没有现场调研，企业的实际情况不了解，即使现场做了调研诊断，企业想实现的培训效果，也不取决于培训老师，而是取决于结合自身的转化吸收能力。管理运营的前提和基础条件不解决，培训效果的落地转化，就会受到极大限制，我教你如何驾驶汽车在高速公路上稳健行驶，而企业的实际情况是乡村土路，是麦子地，这驾驶条件不符合，驾驶者也很难学好。如果企业因此埋怨培训老师教得不对，就非常不公平。

现实中，个别成长型企业的老板，因为自身教育体系不完整，就希望通过进修总裁班或者 EMBA 班，来解决企业自身存在的问题，把学来的知识照搬照用，结果有可能把自己的企业干垮了，道理很简单，课程内容再精彩，无论是理念、理论、方案、工具，还是案例，都是标准化和通用化的内容，适用范围广，而每家企业的情况不一样，行业和企业的发展阶段不一样，员工的管理理念和素养也不同，同样的理念和理论、方案和制度，在不同企业实施，结果完全不一样。所以，要想培训效果好，培训能够解决企业实际问题，企业需要具备能够适应变革的管理基础和管理条件，需要管理团队能够吸收转化。此外，还存在一种信息差和认知差的问题，企业存在的问题基本上是老板的问

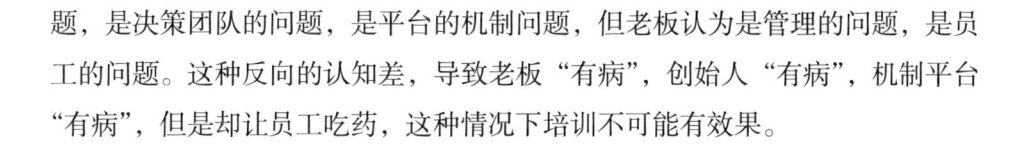

题，是决策团队的问题，是平台的机制问题，但老板认为是管理的问题，是员工的问题。这种反向的认知差，导致老板"有病"，创始人"有病"，机制平台"有病"，但是却让员工吃药，这种情况下培训不可能有效果。

二、培训师和管理咨询师的区别

培训师是以我为主，以自己的讲课课件为核心，是培训老师自身知识结构和认知思维的汇总，虽然也有解决实际问题的案例，但任何理论转化落地，都有前提条件和基础要求，公开课具有公共性，不可能完全解决个性企业的实际具体问题，需要听课的客户团队，结合自身的实际情况，进行吸收转化，公开课培训的目的是和客户达成一种同频的沟通语言，而不是在课堂解决问题。

而管理咨询师是针对企业的实际情况，通过现场访谈和调研，通过现场管理诊断和专业分析，以客户实际存在的问题为核心，提供解决问题的方式方法，提供解决问题的实现路径和实施工具，真正在现场解决问题，这是培训师和管理咨询师的本质区别。

举个例子，培训师好似医生，给很多病人治过病，积累了非常丰富的治病经验，并形成应对方案，培训师也有药方，但面对一群新病人群体，不掌握新病人群体的体质、病历、家族遗传病史，不掌握新病人群体的病毒是否变异升级，是否存在并发症，同时不掌握新病人群体的饮食、作息时间、生活习惯。培训师只能把通用药方给了新病人群体，药方药效的大小，只能通过不同新病人群体的吸收转化，才能发生作用，这就是培训。

而管理咨询师，是你有病，我正好有药，我了解你的病情，掌握你的病灶，针对你的体质，出具诊断方案，而且药是针对你自己的，这是管理咨询。

三、真正的优秀人才，不需要灌输式培训，只需要点拨和点燃

优秀人才最优惠，平庸员工最昂贵。优秀人才比普通员工高40%到120%的工作产出，所以企业里最大的浪费不是拿高薪的员工，而是价值创造低于市场且拿平均薪酬的平庸员工。对企业来讲，一定是选对人才比培养人才更重要，对人才培养来说，材料不对，一切白费，一根钢材冶炼百遍，还是钢材，

一根木材冶炼一遍就成了灰烬。所以，对于优秀人才的正确操作是筛选和吸引，而不是培养，招聘一名优秀人才比培养一名优秀人才容易100倍。

真正的优秀人才都是自我修炼、自我点燃、自我驱动的结果，只需要给优秀人才提供施展能力的平台和舞台就行了，最多对优秀人才进行点拨和点燃就可以了。

对于人才而言，基层的主管可以培养，但真正的高级人才绝不是后天培养的，优秀人才本身的天赋、认知，还有心力，都是自我锻打、自我调整的结果。"人才"的两个核心是"自我驱动力"和"自我要求"，做成事需要意愿，需要企图心，意愿可以放大，但很难被创造，我们永远叫不醒一个装睡的人。

第八节　成长型企业：突破员工关系管理的困境

法律的效力是统一的，所以劳动法的实施对象并不区分企业组织是国企、外企，还是民企，但实际上，有相当比例的成长型的中小企业确实在实施劳动法方面打了折扣，没有完全按照劳动法的要求落地实施，造成了中小企业管理体系建设的最大困境，让员工关系管理成了中小企业的致命短板。

一、为什么中小企业无法全面实施劳动法

据统计，某些中小企业，不给试用期员工缴纳五险一金，员工转正之后是按照最低基数和最低比例缴纳社保，员工签订的劳动合同由企业统一保管，员工本人没有留存劳动合同原件，签订劳动合同，只是让员工签个名字，按个手印即可，企业辞退员工也没有补偿金，等等，造成这种现象的原因主要有三条。

一是成长型的民营中小企业，生存压力比较大，企业的主要精力用于获取市场订单，占据更大的市场份额，用于人力资源管理方面的资金、资源相对有限，没有能力全面落地实施劳动法的要求，只能变相通过牺牲员工利益来压缩企业运营管理成本。

二是成长型中小民营企业的管理人员综合素质不全面，法律意识薄弱，对劳动法的认识和理解不够深入，关键是中小民营企业的管理基本上是"一言

堂",都是老板说了算,企业出了问题,由老板承担责任,所以中小民营企业的人力资源管理人员在劳动法的落地实操环节,不可能按照劳动法的要求做到全面一致。

三是由于企业违法的成本相对较低,员工作为个体申请劳动仲裁,面临着收集证据难、时间流程长、原工作单位的各种险恶操作及执行难等客观因素,助长了某些中小企业可能选择冒险违法,以牺牲员工利益的方式来降低成本、增加利润的风气。

有些中小企业为应对劳动法没有全面实施的后遗症,防范员工劳动仲裁,会提前做一些所谓的"风险防范工作",比如,在员工入职之初,让员工提前书面签署一些体现企业管理要求、削弱员工利益的"制度规范",作为后期出现管理风险的"应对抓手"。另外,在员工申请劳动仲裁后,企业会利用保存劳动合同的不合理优势,修改空白合同的工资结构,将绩效工资修改为奖金,将入职通知单和考勤记录进行移花接木或者篡改,企业的各种不诚信操作,也增加了员工申请劳动仲裁的难度。

二、提升员工关系管理水平的改进措施

一是极度重视人才的招聘工作。老板永远要记住,优秀人才是筛选出来的,不是培养出来的,招聘一名优秀的人才,比培养一名优秀的人才容易一百倍。优秀人才最优惠,平庸之人最昂贵。材料不对,一切白费。优秀人才都是自我锻打、自我修炼的结果,不是后天培养的,企业只需给员工提供平台就可以了,人才的核心是筛选,而不是培养,尤其是处在生存期的中小企业,选择能够不计较企业管理现状,有进取心,能够干事创业,通过创造增值利益来体现个人价值的员工是最优选择。

二是在企业内部,要建立导师制度。新员工入职后,最重要的事情就是,给新员工安排一名优秀管理干部,作为他的成长导师。成长导师可以帮助新员工快速找准职场角色,快速融入团队,顺利进入工作轨道。我们知道卫星发射最危险的阶段是起飞后 120 秒,就是卫星即将突破大气层时,一旦卫星进入预定轨道,有了自己的运行轨迹,通过自己的动力按轨道运行,卫星发射的危险基本消除了。所以,为新入职的员工,配备成长导师非常重要。

三是在经济条件允许的前提下，根据员工的职业发展需要和兴趣爱好制订培训计划，开展培训。通过培训，提高员工技能，增加员工对企业的归属感，提高员工满意度。同时营造和谐的、积极的工作环境，健全员工激励机制，通过合理设置职级职位和晋升通道，为员工提供发展机会。保证员工有成长，有收获，有认知提高，即使企业在管理上有缺点，考虑到企业的现实条件，员工也会有情感认同。

三、突破员工关系管理的困境

既然在根源上解决不了核心矛盾，就需要加大情感投入弥补企业在硬杠杠方面的不足，在"软管理"方面做好弥补。

一是增加企业对员工的关爱，在员工的收入账户基础上，建立情感账户和个人成长账户，增加员工的心理契约认同，弥补劳动契约认同的不足，员工真的想离职了，就本着"好聚好散、互不亏欠""做人留一线，日后好相见"的原则，真诚沟通，做不成同事，也不能做仇人。

二是对于员工离职，先做情感铺垫和安抚，让员工清楚企业的现状，做好心理认同，同时，企业层面也要做好托底保障，如社保必须缴纳，可以按最低标准，提供离职补偿，或者提前让员工找工作，都是无奈中的好办法。让员工感受到企业的关爱和善意，发生关键问题时，不会发展到鱼死网破、对簿公堂的地步。

当然，做好这些软管理的工作，需要一位情商高、沟通水平高的人力资源负责人，老板的格局也要打开，用自己的人格魅力弥补管理规范的不足。

关于员工离职管理，笔者讲个任正非的故事。1999年10月，身为华为副总裁的李玉琢三次向任正非提出离职申请，任正非每次都极力挽留，但下定决心的李玉琢最后还是走了。李玉琢前脚走了，任正非后脚就派人去北京请李玉琢回来，不过李玉琢不为所动。对一般公司而言，员工这样的做法肯定会把老总惹火，不过对任正非来说却是一个意外。当时华为公司内部有个规定，员工若是在12月31日前离职，便拿不到当年的年终奖。任正非为了让李玉琢拿到这笔奖金，硬是在2000年元旦之后才同意了他的离职申请。要知道华为副总裁级别的年终奖可不是小数，任正非本来可以按照公司规定省去这笔钱，但是李玉琢回忆那是他在华为拿的年终奖最多的一次。

　　让每位员工的努力都得到肯定，让所有的付出都有回报，贡献越大，回报越大，这样一个有温度、有格局的公司，怎能不发展壮大？分手见人品，员工离职本是正常行为，但有些企业都处理不好这件事情，毕竟每家企业的现实情况不一样。

四、创建和谐的员工关系，只要想解决，总是有办法

　　对成长型企业来说，员工关系管理确实是一个重要的挑战，这不仅涉及员工的满意度和忠诚度，还关系企业的长期发展和成功。只有做好员工关系管理，才能让员工对企业产生心理认同，才能发挥出更大的工作主动性和创造性，促进企业的健康发展。

第九节　职场面对面：优秀简历的六大特征

　　在职场上求职，面试官首先看到的是求职者的简历，所以简历对求职者来讲非常重要。对求职者来讲，简历就是"感动报告"，潜台词有两条：我行，我将来一定能行；对企业来讲，简历就是求职者的说明书，是关于综合素质和能力业绩的说明书。

　　对面试官来讲，一份简历能否通过初选，主要评价标准是人岗匹配度，所以优秀的简历，核心要求就是两个字：匹配。其至少可以分解成四个方面的匹配：一是基本信息，如年龄、性别、学历、专业、工作经历和资质阅历等，和企业的底线要求相匹配；二是综合素质、能力要求、任职经历以及业绩呈现，和企业的岗位职责及任职资格要求相匹配；三是求职岗位、职业定位、职业规划目标和企业的发展方向相匹配；四是个人形象、沟通水平、理念认知和价值观和企业的企业文化要求相匹配，让面试官有眼缘、有好感。

　　求职者想要制作一份能够吸引面试官眼球的优秀简历，要学会从岗位描述中读懂企业需求，制作的简历有针对性，内容有重点，呈现有焦点，形式有亮点，让自己的简历和企业的岗位需求高度匹配，呈现给面试官的第一感觉是：这是一份优秀简历。

一、一份优秀简历要具备六大特征

1. 简历结构清晰，内容完整，文字表达流畅，条理清晰

一份优秀简历首先要结构完整，内容完整，整体呈现感很强，文字表达流畅，条理清晰；面试官读起来有吸引力，感觉很舒服；简历的求职意向很精准，能够让面试官知道你求职的岗位；简历的整体观感一定要简洁干净，原则上使用颜色不超过三种；简历制作完成后，要转换成 PDF 格式，发送的时候不容易出错、不容易变形。

同时，简历内容要善于运用量化+STAR 法则填写，让简历的逻辑感十足，内容很饱满。

STAR 法则是背景（Situation）、任务/目标（Task）、行动（Action）、结果（Result）四个英文单词首字母的合称。STAR 法则能够让简历看上去逻辑感十足，让简历内容丰富多彩。求职者用 STAR 法则来展示自己的工作经历，能够让面试官更好地判断求职者是否胜任求职岗位，在整体观感上增加匹配度。

2. 工作轨迹要体现发展的逻辑性，职场角色定位清晰，工作能力能够闭环推演

求职者的工作轨迹要体现发展的逻辑性，脉络要清晰，工作经历和职场角色定位清晰，工作能力能够闭环推演，就是求职者在过去的工作经历当中担任过什么角色？岗位职责和工作业绩是什么？工作能力和工作业绩是如何呈现的？工作过程开展的逻辑是如何体现的？有哪些沉淀和总结？通过流程语言表达和量化结果呈现，面试官立即就能看出该求职者在工作经历中的职场角色定位、业绩呈现及岗位任职水平，总体能够匹配岗位需求。

3. 工作结果要用数字化来体现，教育培训说明要体系化，职称资质证书要齐全

工作结果要用数据来体现，不宜用笼统语言表达；教育背景和职称资质是求职者的硬件，是简历的加分项，要重点呈现；培训经历和培训总结能够体现工作能力及工作业绩，职称资质证书能够体现个人的学习力和上进心，能够体现个人的能力水平在整体通用的社会评价体系中的位置，非常关键。

关于先前的工作经历和工作业绩，最好有翔实的数据说明佐证，就是用结果思维来体现工作能力。例如：销售人员用完成的业务数据，这最能够说明销售人员的工作能力；管理人员可以列举管理工作的幅度和管理范围，直接管理十个人，和直接管理一百个人，体现的能力要求和管理难度当然是不一样的；自己曾经处理过的紧急或者危险状况是什么情况？是如何成功应对的？如果自己有哪些突出的贡献被表彰通报，自己操盘过的独立项目获得行业奖项或政府奖励，一定要有第三方的书面证明做附件。对于阶段性的项目管理或者管理工作及业务管理，要有简短的总结沉淀，清晰的管理理念能够凸显个人的认知高度。

4. 每段工作之后，有发展上升的连续性，有清晰的事业发展目标和自我定位

简历体现的工作经历要有阶段性的总结和沉淀，工作与工作之间，要有发展上升的连续性，或者在积蓄力量，或者在上升发展的路上，说明求职者对自己的事业发展目标有要求，在做各种努力，能够体现上进心。同时，求职者的事业发展目标和自我定位要清晰，每段工作经历结束后，要总结自己在哪一方面得到了提高，有认知水平的提升描述，每一份工作有总结、有复盘、有反思，才能够提高认知，调整行为，改变结果，最终不断提高自己的能力和水平。对于自己的职业规划和事业定位，尽量遵循线性原则，也就是让人看到求职者在一个领域或者在一个区域里面有慢慢升迁和积累的过程，千万不要推倒重来。这样做的目的除了说明自己的专业性和职业功力深厚，也能体现出求职者的职业发展履历是持续上升的，是连续的，能够充分证明其有足够的稳定性和安全性。

5. 工作经历和工作业绩，能够呈现团队建设能力和组织绩效水平

在求职简历中，过去的职业阅历是重点，比如说能够独当一面的中层管理干部的求职简历，除了常规的要求之外，核心要求就要突出两个内容：团队建设能力和组织绩效水平。例如，求职者如何进行团队建设，如何带出团队成绩，要讲案例和数据，讲过程和结果，资源是如何配置的？出现的问题是如何解决的？出现的困难是如何克服的？团队建设能力主要体现了求职者的领导力水平和管理团队能力，能够体现优秀管理者的教练和辅导水平或帮助下属完成

业绩、共同实现超越的水平；而组织绩效水平，体现了求职者打过什么仗？是否有占领价值阵地的能力？能够体现完成团队业绩的整体要求是什么？团队管理者的角色是如何做到的？完成团队业绩的关键点和把控点是什么？能够说明求职者的能力圈，就能够说明其任职能力和任职水平。

6. 简历要强调求职者的特质符合岗位要求，匹配求职岗位的职业素质

例如：求职岗位如果是财务，要体现出求职者对数字的敏感；求职岗位如果是行政，要体现出求职者做事风格的谨慎和全面；求职岗位如果是市场策划，要体现出求职者的洞察力和大局观。

个人的未来职业生涯规划与企业未来的发展趋势是否相符，这是企业在招聘时非常关心和重视的部分。越来越多的企业不仅重视求职者本身的经历，更注重求职者是否对自己有一个明确的职业规划和定位。所以，投递简历前一定要有明确的职业方向，这才是应聘成功与否的关键。求职者的职业规划和成长路径，和企业的平台发展方向是匹配的，就能够体现出求职者的职业稳定性和发展的连续性，能够体现个人成长会推动企业发展的一致性，会形成一个企业搭台、员工唱戏的局面，最终体现出共同成长、相互成就的理想目标，这是企业面试官最乐于见到的场景。

对刚刚毕业的大学生和职场小白而言，他们的职业阅历是空白项或者在职场上没有独当一面的能力，简历的核心就要重点体现四项内容：综合素质高、价值观端正、有培养价值和极强的学习力。

二、一份优秀简历要有个性化内容

求职者求职前，要了解目标求职企业的背景、工作内容、企业文化，并将自己在教育背景、经验或技能等方面能够吸引面试官的核心优势凸显出来，强调有符合企业需求的个人优点、成就与能力。

在简历的最前页，附上一份表现个性化、体现真诚的求职信，表达求职者对求职企业具体某一岗位的兴趣和匹配度，简单介绍自己的学历背景与工作经验，并简要列出职业生涯乃至人生规划的重点。这样可以让面试官浏览简历时，能够快速了解求职者，同时容易记住求职者的优势及其对职业生涯的定位与思考。

一份优秀简历，就是求职者和面试官博弈的武器！要么是面试官认可求职者，要么是面试官不认可求职者，所以要想找到一份理想的工作，除了具备招聘企业的能力要求之外，求职者还必须制作出优秀的简历，以便吸引面试官的眼球。一份优秀简历就是一块敲门砖，只有敲开门，面试者获得和面试官面谈的机会，才有后面的一切，所以制作一份优秀简历至关重要。

第七讲
理念认知与角色定位

第一节 财务总监的职业角色和个人价值的定位

财务部门存在和体现价值的前提,是为股东创造价值,为企业的稳健发展保驾护航。财务部门的价值体现是否充分,在整个企业是否受到尊重,在很大程度上取决于财务部门的领头人——财务总监——的做人做事水平、领导力和专业水准。财务总监的职业角色和个人价值定位,很大程度上主导着财务部门的企业地位和职能发挥。

一、财务总监如何发挥个人价值

1. 财务总监职责的概述

财务总监要围绕企业和股东价值最大化的总体目标开展工作,要依靠组织的力量、专业的力量布局工作,要围绕企业经营目标、员工满意度提高、财务队伍建设三个要求规划管理,同时还要处理好四个方面的关系:政府与出资人、领导与员工、关联企业、债权人与监管部门。关注资金管理、成本管理、流程管理、预算管理和内部控制五个板块的关键工作。

2. 财务总监对岗位职责的认识

(1)明晰性质

财务总监要清晰知道自己岗位的性质、工作目的及所在的位置,不要做越岗越位的事情,要做好岗位分内的事情,遵纪守法。

（2）明晰责权

岗位是权力与义务的结合体，财务总监要学会运用权力履行自己的义务，但在履行义务的同时才可以使用权力，权责匹配。

（3）明晰环境

当财务总监的个人影响力和能力超越岗位要求时，可以改变环境；当个人孤军奋战时，要做好随时离开或者被改变的思想准备，个人价值大小影响平台要求。

3. 财务总监的个人定位

财务总监的个人定位，就是通过个人提供的服务内容和业绩体现，通过所在平台企业，在领导同事和关联客户心目中，鲜明地建立个人品牌，确保自己在他们头脑里占据一个真正有价值的地位，形成与众不同的核心竞争力。明确我是谁？我的素质和能力如何？我和环境之间的和谐关系如何？我有什么样的公众形象？我能解决什么问题？我在企业价值排序中处在什么位置？

4. 财务总监实现岗位价值的做法

（1）基础工作

保障好财务部门能够有序规范运作，有效提高财务部门的管理和服务效率，梳理清晰财务部和其他部门的工作配合流程，完成财务管理和内部控制制度的建设，组织管理好企业日常的财务会计活动，牵头组织计划管理，配合好合同管理工作。

（2）项目型工作

关注项目的运营和管理状况，关注项目运营的风险控制和效益水平，提供分析支持和建议方案，关注项目运营发展的瓶颈问题，提供方案和分析报告，和其他部门主动沟通，全面配合，提供支持帮助。

（3）综合性工作

建立良好的内部和外部沟通氛围，确保财务管理文件和管理流程实施顺畅，内部岗位配合到位，部门之间互相协作；加强财务团队的整体建设，注重企业整体利益，通过学习和培训，提升管理服务水平，体现部门的重要性和价值发挥；财务总监善于在不同的场合推销推介财务的工作价值，善于用分析和数据说话，用权威和责任说话，体现专业性。

5. 财务总监对企业的运营管理进行赋能

财务总监对于企业的发展战略，要有独立的立场，为内容支撑的价值建议方案提供专业分析；对于企业经营决策，要提供最佳资产规模、风险点分布和预案控制措施；对于资产管理，要配合综合管理部门，做好资产的保值增值；对于重要的业务谈判，从企业利益高度和专业方向提供建议方案。

二、财务总监如何有效合理分解本部门工作内容

1. 合理配置人员

财务部门有多个岗位设置，工作内容和素质要求不同，必然要求具有不同的知识结构和能力结构的员工与之相匹配。合理配置人员，就是根据任人唯贤、量才使用的原则，把合适的员工安置在合适的岗位上。

2. 界定工作职责

把财务部门的整体工作，根据现有人员分布和岗位设置情况进行分工，明确每个岗位的工作职责。工作职责的划分一定要有工作的数量要求、质量要求、时间要求和验收要求，保证财务部门的整体工作得以合理分解。

3. 梳理工作流程

财务部门各个岗位的工作职责划分清晰了，但是岗位职责之间有互相配合、互相传递、互相监督的义务和要求，因此必须界定好工作流程，保证工作配合有标准要求、时间要求和质量要求，便于分清责任，提高整体工作效率。

4. 确定检查和验收标准

岗位设置有了，职责分工清晰了，工作流程界定完了，那么最关键的是，确定检查和验收标准。这就要求财务总监分配工作任务时，一定要明确工作标准和质量要求，根据时间和质量要求进行检查，保证任务完成。

5. 及时总结，不断提高

对于履行岗位职责积极认真的员工，要及时奖励，对于连续完不成工作任务的员工，要分析原因。如果是员工本人业务能力低，企业就要进行培训和员工之间的传帮带。如果培训后，员工的业务能力还是得不到提高，就要考虑调整员工的岗位。

三、财务总监如何把信息数据汇总优势转变为部门价值

财务总监的最大优势是什么？是信息！因为所有的经营信息最后都汇集到财务部，财务部能够发挥多大的作用就取决于如何利用这些信息。

在财务管理水平日益成为企业核心竞争力的今天，企业对财务总监的要求越来越高。财务总监的职能绝不仅是做好财务核算，提供财务分析报告，编制计划或预算，压缩成本，融通资金，更重要的是对企业的全面运营管理甚至战略决策提供强有力的支持，不仅能够分析、预测、判断企业的价值实现，而且能够为企业寻找新的价值潜力和价值增长点，成为企业价值创造队伍的主导者和核心参与者。在企业决策过程中，财务总监既是核心参与人，又是出谋划策的战略合作伙伴，一位具有远见卓识和机敏创造力的财务总监，将影响企业的生死存亡。那么，财务总监利用自己的信息优势，应该回答哪些问题？

1. 发生了什么——侧重于财务职责和数据分析

通过信息比对，分析全年工作目标分解给本月的业绩，与当月实际完成的业绩是否匹配？截至当月，全年累计业绩完成情况和全年总的业绩要求是否匹配？差距在哪里？计划或预算完成情况如何？超出和节支的数额是否合理？分析企业长期偿债能力、企业短期偿债能力和企业获利能力，并提供应对预案和解决措施。

2. 到底发生了什么——侧重于经营管理水平的分析

根据财务数据分析出管理要求和业务运营目标在实际业绩上的真实体现，收入、费用、成本的合理提升和压缩空间在哪里？管理运营模式存在哪些不足？流程优化和职责边界的对接是否存在问题？绩效考核导入和兑现是否合理？奖励机制是否体现了公平、公正原则？企业价值和员工价值分配是否合理？

3. 应不应该发生——侧重于产业标准和核心竞争力

分析汇总的数据信息，判断：业务运营是否偏离了政策要求、产业要求、质量要求、客户要求；是否偏离了企业自身的核心竞争力；是否存在急功近利现象；业务流程和职责分工是否匹配；企业成长了，员工是不是也同步成长了。

4. 应该怎样发生——侧重于战略规划和价值链分析

如何继续提升核心竞争力？信息分析反映了管理和运营到底存在哪些问题？潜在风险是什么？从全局和前瞻角度，如何改进和优化？如何找到解决问题的切入点和最佳方案？如何找到掌控企业核心竞争力和引领行业发展的把手？如何确保行业发展的领先优势地位？

四、财务总监要处理好哪些关系

一位真正称职的财务总监不仅要有过硬的专业知识，还要有解决问题、处理矛盾的能力，宽阔的胸怀和容人容事的气度。其中，处理好对内对外的关系，得到内外部的理解与支持，是一名优秀财务总监的基本素养。财务总监要处理好的关系如下所述。

1. 与本部门下属的关系

一名称职的财务总监，在专业能力和管理水平之外，在做人做事上要有原则，有奉献精神，有一颗公正公平的心，能够获得本部门下属内心的佩服与认可。要照顾好下属的利益，当下属和其他部门领导发生冲突时，要敢于帮他们说话，为他们撑腰；如果下属触碰贪污和泄露财务机密这条底线，就必须严格处理。同时，注意维护本部门的利益，包容下属的不足，争取对上司的影响力，能团结部门内的每一位员工。

2. 与老板和创业高管的关系

老板认可的财务总监，首先是讲诚信和负责任，敢于担当；其他高管认可的财务总监，必须有全局意识，处理问题从企业利益出发。财务总监要尊敬老板和创业高管，因为他们是企业的带路人，承担着最大的风险和压力，财务总监要有承担分忧的意识，成为老板和创业高管可以依靠的健壮臂膀，能够解决问题，成为共事的好伙伴。

3. 与生产、销售部门的关系

生产和销售是企业经营过程中的两个主要环节，也是企业生存的"生命线"，财务总监必须熟悉本企业的生产经营、业务流程和管理情况，包括生产循环和销售与收款循环过程。财务总监应协助生产、销售部门计算生产成本、分摊费用、核算销售成本，制定信用制度，建立销售收款制度，并定期考核执行情况。此外，财务总监还要帮助生产、销售部门制定合理的绩效考核奖励指标，以保证生产计划、销售及回款计划的完成。

4. 与采购部门的关系

财务总监应当掌握本企业的生产经营能力、技术设备条件，根据掌握的会计信息，随时了解企业库存、设备情况并帮助采购部门确定合理的经济批量和合理的备用量，以便节省库存费用，提高经济效益。一般来说，仓储部门总希望多储备一些库存，以免供应断档或脱销，在向采购部门提出采购要求时，未必会考虑经济性和资金的可调度能力。而财务总监必须从全局利益出发，帮助采购部门制订更科学、更合理的采购计划，积极取得采购部门的支持与配合。

5. 与其他职能部门的关系

与其他职能部门的关系协调其实就是处理好责、权、利、效之间的矛盾，财务总监要本着职业行为规范，在掌控本部门总体职能的基础上，本着大局为重的原则，处理好与其他职能部门的关系，共同促进企业经济活动健康发展。

6. 与外部单位的关系

企业外部和财务部门联系比较多的单位，有银行、工商局、海关、税务局和统计局。处理关系的前提，一定要坦诚诚信，礼貌待人，有大局观，用专业赢得信赖，争取和他们成为朋友，相互赋能，主动配合对方的工作。

五、如何成为一名成功的财务总监

1. 从业务水平和管理水平来要求

第一，要业务能力强，视野开阔，大局意识、责任意识、服务意识强；能够总体把控好工作目标，有人格魅力和领导艺术，头脑冷静，对数字高度敏感，正直和谦逊，主动忘我工作。

第二，有风险意识和服务思想，能够把握控制财务风险，又能降低成本费用，熟悉企业法人治理、法律法规、企业战略等方面的知识；有良好的文字功底，团队精神强，懂得为部下争取应得的利益和承担责任，关爱下属；有良好的沟通能力。

第三，有持续不断的学习精神，做事公正，掌握必要的财务管理工具，做事能够把握住原则性和灵活性，能控制个人的情绪。

2. 其他创业高管对财务总监的希望

第一，财务总监是一个策略型的管理者，能够根据企业策略，提出对经营和管理的合理化建议，能够以大局为重，是核心决策的参谋与助手；具备创新理念和意识，善于采用新的方法与手段，使部门管理、技能、精神不断提升，按时、按质、按量完成任务。

第二，财务总监要对下属有足够的领导及激励能力，调动下属的积极性，充分发挥下属的作用，能够对下属进行培训和指导；有全局观念和前瞻意识，从企业的整体战略和利益出发，考虑问题和处理问题，能够代表企业的利益，有很强的协调能力。

第三，财务总监的业务素质与知识技能及工作经验，能够满足工作需要，在资金的支配上，起到"守关把口"的作用，在财务管理上做好预测与分析，在和其他部门配合协调上，能够起到服务赋能的作用。

3. 老板对财务总监的希望

第一，财务总监一定要知道老板的想法和企业未来的5年规划，能够根据企业的发展目标，做好财务规划。对于战略目标的实现，在资金支持上有一个可以实现的路径设计；要做一个受欢迎的人，内方外圆，在坚守原则的前提下经营好人际关系；要有强有力的监控能力，监控好企业的财务状况，了解资金流向，把控好内控风险，守住法律底线。

第二，要参与制度建设，有关制度涉及财务管理的，要体现风险管理意识，实现对管理运营的计划和控制管理；通过开源节流，能够实现节约成本，控制费用的目的；要有创新性思维，能够使钱生钱，或者货省钱。在风险可接受的前提下可以进行创新，如在不违反国家法律法规的前提下，选择适合企业的金融工具。

第三，财务总监要具有团队合作精神、领导力和管理艺术；要知道下属的优缺点在哪里，善于激励下属，能够引导人、成就人，知人善用，奖惩分明；能够打造一支能征善战的财务队伍，为企业的战略目标储备好人才。

第二节　成长型企业老板：学会做减法，打造自动运营机制解放自己，企业才能活得长久

比尔·盖茨说过，一个领袖如果整天很忙，就证明一件事：能力不足。尤其是成长型中小企业的老板，在经营中往往是投入精力最多、最勤奋的人。他们都推崇一个理念："老板带头，员工加油"，认为只要自己勤奋，员工就不会偷懒，生意就会好，企业就会成功。所以，这些老板往往喜欢事必躬亲，大小事务都要亲自"上阵"。

他们还喜欢掌控企业的一切，这些企业的团队都有一个特点——一切行动听指挥，早请示晚汇报。老板的影响是强大的，通常命令是命令，建议也是命令，即使员工不理解也会去执行，这就是一些成长型企业老板每天忙得昏天黑地的原因。

随着企业发展渡过生存期步入成长期，企业已经拥有了相对成熟的商业模式，已经有了管理运营基础和管理团队，老板只有学会做减法，只有解放自己，搭建自动运转的管理运营机制，让企业的发展成长有序进行，才能快速让团队获得锻炼成长的机会。否则，老板就是全体员工的"人质"，就是为全体员工"打工"，就会忙着四处灭火，企业永远没有前途。

一、解放老板，就是要打造自动运转的运营机制

解放老板是企业发展的第一要务，就是要通过四条管理运营主线，打造自动运转的运营机制，实现企业有序良性成长。

1. 计划系统

企业首先将年度经营计划清晰量化，明确完成标准和验收要求，然后将全年工作目标分解到各部门，匹配好资源保障，书面落实"结果"和"责任"，召开全年经营管理目标责任书签订大会，签订责任状，目标上墙，匹配绩效管理，将年度目标和组织绩效进行联动。

2. 报告系统

验收工作结果的事实和数据，建立总结质询流程，对比实际完成结果和

计划要求的差距，掌握工作目标的完成进程和节点，总结失败教训，改进优化调整措施；分享成功经验，提升标准达成共识，保证整体工作目标按时间和质量要求有序推进。

3. 监督系统

建立企业内部的法治平台"结果廉政公署"，对工作过程和结果监督检查、记录追踪，并及时反馈纠偏；建立对事不对人的公正公开系统，对业绩结果和计划进度检查结果按照公开性和周期性为原则公正公开，只谈结果，不谈理由；配合绩效反馈和业绩评估方法，找出工作重点和关键节点，为公平公正兑现组织绩效做好评价基础。

4. 激励系统

奖励工作的阶段性成果，用分配机制满足员工的金钱需求，保证员工对内有成长空间，用晋升机制满足员工的前途需求，保证员工对外有发展空间，用荣誉的神圣感和崇高感来满足员工的精神世界，让组织活力成为推动企业稳健成长的发动机。

总之，以计划系统、报告系统、监督系统和激励系统为四条主线，通过计划系统分解工作目标，通过报告系统验收结果，通过监督系统跟踪检查工作过程，通过激励系统进行绩效奖励。构建基于战略目标达成与业务推动的自动管理运营模式，让更多的员工主动分担公司目标，关心企业盈利状况，统一行动步调，实现企业和员工共同成长、相互成就，确保企业整体目标主要依靠流程运转和制度管理来实现。

二、配合自动运转的运营机制，老板要做好个人角色定位

打造企业自动运转的运营机制，是同步检验修正企业年度预算指标的过程，也是同步优化调整管理运营流程的机会。有了自动运转的运营机制，就会让老板从繁忙的日常事务中解脱出来。其实企业进入规范发展阶段，老板的角色定位就是通过四个中心做好四件事。四个中心是人才配置中心、资源保障中心、规则制定中心和利益兑现中心。通过四个角色定位引导团队成员朝着企业的目标方向前进。

1. 人才配置中心

就是把合适的人放在合适的岗位，解决人岗匹配问题。管理的本质就是通过团队拿到结果，老板最大的资源是自身的时间，企业发展进入规范阶段，老板应该把主要精力用于研究行业发展趋势、整合资源、吸引高级人才，提升企业的价值和品牌影响力。

2. 资源保障中心

就是根据管理运营任务要求，做好资源匹配，保障业务正常开展；老板让员工打仗，但是不给枪不给子弹，员工就没法打仗，因此只有资源保障基本匹配，让流程管理成为企业最大的权利，保证责权利对称，企业运营才会拥有良好的基础和清晰的方向。

3. 规则制定中心

要明确利益分配规则，形成公开公正的赛马机制，关注过程，但是让结果说话，用公开透明的利益分配规则点燃员工动力。任何一家企业只要把挣钱、分钱的规则制定好了，管理任务的60%就完成了。

4. 利益兑现中心

根据提前确定好的利益分配规则，结合任务指标完成情况，及时兑现分配利益，及时兑现组织绩效和个人绩效。管理的前提是信任，只有按照提前制定的利益分配规则兑现利益，员工的个人能量才会转化为企业的组织活力，企业才会拥有澎湃的发展动力。

三、企业成长就是老板做减法的过程，就是老板自我解放的过程

企业成长的过程，就是老板做减法的过程。从最开始的事无巨细、亲力亲为，到聚拢到一批同甘共苦的能人共同管理，再通过授权建立审批流、通过议事规则建立决策机制，让流程管理成为企业最大的权力，最终实现企业的规范化、体系化管理，老板主要管理的内容就是梳理战略目标、优化组织架构、吸引高级人才和输出品牌文化价值。

成长型企业老板最重要的资源是自己的时间，只有搭建好自动运转的运营机制，找准自己的角色定位，做好自己角色要求的事情，做好整体布局，最终推动企业可持续发展。

第三节　小企业要做大做强，必须符合七个条件

一家小企业可以发展成为大企业吗？

答案是：当然可以！

任正非先生讲过一句话：要想成为大企业，小企业必须按照大企业的方式去思考，如果小企业永远按照自己的方式发展，它怎么能够成为大企业呢？这句话包含了一个关键的命题，就是企业在规模很小的时候，要懂得大企业的发展逻辑，不要因为管理方式而限制自己成长为大企业。

大企业的内在发展逻辑是什么？小企业想成长为大企业，能够借鉴到什么经验？其实，从20世纪的工业时代到21世纪的信息时代，大企业一般遵循三个内在发展逻辑：业务标准化、人才专业化、管理职业化。

一、业务标准化

做小市场永远做不成大企业，没有一家大企业是依靠小市场发展起来的。大市场+大规模销售+大规模生产，这是大企业在业务发展上的基本逻辑。大市场为大规模销售提供了容量，大规模销售又为大规模生产提供了条件，而且大规模生产能够降低成本，使得价格上有满足普通消费者的竞争优势。无论是自己生产，还是生态链贴牌生产，一定选择大量的、重复购买的产品来满足市场需求，这就是组织上的逻辑——业务标准化。没有业务标准化就没有规模化，业务标准化是规模化的基础，也是组织协作的基础，没有业务标准化就没有组织协作，大规模的内部协作都需要建立在标准化的基础上。

二、人才专业化

企业要想做大，资源获取必须简单化。如果企业在做大的过程中，有某一类关键资源很难获得，这会制约企业的增长速度，当获取不到关键资源的时候，规模化模式就会崩盘。资源虽然千差万别，但是回到组织逻辑层面，就是人才专业化。业务的标准化为大规模培训复制操作技能提供了条件，为人才专业化打下了基础，企业可以更简单、更迅速地获得专业化的人力资源，同时为

组织之间的高效协作打下基础。如果业务太复杂，不能标准化，人才成长速度就会变慢，企业大规模生产和销售就失去了支撑力量。人才的专业化是大企业的核心发展逻辑。

三、管理职业化

企业家带着职业化的管理团队把业务做起来，就实现了管理的职业化，如果组织管理可以快速复制，企业就能够快速发展壮大。诸如增值利润二次分配方案、股权计划、事业合伙人等，本质上都是通过代理、分享和激励来实现管理团队职业化。管理的责任主体是人，人心不可测量，人性不可试探，如果管理者和股东想法不一致，不是一条心，那怎么办呢？有办法解决，就是通过经济目标责任书的方式，结合全面预算和资源调配保障管理者的基本利益，再通过增值利益二次分配的方式，提高管理者的增值收益分配所得。这样操作，既解决了管理者利益保障问题，又把管理者和股东结合成事业共同体和利益共同体，保证他们干劲充足、方向一致、利益统一。华为公司在人力资源管理上导入的4P模式，包括职位评价系统、薪酬管理系统、职业训练体系、绩效评价系统。其根本目的就是引导、刺激和训练员工走专业化路线，按照业务标准化的要求满足员工对职位的需求，最终实现管理职业化。

相对于大企业的发展逻辑，小企业的发展定位是，客户需要什么产品，我就生产什么产品，完全被客户牵着鼻子走，所以能力永远是小企业的瓶颈。小企业的生存理念是客户给企业订单，客户就是上帝，客户就是衣食父母。大企业的生存理念，不是满足客户的需求，是引领客户的需求，是制造客户的需求。例如，苹果手机是通过技术创新来引领市场和客户需求，从而在市场需求层面，苹果手机通过大规模生产和销售实现了业务标准化。

另外，小企业的资源不丰富，在发展过程中常常迁就个别能人，为他量身定制工作岗位和职务权限，大企业因为实现了管理职业化，不存在因人设岗的现象，机制流程永远大于个人能力，你胜任不了这项工作，立即更换其他人。

除了业务标准化、人才专业化和管理职业化这三条大企业的发展逻辑之外，小企业成长为大企业还需要四个刚性条件：老板的格局思维、建立组织信仰和学习型组织、始终保持核心竞争力、拥有强大的融资能力。

四、老板的格局思维

小企业要有大头脑，这表现在企业的经营目标、战略筹划和领导者素质方面。目标决定了努力的程度，不同的目标下企业的经营思想和策略会有不同，面对竞争的韧性和选择也会不同。战略筹划则是实现目标的步骤分解，是目标在现实市场中的具体化。领导者素质关键是老板的格局思维决定着企业的未来和财富最大值，决定着企业发展的天花板。老板的格局思维和认知水平包括创业追求、经营思想和能力及自我不断提升等方面，能够保持危机感和持续的事业冲动，是推动老板和企业提升的原动力，同时避免过分乐观、自负或者松懈和精力的转移。动态的竞争环境和企业发展，要求老板不断提高经营思想和能力水平，能够自我否定、自我更新，滞后就意味着企业混乱和危机的开始。

五、建立组织信仰和学习型组织

建立组织信仰，了解企业使命，目标就是不断完善现有市场，提供更有价值的产品和服务，开发出更优质的产品，倡导更健康的生活方式，并且以一种愉悦的方式完成这些工作。企业有了强大的目的性与道德感是企业发展的基石，一直强调努力让这个世界变得更美好，更容易在员工和顾客中引起共鸣，更能够获得品牌美誉度和顽强生命力。

小企业的管理缺少体系化的融会贯通，所以必须建立学习型组织来提高管理团队的整体素质，营造一支全体员工勤于学习、勇于创新、各项能力经得起考验的干部员工队伍，树立一种居安思危、不进则退、敢干大事、敢创大业的企业风范，形成一套改善企业管理模式，激发企业创新活力，通过持续优化管理系统完善企业经营体制，增强发展后劲，实现企业的可持续发展。

六、始终保持核心竞争力

企业的核心竞争力就是企业的决策力，它包括把握全局、审时度势的判断力，大胆突破、敢于竞争的创新力，博采众长、开拓进取的文化力，保证质量、诚实守信的亲和力。核心竞争力是群体或团队中根深蒂固的、互相弥补的一系列技能和知识的组合，借助核心竞争力，企业才能够保持现在和未来的竞争优势，并能够保证其在激烈的市场竞争环境中取得发展的主动权。

七、拥有强大的融资能力

作为一名合格的老板，其要拥有强大的融资能力来保障目标的实现是很重要的。企业能够多渠道、低成本从国内外持续获取长期优质资本，是企业快速发展的关键因素。世界上没有一家企业不借助外力、只依靠自我积累慢慢发展起来的，尤其是中小企业，即使企业的战略定位非常清晰，但没有强大的融资能力作资源保障，再宏伟的战略发展目标也无法落地实施。

以上这七个条件，单独的任何一条都不难做到，关键在于企业发展从小到大的过程中，需要所有条件共同发挥作用才能够助力企业发展一帆风顺。其实在小企业的状态下，很难预见到小企业何时能成长为大企业，毕竟小企业成长为大企业是小概率事件。但是小企业能够按照大企业的发展逻辑成长，一旦市场风口来了，小企业才可能抓住机会，通过加持放大核心竞争力迅速变强变大，否则，小企业的管理系统和客观条件将从基因上限制企业的可持续成长，从而失去做大做强的机会。

第四节　阻碍中小企业做大做强的三大瓶颈：企业家素质、专业化管理、产业化战略

当今跨入世界500强的企业，很多都是从小作坊起步的，但是这些企业目前却在全世界发展自己的经济版图，国内的大部分中小企业为什么就长不大呢？

全面分析，不难发现，数量众多的中小企业，其生存和发展有着很多共同的通病，正所谓"逆水行舟，不进则退"。阻碍中小企业做大做强的三大瓶颈有企业家素质、专业化管理和产业化战略，中小企业突破不了这三大瓶颈，将时刻面临生存危机。

一、企业家素质

中小企业老板的认知理念和能力水平,就是企业发展的天花板,这就是"老板封顶理论",企业家素质是阻碍中小企业做大做强的三大瓶颈之一。

1. 企业家的性格和认知理念有明显短板

如果老板的性格很自我、过于完美主义、自以为是、缺乏反思和自我批评意识,对人要求苛刻,事必躬亲,不喜欢授权,那么面对迭代变化的环境,他就没有办法做到与时俱进,实现不了自我突破,最终要么被市场淘汰,要么被时代抛弃。创业起家的老板,是否具备自我反省的意识、有没有自我反省的能力、是否具备反省后改正自我的气魄,决定了创业者能不能实现自我突破,带领创业团队从一个胜利走向更大的胜利,否则,就会故步自封,画地为牢,靠机会挣的钱,凭实力亏掉。

2. 企业家格局打不开,领导力不够,没有形成相对稳定的核心团队

只要涉及人的组织,领导者的品质就很重要。如果一个人的诚信、契约精神在实践中出了偏差,他就很难组建真正的团队。创业形不成真正的团队,不愿意同团队成员分享利益,没有通过自身的品质和能力赢得团队成员的认可,无法成为团队的领导核心,事业就无法传承和成长,企业也就做不大。

3. 整合资源能力偏弱,不注重管理体系和人才成长机制的建设

个人全力打拼固然重要,但是如果不注重激活周边资源,整合资源能力偏弱,企业生存发展的能量就无法通过资源转化平台得到保障,只依靠企业自身的力量进行自然积累,企业永远做不大。另外,创业之初,小企业的老板依靠敏锐的判断力和冒险精神,以感情和义气处理彼此关系,赢得了市场先机,拼下一方天地之后,仍然有个体户思维,不注重管理体系和人才成长机制的建设,业务拓展模式和团队人才无法复制,企业成长受到极大限制,最终是梁山英雄流云四散。

4. 看重短期利益,眼界不开阔,商业洞察力不够

有些小企业的老板有匪文化心态、山大王思想,既没有经济发展的长远目标,也没有文化建设的成熟主张,把企业视为自己的私人物品,老板第一、制度第二,企业信仰缺失,无法凝聚人心;同时缺少商业洞察力,对外界变化

不够敏感，不能够守正出奇；不研究政策，跟不对形势，眼界不开阔，过于看重眼前的短期利益，企业长时间在低层次徘徊发展，一旦遇到外界力量冲击，只剩下关起门来收拾残局的选择了。

每个人都有自己的理念认知和能力体现，都在奔赴不同的人生，都在演绎独特的人生轨迹和故事。但是企业老板不同于常人，其背后是一个必须挣钱养活自己和管理团队的经济组织。如果企业家素质有致命短板，就像杠杆一样，直接放大企业管理运营的危险程度，决定了企业发展的不同结局。

二、专业化管理

专业化管理主要是企业在筹建、初创、成长、扩展期间应具有的专业化发展的统一构想，以标准化、规范化、科学化的管理模式，加速企业生存发展的反应速度和完善程度，促进企业不断提升核心竞争力，保持可持续发展的能力。

专业化管理有三大优势，分别是差异化、快速反应和高效率。差异化能够强化企业的专注力和专业水平，提高企业对核心业务的控制能力，形成领先市场的独特竞争优势。快速反应能够让企业通过业务模块化消除非关键业务组件的影响，快速接收并反映市场的整体变化及客户的需求，能够更好地适应市场的发展，不仅节约推出新业务所需的时间，还大大提高有效协作的能力。专业化管理的高效率体现在：能够把主要资源聚焦在具有战略意义的业务模块上，使企业能够灵活适应成本结构和业务流程，规避传统企业注重投资固定资产，并希望在所有业务领域创建规模优势的压力，资本效率和财务可预测性水平得以提高，能够最大限度降低市场变化的风险，提高管理运营效率。专业化管理包含的主要内容有四项。

一是专业化管理的主角由专业的职能机构和管理人员组成，企业的管理工作范围广、内容多、工作量大，需要通过横向分工、纵向协调对企业不同职能和部门进行划分和管理，保证生产经营的高效运行，实现流程的优化和效率的提升，提高各种资源应用的有效性，更好地满足不同客户的需求，提供更高质量的服务，帮助企业更好地完成工作目标。

二是通过专业化分工，提高工作人员的工作熟练度，让员工更加专注自己的工作领域，有利于缩短因工作变换而损失的时间，提高工作效率，有利于满足企业使用专用设备和减少人员培训的要求，帮助企业扩大招聘劳动者的渠道和降低劳动成本。总体来说，专业化管理能够提高工作效率和质量，增强企业的竞争优势，提升个人职业化和专业化水平，专业化管理是企业发展壮大的重要手段，是提高企业效率和竞争力的重要途径。

三是企业通过专业化管理提供的服务或产品得到了客户的认同，客户会产生重复消费的忠诚和依赖，会降低认知成本，实现企业的品牌溢价，降低产品的传播成本和社会监督成本，企业的产品有了品牌的护城河。人们一提到某品牌，就会想起它的专业化管理带来的标准化服务，品牌成为企业专业化管理的延伸标志，会要求企业更加突出其专业化管理的形象，直接拉长企业的生命周期，增强企业的竞争优势。

四是企业的专业化管理要长期坚持，发扬光大。一种产品或服务，不是在其生成之后企业就完成了全部任务，企业还需要不断地研究它、发展它，提高质量、增加功能，减少能耗、料耗和成本，从而使产品有长久的生命力，使企业能够凭借自身的专业优势创造经济优势。专业化管理促进企业重视人才培养，提升团队凝聚力和战斗力，强化造血功能，提升企业的核心竞争力和可持续发展能力。

三、产业化战略

美国著名管理学家乔尔·罗斯和迈克尔·卡米提出："没有战略的企业，就像一艘没有舵的船，只会在原地转圈，也像流浪汉一样无家可归。"可见，核心战略和发展规划是企业的命脉。企业的经营管理理念及发展方向是否正确，很大程度上取决于企业是否具有核心战略和发展规划，它是企业生死攸关的重大决策。如果一家企业缺乏核心战略和发展规划，只是"跟着感觉走"，很快就会在激烈的市场竞争中迷失方向，遭遇各种危险的侵袭。一般而言，中小企业产业化的战略短板体现在四个方面。

1. 中小企业普遍缺乏核心战略与发展规划

中小企业的战略方向基本是由企业老板决定的，问题的焦点在于，很多创始人在创立企业的时候，并没有认真思考企业的未来，大多只是考虑目前赚不赚钱。一家企业在短期内盈利是容易做到的，难的是如何长线经营。大部分中小企业只盯着近期的收益，却没有真正从战略的高度看待自己的企业。俗话说：善弈者谋势，不善弈者谋子。许多中小企业之所以做不大，就在于只谋子不谋势。谋势就是定战略，而某些中小企业缺乏核心战略与发展规划，重战术而轻战略；主要依赖经验决策，常常在"黑暗"中摸索前进，抱着"走一步算一步"的心态盲目经营，忽视市场潜在的风险和政策变化，战略规划的缺失自然成为企业想做大做强而绕不过去的"瓶颈"。

中小企业的老板在企业的经营目标、战略构想和实现的资源条件等方面应该有全方位的规划，企业要想获得规模上的拓展，老板一定要明确自己的经营目标，深入分析自己在行业中的位置，以及未来怎样做才能够保证企业长久经营，这是赢得核心竞争力的保证，也是企业实现稳健长远发展的关键。

2. 战略不聚焦，定位不清晰，惯性生长，发展心态短视

有些企业面临的问题：看不清自己的位置，一段成功史，满脑糊涂账，没有清晰的发展目标，随波逐流，惯性生长；业务不聚焦，根据市场潮流盲目跟风，资源配置错乱，竞争力逐渐丧失。部分中小企业老板的想法，就是立竿见影、刀下见菜，这当然也没有错，因为解决目前的生存问题是第一位的。但是，生存问题属于战术问题，而发展问题属于战略问题，解决生存问题必须刀下见菜，但要解决发展问题需要细水长流，最后才能水到渠成。现实中，有些中小企业老板有短视心态，以为找到一个市场亮点就能够立刻换回巨大的效益，于是一个活动做下来或者一期广告投下去看到没什么效果就立即停止，短视的发展心态严重影响企业的发展壮大。

3. 不重视产品创新和人才培养，企业缺乏核心竞争力

部分中小企业不重视产品创新，不重视人才培养，导致企业缺乏核心竞争力。"打铁必须自身硬"，没有属于自己的核心竞争力，产品销售提升就会很难突破；不重视人才培养，团队的凝聚力和创新研发水平就会受限，企业在市场竞争中就会处于劣势，难以实现可持续成长。

企业要想做大做强，必须重视产品创新，重视人才培养，通过双管齐下，提升产品的科技价值和附加价值，增强产品的市场竞争力，才能够突破产品销售的困局。

4. 产业集中度不高，各自为政，分散经营

现代企业在发展过程中越来越推崇"产业集群"的概念，产业集群是一种特殊的企业空间聚集现象，是产业朝向成熟阶段发展的过程。产业集群一旦形成，处在集群当中的企业，市场竞争优势会大幅增强，如美国的硅谷、印度的班加罗尔、中国的中关村等，不少大企业都是依托产业集群发展起来的。有些中小企业喜欢单打独斗，不喜欢抱团取暖式的"产业集群"，因而产业集中度不高，常常"各自为政"，分散经营，降低了竞争优势。

部分中小企业的发展经常陷入"内外交困"，做大做强的前进道路上有荆棘坎坷，但真正导致其难以实现突破性发展的原因还在于自身：一方面，企业的战略性不强，不注重长远投资和利益回报；另一方面，企业领导人的格局有限，急功近利，忽视风险控制，使得企业难以应对复杂多变的市场形势，难以做大做强。

第五节　管理咨询行业的业态分布和发展趋势分析

管理咨询就是给企业经营管理把脉治病的"企业医生"，本着"量体裁衣、标本兼治、循序渐进、授人以渔"的咨询原则，行业专家针对企业实际情况和要求，在明确企业发展方向和经营目标的同时，找出企业存在的主要问题，进行定量和确有论据的定性分析，查出问题的原因，提出切实可行的改善方案，进而指导实施方案在企业运行，改善企业的运行机制，最终提高企业的管理水平和经济效益。

一、企业为什么一定要请咨询公司

人生病了，要去看医生；企业出现管理体系的问题，要请咨询公司，这是同一个道理。

有的企业不去看医生，试图自愈，但实际上往往病情会加重，到时连华佗也治不了。有的企业自己买药吃，去听一次课，买别人已经吃过的药试一下，也有可能治好，但还是很危险，如果药不对症，可能病情加重，延误了治疗机会，还可能产生副作用。

生病看医生，是理所当然的，所以城市的大小医院总是人满为患，有的手术排号到一个月后甚至更长时间。企业出现问题，尤其是管理体系出现问题，让外脑介入，实为明智之举：企业改革需要强大的推动力，单靠企业内部的力量一般难以获得，外脑的中立更有说服力，再说外脑可能更专业、更科学，改革的效率可能更高，企业可以少走弯路；平时企业内部人员忙于日常事务，可以有借口不去做完善体系的事情，就算去做了，因为个人能力水平有限或利益的纠葛，改革成效打折，甚至失败。"旁观者清，当局者迷"，人一旦被日常事务的纠缠，就会失去判断力，所以企业内部人员不太适合自我诊断，最关键的原因还是管理咨询师有丰富的专业知识和认知经验，以及敏锐的商业洞察力，这一关键特点别人取代不了。

二、管理咨询的需求种类

1. 管理咨询的专业分类

按照管理咨询的专业方向分类，管理咨询可以分为方案咨询、问题解决型管理咨询和保姆型管理咨询。

（1）方案咨询

这类咨询主要是针对国有企业，大部分国有企业需要的是咨询公司的品牌影响力。国有企业实行的是委托管理机制，需要管理道具和管理活动证明，在深化改革的道路上它们也是不断前进的。还有一种可能是，企业已经有了改革方案，但内部推行阻力太大，决策层就会利用外部专家的意见来增加方案的必要性，来佐证方案实施的可行性。

（2）问题解决型管理咨询

这类管理咨询主要针对民营企业和外资企业。民营企业的管理咨询关注点主要体现为"不要告诉我是什么，为什么，就说怎么办，怎么解决问题"；外资企业一般是按照质量管理体系进行日常管控的，财务管控体系和经营管控体系构成日常运营体系，管理比较规范，所以外资企业更多关注管理细节的落实、改善与预防。

（3）保姆型管理咨询

这类管理咨询主要针对中小民营企业，中小民营企业在发展过程中逐步由靠人管理发展到靠制度来管理，逐步实现管理的规范化、精细化、信息化，以及在此基础上的个性化。它们更需要伴随企业成长的管理咨询，更注重问题解决的具体方法，更关注问题解决方法和企业资源保障相匹配，就像保姆一样，遇到什么问题，解决什么问题。咨询方案要简单、直接、有效，能够实施落地。

2. 根据企业出现问题的管理咨询分类

根据企业出现问题的不同，管理咨询一般按内容分为以下几类：战略管理咨询、财务管理咨询、营销管理咨询、人力资源管理咨询和企业文化管理咨询。

（1）战略管理咨询

企业战略需要回答的问题主要是：企业如何进行市场竞争，保持优势？企业如何找出新的利润增长点？如何不断地为客户增加价值？企业要想实现可持续发展，战略定位必须有独创性。咨询顾问提出的方案，必须能够剖析影响企业发展的关键问题，分析其实质，战略规划要充分考虑企业的战略实施能力和资源保障能力，确保战略实施能够落地。

（2）财务管理咨询

通过财务管理咨询，客观正确评价企业的生产经营成果和财务状况，了解企业在同行业市场竞争中的地位，为企业经营管理提供正确的方向和目标，从不同角度引进财务管理的新观点、新方法，从而不断提高企业的整体财务管理水平。

（3）营销管理咨询

营销管理咨询是管理咨询顾问运用市场营销的理论与方法，深入调查和分析企业的市场营销环境与市场营销活动的现状，发现企业面临的风险、威胁、衰退危机和企业发展的市场机会，帮助企业解决存在的问题，改善和创新企业的市场营销活动，使企业能够更好地躲避风险，迎接挑战，战胜衰退危机，抓住并创造市场机会，促进企业快速、持续地繁荣发展。

（4）人力资源管理咨询

人力资源管理咨询是运用人力资源开发与管理的理论和方法，分析企业人力资源开发与管理，找出和改善薄弱环节，促进企业正确、有效地开发人力资源和合理、科学地管理人力资源，为企业创造永续发展的竞争力和组织活力。

（5）企业文化管理咨询

企业文化管理咨询就是梳理清晰组织的关键成功要素，确定行业价值驱动要素，在组织内部形成共同的信仰，并指导统一的行动，清晰、明确组织的核心价值体系即企业文化体系，塑造组织的品牌信仰，整合企业无形资产，有效提升组织运营协同效率，实现组织的可持续发展。

三、管理咨询的价值和意义

管理咨询对企业来讲，是一种投资行为。通过管理咨询公司提供的服务，企业可以提高企业整体管理水平，提高企业运营效益。既然是投资，就要计算投入和产出，产出大于投入，就"值"；产出小于投入，就"不值"。

管理咨询的价值体现在四个方面。

一是方案价值。咨询顾问根据客户实际情况，运用知识和经验，为客户提供咨询方案。这是大多数咨询项目与客户约定的主要项目目标。

二是传递知识和经验。在咨询项目实施过程中，咨询顾问通过课程培训、访谈、会议、日常沟通等，给客户传递先进的管理理念、管理方法、管理工具等。

三是人才培养。在咨询项目实施过程中，帮助客户管理团队接受管理理念、管理方法、管理方案等，从而提升管理人员的综合素养。

四是咨询业绩效果。咨询项目实施后，因为管理咨询项目对客户管理水平的提升效果，直接或间接为客户创造价值，咨询业绩效果最能够直接衡量管理咨询价值，也是咨询项目最主要的价值体现。

四、管理咨询的主要流程和内容

管理咨询一般包括三个阶段：企业诊断、方案设计、辅助实施。

企业诊断主要通过调研和访谈，对企业现状进行客观、系统的剖析，分析企业相关方面的运行现状，揭示企业的问题及产生问题的根源，提出解决问题的思路性建议。

方案设计是在企业相关问题诊断的基础上，就客户提出的经营管理问题，设计出系统、具体的解决方案并进行规划。

辅助实施是组织企业有关人员熟悉、消化管理咨询方案，就方案内容涉及的理念和经营管理知识，对客户企业的相关人员进行培训，组织制定有关各项管理制度和实施细则，辅助企业模拟实施设计方案，根据模拟实施结果，对设计方案及制定的管理制度、管理细则等做必要的调整。

管理咨询犹如病人就医，咨询师为企业客户诊脉、开药方和治疗。其中，企业管理咨询属于导向性咨询，它类似于中医，主要通过"望、闻、问、切"等手段，从定性角度出发，运用专家的综合知识，分析研究并解决企业经营管理中存在的问题。另外，企业经营分析属于问题性咨询，与企业管理咨询相比，它更类似于西医，是以化验单、心电图、脑电图、CT等企业的各项管理数据和财务指标为基础，分析管理数据和财务数据，判断企业的经营现状并找出企业存在的问题。

从管理咨询的主要流程和内容就可以看出，管理咨询与培训大不相同：培训以理念为主，解决企业共性问题，主要解决企业的问题点；管理咨询以实操为主，针对企业实际情况解决企业的个性问题，而且是系统地解决问题。管理咨询过程也含有培训，但培训的作用在于导入理念、达成共识、讲解方案。也就是说，管理咨询不仅帮助企业解决问题，还训练企业管理人员掌握解决问题的方法和技能。

五、管理咨询的发展趋势

随着时代发展和技术进步，中国大部分企业高管已经完成 MBA 或 EMBA 等商学教育，科学管理体系正在普及，而企业每天遇到的经营管理问题时时发生，如何能够快速集成、借鉴行业资深从业者的失败教训和成功经验，成为管理咨询行业发展的重点方向；以移动互联网技术形态作为平台，为企业客户随时提供碎片化而不是企业整体解决方案的需求日渐增多，于是以单点突破带动系统发展的微咨询应运而生。微咨询就是通过汇集顶尖商业精英及专业咨询顾问，借助他们的管理经验和商业洞察力，通过搭建的商业咨询服务平台，以面对面、视频会议、电话会议等形式，帮助企业解决实际经营中所遇到的具体问题，快速响应客户的管理咨询需求，借助互联网、移动技术手段来传递经营智慧和管理经验。其特点是不谈理念，只谈问题，运营方式的主要特点是线上、小单元、针对性强、效果短平快。

六、管理咨询的终极目的

管理咨询是从根本上提高企业的素质，改善企业的运行机制，增强企业对环境的动态适应能力。从深层次上来探讨，管理咨询不仅能直接提高企业的经济效益和管理水平，而且更重要的是，企业的生存和发展，归根到底取决于这家企业形成一个目标正确、适应性很强的运行机制。所以说，管理咨询的终极目的，是促进企业通过管理系统自我直接发现问题，找出原因，不断优化自身管理机制，确保自身运行良好，最终实现可持续发展。

第八讲

管理运营落地执行标准及依据

第一节 督查督办管理制度

第一章 总 则

第一条 为确保集团公司规章制度、日常管理、业务开展、工程建设、项目运营、岗位职责及各项决策的贯彻落实,进一步提高全员工作效率,提高全员责任感和执行力,形成制度化、规范化、科学化和网络化的管理,保证公司运营管理指令畅通,促进公司决策部署和各项工作高效落实,特制定本制度。

第二条 本制度包括督查督办组织、督查督办事项、督查督办程序、督查督办要求及督查督办奖励与考核。

第三条 适用范围:山东威豪控股集团有限公司各部、科及各分、子公司(以下简称"公司")。

第四条 实施主体:集团法务合规部审计法务督查科(以下简称"督查科")。

第二章 督查督办组织

第五条 坚持"谁主管、谁负责"和"督查督办事项有人做,紧急事项快落实"的原则,强化督查督办工作组织体系建设,形成以督查科为主,其他各部门协同配合的督查督办体系。

第六条　督查科配备专人负责本制度的落地实施。

第三章　督查督办事项

第七条　对全局性工作部署和集团总经理重要指示的贯彻落实情况。

第八条　对工作目标、会议决议所决定的贯彻落实事项。

第九条　对各部门的工作计划及落实情况督查和督办。

第十条　对合同、协议内容中需要督查督办的事项督查督办。

第十一条　对规章制度、日常管理、业务开展及各项活动督导检查，及时发现问题、反映问题。

第十二条　对运营成本的督查，对各部门人员采购、报销的合理性及对资金的管理和使用情况进行抽查、检查。

第十三条　对重大项目包括招标、采购、施工、结算流程的督导检查，以经济效益为中心，开展效能监查，把控合法、规范、合理、经济的采购渠道、管理流程、采购价格、质量及售后服务等。

第十四条　负责接收来自用户、合作方、各部门员工的工作情况反映，并对反映情况进行归类，汇总后报集团总经理。

第十五条　负责员工的工作纪律、工作作风的督查和通报。

第十六条　完成总经理安排的临时性、阶段性工作和交办的其他工作的督查督办任务。

第十七条　其他确需督查督办的事项。

第四章　督查督办程序

第十八条　督查督办频次：固定每周不少于一次，每月不少于四次；对于重要的活动接待及重点或紧急的工作任务，随时随地开展督查督办工作。

第十九条　督查督办程序包括：督查督办立项、督查督办通报、督查督办任务变更、反馈及审核、归档等。

第二十条　督查督办立项：督查科按照督查督办事项立项，总经理审批后督查科向被督查督办部门出具"督查督办通知单"（见附件1），并同时开展督查督办工作。

第二十一条　督查督办通报：督查科要实行定期督查督办、定期通报，督查督办任务结束后形成"督查督办报告"（见附件2），同时发布"督查督办通报"并公示。

第二十二条　督查督办任务变更：督查督办事项因特殊情况需要变更的可申请变更，说明原因，根据分管副总及总经理签署的意见，重新明确任务内容和时限。申请变更要填写"督查督办任务变更申请表"（见附件3），写明申请变更任务的原因和申请变更任务的内容和时限。

第二十三条　反馈及审核：承办部门及时、准确地向督查科反馈承办事项的办理情况和办理结果，填写"督查督办回执单"（见附件4），督查科需要汇总审核承办部门反馈的情况，定期向总经理汇报。

第二十四条　归档：对督查督办落实情况及重要基础资料（包括查办原件、情况调查、处理结果等来往文件），要形成案卷归档，以备查询。同时，结果交集团人力资源部，作为奖惩和任免员工的重要依据。

第二十五条　督查督办考核：考核款要求在通报后三日内以乐捐方式上交（乐捐箱二维码在集团公司会议室门口处），未按要求上交的，视情节轻重给予加倍考核并在当月工资中执行，考核款用于员工活动及福利。

第二十六条　简易程序：除以上常规流程外，对工作纪律、工作作风等进行的日常督查执行简易程序。简易程序无须下达"督查督办通知单"，可根据随机督查结果，随时下达"督查督办报告""督查督办通报"。

第五章　督查督办要求

第二十七条　督查督办工作要紧紧围绕集团公司中心工作，突出重点，抓好督查督办工作，提高工作效率，完善监督机制，使公司各项决策和部署得到有效落实。

第二十八条　公司各部门要高度重视，认真对待。所有督查督办事项都要及时办理，按时完成，不得相互推诿和拖拉延误。

第二十九条　凡立项督查督办的事项，都必须"事事有落实，件件有回音"。办结的督办事项，承办部门应及时反馈，写出书面报告。报告必须事实清楚、结论准确，对不符合要求的，将予以退回。

第三十条　根据督查督办事项内容，对需要保密的事宜，在办理过程中，应按集团公司保密制度采取保密措施。

第六章　督查督办奖励与考核

第三十一条　奖励及责任主体

各部门部长（或主持工作的副部长）是本部门所承办工作的总负责人，承办人是直接负责人。

第三十二条　符合奖励条件和考核条件的按照集团公司《行为绩效奖励考核制度（试行）》及其他规章制度执行，特殊事项由督查科上报总经理签批执行。

第三十三条　被奖励人员，给予奖励并通报表扬及公示，同时，纳入年度考核及入围明星员工评选资格。被考核人员，给予考核并进行通报及公示，同时纳入月度、季度、年度考核指标。

第七章　举报有奖措施

第三十四条　提供举报线索并经核实的，按照被考核金额的50%给予奖励。无具体金额的，按照违规人员被考核等级予以认定：降级按照1000元给予奖励，留用察看按照2000元给予奖励，解除劳动关系按照3000元给予奖励。

举报邮箱：123456@163.com。

第八章　附　　则

第三十五条　本次修订制度自公布之日起施行。

第三十六条　本制度由督查科负责修改、解释。

二〇二三年三月二十九日

附件1：督查督办通知单；

附件2：督查督办报告；

附件3：督查督办任务变更申请表；

附件4：督查督办回执单。

附件 1：

督查督办通知单

编号：DCDBTZ-2023001

任务名称			
督查督办事项概述			
承办部门		负责人	
协办部门		负责人	
任务下达时间		完成时限	
承办人（签字）			
督查督办人（签字）			
总经理（签字）			

备注：此表由审计法务督查科填写，完成签批并通报执行。

附件2

督查督办报告

编号：DCDBBG-2023001 号

被督查督办部门		督查督办日期	年　　月　　日
督查督办事项		督查督办地点	
督查督办情况			
整改意见			
主要责任人意见			
被督查督办部门分管副总意见			
总经理意见			

备注：此表由审计法务督查科填写，完成签批并通报执行。

附件3

督查督办任务变更申请表

编号：DCDBBG-2023001

变更申请部门		配合部门	
计划变更事项内容			
原定完成时间		现定完成时间	
对其他部门计划完成的影响	□无；　□有 如有请说明：		
变更原因： 申请部门负责人：			
配合部门负责人意见：			
受影响部门负责人意见：			
申请部门分管副总意见：			
总经理意见：			

备注：如承办事项无法按时、按要求完成整改，承办人据实填写，完成逐级审批后报送至审计法务督查科。

附件 4

督查督办回执单

编号：DCDBHZ-2023001

责任部门／单位	
具体事项及要求 完成时限	
主办人	
完成情况描述	
部门负责人意见	
分管副总意见	
总经理意见	
备　注	

备注：此表由承办人填写，提报至各层级负责人签批后，按时限要求提报至审计法务督查科。

第二节　资金预算管理办法

第一章　总　　则

第一条　目的和适用范围

（1）为了适应集团化发展的需要，建立健全以现金流量控制为重点的集团内资金统一调控管理体系，实现集团内资金统一管理，提高资金利用效率，控制财务风险，制定本办法。

（2）本办法适用于本部及其权属公司。

第二条　资金预算原则

（1）在全集团范围内实行资金"集中管理，统一平衡"的办法，遵循"以收定支，收支平衡"的原则。

（2）公司资金预算实行两级预算制：一级是集团内资金总预算，二级是各公司预算。以二级预算的有效实施，保证总预算的顺利实现。

（3）各公司资金预算分年、季、月预算。以年预算为目标，以月预算为基础，以月预算保年预算。

（4）资金预算具有高度的统一性、严肃性，各预算部门必须按规定时间上报年度、季度、月度资金收支预算。经批准的资金支出预算不得超支，在符合本办法相关规定的前提下，可以申请预算调整或总额内调剂。

（5）资金预算实行月度资金预算控制下的部门归口管理。资金预算的归口管理部门是能对预算项目起到直接控制作用的业务部门，同类经济业务由指定的归口管理部门统一管理。

（6）各级财务部门定期分析资金预算执行情况，不断完善资金管理，提高资金运行效率和使用效益。

第三条　管理机构及职能

1. 资金管理领导小组

组长：集团总经理

副组长：集团分管财务副总

小组成员：集团分管业务的副总经理、权属公司的董事长、财务负责人

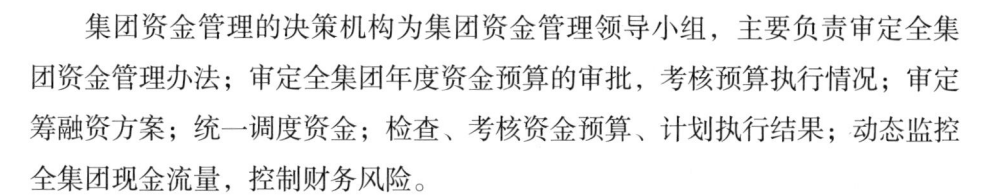

集团资金管理的决策机构为集团资金管理领导小组，主要负责审定全集团资金管理办法；审定全集团年度资金预算的审批，考核预算执行情况；审定筹融资方案；统一调度资金；检查、考核资金预算、计划执行结果；动态监控全集团现金流量，控制财务风险。

2. 集团审计部

负责监督资金预算管理制度的执行，参与考核，提供合理化建议。

3. 集团财务部

（1）组织编制集团本部年度、季度、月度资金预算。

（2）审核并汇总平衡各公司资金预算，上报集团分管财务副总。

（3）向各公司下达经批准的资金预算，抄送集团金融部。

（4）审核各公司资金报表，并负责授权范围内的资金调拨。

（5）负责监督与评价预算执行结果，提出考核意见与合理化建议。

（6）向公司资金管理领导小组提交公司月度、季度、年度资金执行情况表及资金管理工作报告。

4. 权属公司财务部

（1）组织编制所在公司年度、季度、月度资金预算，并上报集团财务部。

（2）负责对所在公司预算执行部门的资金预算进行初审。

（3）负责对所在公司预算执行部门的预算执行情况进行动态跟踪和调整。

（4）负责对所在公司预算执行部门的预算执行结果进行监督与评价，提出合理化建议。

（5）编制并上报所在公司资金预算执行情况表等相关资料。

（6）组织实施所在公司经集团资金管理领导小组批准的筹资方案。

（7）督促落实所在公司收入计划。

（8）根据本办法的权限办理所在公司支付业务。

5. 各预算部门

（1）按照预算管理组织架构，负责本部门年度、季度、月度资金预算编制和提报工作。

（2）负责对预算执行情况进行实时控制和调整。

第二章 资金预算编制与审批

第四条 年度资金预算编制

为便于预算管理和资金用款程序的执行,依据资金用途将资金支付项目分为六大类,分别为投资类、筹资类、日常采购类、管理类、人员类、税费类。

1. 投资类资金

(1) 对外投资类资金项目是集团及权属公司为获取未来收益而将一定数量的货币资金、股权、实物、无形资产等可供支配的资源投向其他组织或个人或者委托其他组织或个人进行投资的行为,主要包括货币资金、股权投资、证券投资、委托理财、委托贷款等。股权投资资金预算,由投资部门归口管理;实物投资由业务部门归口管理;无形资产由科技部门归口管理;货币投资由财务部门归口管理。

(2) 对内投资是公司为扩大生产经营规模或提升经营管理效率,把资金投向公司内部的行为,包括基本建设、技术改造、更新扩建等与公司经营相关的长期资产购置,对内投资类资金多用于购买生产设备、运输工具、土地、技术、特许经营权、品牌,购建房屋建筑物及相关工程物资等,不含购买原材料、燃料和动力等产品生产用物资、能源和服务。该类资金预算,由基建管理部门、固定资产采购部门、科技部或相关项目管理部门等归口管理。

2. 筹资类资金

筹资类资金项目包括向外部金融机构或非金融机构筹集资金、偿还贷款本金、支付利息及手续费、股权性融资费用等。该类资金预算,由融资部、投资部部门归口管理。

3. 日常采购类资金

日常采购类资金项目主要包括与日常生产经营和销售相关的生产主辅料、维修配件、贸易商品、大宗办公用品、产品委托加工费用、承揽工程委外安装服务费用、能耗费用等采购。生产主辅料和贸易商品的资金预算由采购部门归口管理;大宗办公用品预算由综合部归口管理;基本建设工程及设备采购由基建管理部门或投资部归口管理。

4. 管理类资金

管理类资金主要指生产、销售及内部管理等日常业务活动及专项业务活动费用、个人借款等。日常业务费用指用于日常性业务活动发生的差旅费、办公费、招待费、会议费、车辆费用，后勤服务费用（保安服务、环卫服务、后勤零星采买等），财务手续费，委外运输费，委外维修费用，产品及技术等测试费用，租赁费等费用，该类资金预算由综合部归口管理。专项业务费用是为达到特定目的而发生的专项支出，这类资金要求专款专用，不能挪作他用。通常包括广告宣传费（含参展及展位设计费），行业会费，审计、评估、体系认证等鉴证服务费，委外研发费用，对外捐赠，管理咨询费等。该类资金预算按费用经办部门归口管理。

5. 人员类资金

人员类资金包括员工工资、奖金、福利费、教育经费、工会经费、社保费、住房公积金、人员招募、劳务外包、辞退福利等费用。该类资金支出由各公司人力资源部门归口管理。

6. 税费类资金

税费类资金主要包括增值税、企业所得税、城建税、教育费附加、房产税、土地使用税、印花税、个人所得税等。该类资金预算由财务部门归口管理。

各公司依据年度经营计划、业务预算、财务预算和投资预算，编制年度资金预算。

各权属公司在财务部的指导下，各预算部门编制、报送本部门的年度资金预算。每年12月25日前各权属公司财务部向集团财务部提交下年度资金预算草案。

第五条 年度资金预算审批

（1）集团通过实施资金预算管理，实现对各权属公司的资金集中统一调控。各权属公司的资金收支，必须依据经批准的经营预算、投资预算等编制年度资金预算，年度资金预算报表体系，经本级财务部负责人初审，报集团财务部复审并汇总呈报集团公司资金管理领导小组批准后，严格执行。

（2）各权属公司年度资金预算经集团资金管理领导小组批准后，作为资金收支基础资料，指导和控制各部门月度资金预算的申报和执行。

（3）未列入年度资金预算范畴的大额支出项目，必须先报本级财务部备案，本级财务部提报到集团财务部，集团财务部提报到集团投资部审核，履行预算调整审批手续，方可列入年度资金预算。

第六条　季度资金预算申报

投资类资金、筹资类资金、承揽工程所需支付资金等通常依据合同约定的项目进度付款，具有单次付款金额大、时限紧急等特点，因此，投资类资金预算的申报部门一般是各公司基建管理部门、固定资产采购部门、相关项目管理部门或投资部门等，该类预算申报责任部门需要每月同时提报月度及未来三个月的资金预算。根据资金管理需要，财务部可要求预算部门动态管理该类资金的年度预算在各季度的使用分布计划。

第七条　月度资金预算审批程序

1. 收款预算申报

预算部门根据本部门应收账款余额情况及当月销售计划，申报月度预计收款金额，填制"月度资金收入预算表"，经填报部门负责人和公司分管领导签字审批后，按规定时间报本级财务部。

（1）月度资金收入包括：销售收入、预收账款、金融机构及非金融机构的融资收入、内部关联方借款收入。

（2）业务部门每月20日前提报下月销售收入及预收账款计划表至本级财务部；融资部每月20日前提报下月融资收支计划表至本级财务部，公司资金"量入为出"，做好资金支出计划，逾期未报的，将暂停该部门的付款，对日常经营业务造成影响的，由责任部门承担相应责任。

（3）月度资金收入预算表中，凡"必填项"必须准确填写。

2. 付款预算提报

（1）各预算部门根据本部门年度资金预算指标和下月度所需资金，填制"月度资金预算表"，包括投资类、日常采购类、人员类、管理类、税费类，经填报部门负责人和公司分管领导签字审批后，按规定时间报本级财务部。

（2）各预算部门每月25日前提报次月资金支付计划表至本级财务部，逾期未报的，视同无用款需求，不予安排付款。

（3）月度付款预算表中，凡"必填项"必须准确填写。

3. 预算初审

各公司财务部负责汇总资金预算，依据"量入为出"的原则，进行初审。如果需要核减资金支付预算的，优先核减以下几类用款计划。

（1）历史申报预算数与实际使用偏差较大的部门（参考标准：月结类支付预算＞±15%，非月结类支付预算＞±30%）。

（2）未按要求及时提供采购发票的月结类采购款。

（3）基于公司总体经营计划，根据轻重缓急程度，重要的急款优先安排。

（4）同等条件下，支付成本越低的，优先安排，如票据类付款优先于银行转账及现金付款。

4. 预算审批

初审平衡后报集团财务部汇总、平衡，由分管财务副总审核，分管财务副总根据资金需求，合理安排资金，编制月度资金审批表，报总经理审批。总经理审批后，财务部负责将对预算申报部门的审批意见下达给各公司。各公司预算部门以下达的额度为限，根据本部门实际情况，按轻重缓急顺序，自行平衡用款计划。

5. 预算审批意见落实

各相关预算部门根据审批意见，于获取审批意见后的2天内，将"预算申报调整表"经填报部门负责人和公司分管领导签字审批后，报至本级财务部备案。

6. 有效时间

月度资金预算当月有效，若需转下月支付的，须在下月资金预算中重新列示。

第三章 资金预算调整

第八条 年度预算总额调整

严格按照集团财务部批复的年度预算执行，具备下列条件之一，可逐级报至集团财务部申请调整年度资金预算。

（1）因集团战略调整，对各公司生产经营、股权投资、基建工程产生重大影响的。

（2）因资产、机构及人员的编制转移，对转入和转出单位经营能力及财务收支造成重大影响的。

（3）因公司外部经营环境发生重大变化，对各公司生产经营、股权投资、基建产生重大影响的。

（4）因国家政策法规变动，对公司的生产经营和财务收支造成重大影响的。

第九条　年度预算总额内调剂

各公司年度预算内用款可根据实际执行情况，在不突破预算用款总额度的前提下，进行结构性调剂或调整，各公司负责人为最高审批人，调整后须报集团财务部备案。但是，以下情况不得调剂。

（1）资本性支出预算与收益性支出预算不得相互调剂。

（2）工资、福利、日常业务活动等管理类、人员类预算不足部分，不得用其他预算调剂。

（3）如需突破以上限制范围的，各公司需要提出调整申请，详细说明调整原因、调整项目、调整额度，报集团财务部，并最终由集团总经理审批后方可执行。

第十条　月度资金预算总额内调剂

（1）月度资金支付计划一经批准，不得变更。

（2）特殊情况，在不突破预算用款总额度的前提下，进行结构性调剂或调整。调剂的限制范围有：月结类付款计划与非月结类付款计划不得相互串用；非月结类付款计划中，筹资类、投资类相互之间，以及与其他预算类型之间不得串用。

第四章　资金支付管理

第十一条　资金支付办理程序

各公司的支付审批权限金额，依据集团金融部的《资金管理办法》，并结合自身情况，各公司自行制定，并报集团财务部备案。原则上不得计划外付款。因各公司生产经营临时需要等特殊情况需要计划外支付时，须按照预算外程序，办理资金支付。资金支付办理程序具体如下。

（1）预算内：由各部门根据相关领导审批后的付款申请书到财务部办理付款手续。参照本级公司预算内支付审批权限要求，办理付款手续。

（2）预算外：由各部门根据相关领导审批后的付款申请书到本级财务部预算管理会计岗审核后，参照预算外支付审批权限要求办理付款手续。

会计岗位应对每一笔付款业务进行复核，复核内容包括资金支付的批准程序是否正确，手续及相关单据是否齐备，金额计算是否准确，支付方式、支付单位是否妥当等，复核无误后交由下一环节审批。

第十二条　收入管理

（1）各公司资金收入均应纳入资金预算。

（2）各公司应在公司指定的银行开设结算账户，未经公司批准，不得自行开立账户。新开账户的公司须向集团金融部提出申请，待分管财务的副总批准后方可办理。

（3）各公司必须及时足额将货款收入存入公司指定账户，不得开设账户留存货款。

（4）经批准的各公司月度资金计划，涉及各公司间调拨资金的，由集团财务部统一签发"资金调拨通知单"，经分管财务的副总批准后实施。

（5）各公司必须及时足额将货款收入入账。收款单录入时间与账务处理时间一般不得超过1个工作日。

第五章　资金预算考核办法

第十三条　月度资金预算应当在年度预算的指导下，由集团分管财务副总具体负责，各级财务部牵头会同各预算部门共同开展。各预算部门通过与目标管理、预算管理、项目成本管理等岗位的协调，实施资金预算管理，负责月度资金预算的编报工作。财务部是资金计划执行的监督部门，由专人对批准后的月度资金预算进行日常签批管理，各预算部门负责人是本部门资金预算的第一责任人，可以指派部门其他人员协助其工作。

第十四条　预算方案由资金预算汇总表、各部门资金预算明细表、对指标详细说明的支撑性附件以及对上月执行资金计划的总体分析说明等部分构成。资金预算汇总表应当反映经营活动、投资活动和筹资活动等资金收支情况，各部门资金预算明细表中按照各部门年度预算中所列出的会计科目，反映以前年度的预算执行情况及本期的资金预算的执行情况并与年度预算相对照，便于加强事中控制。部分费用应由各部门向归口管理部门汇总后上报资金预算。

第十五条　各公司财务部在月初编制上个月资金预算完成情况，于次月3日前报集团财务部。集团财务部根据需要，可要求成员公司编制资金周报表报集团财务部。

第十六条　各预算部门在月度资金预算范围内合理控制使用，未列入计划的资金不得启动，计划实现的收入应当保证完成。

第十七条　各预算部门要对本部门的资金预算实行建档管理，财务部建立历史资料数据库定期进行统计分析并出台预算执行分析报告。月度资金预算执行情况与部门负责人的月度绩效考核及部门年度考核相挂钩；在执行资金预算中有违规行为，一经发现将对责任人进行严肃处理。

第十八条　预算外资金及预算申报后的使用偏差，合计占当月本部门资金预算比重，月结类收付款超过15%，非月结类收付款超过30%的，且偏差绝对值超过10万元的，对预算责任部门和所在权属公司董事长进行通报批评。或者，因预算偏差导致提前提取贷款或者延迟归还贷款的，相应的新增贷款利息由归口的预算部门承担。

第十九条　年度资金预算出现重大偏差，财务部有义务启动应急措施予以补救。但不排除采取了补救措施仍不能满足预算部门资金需求，由此造成的不良后果，由预算责任部门承担相应责任。

第六章　附　　则

第二十条　本办法由集团财务部制定并负责解释。

第二十一条　本办法自颁布之日起执行。

第三节　投资管理办法

第一章　总　则

第一条　为规范集团投资管理，有效防范投资风险，提高投资收益，实现投资决策的科学化和投资管理工作的规范化、程序化，根据相关法律法规，结合集团实际，制定本办法。

第二条　本办法适用于集团管理和控制的全资、控股公司，以及上级授权集团管理的托管企业（以下统称"权属公司"）的一切投资行为。

第三条　本办法所称投资是指企业对境内企业、公司或项目投入资金或其他资产，以获取未来收益的经济行为，包括固定资产投资和长期股权投资、金融投资等。

（一）固定资产投资指利用自有资金或通过融资进行基本建设、技术更新改造、购买大型机器、设备等固定资产投资，以及购买专利权、商标权、土地使用权、采矿权等无形资产投资。

（二）长期股权投资包括：

1. 公司的设立、分立、增资、减资、注销；

2. 收购公司全部或部分股权；

3. 股权置换。

（三）金融投资包括购买股票、期货、外汇交易、证券投资基金、企业债券、金融债券或国债等。

第四条　本办法所称主业是集团经主管单位确认并公布的企业主要经营业务；非主业是主业以外的其他经营业务。主业保持相对稳定，并根据集团发展进行动态调整。

第五条　投资应当遵循下列原则：

（一）政策导向原则。贯彻落实新发展理念，坚持质量第一、效益优先，聚焦关键核心技术和发展模式创新，增强企业核心竞争力，实现高质量发展；

（二）守法合规原则。遵守有关法律法规和企业章程，符合国家和产业政策、发展规划，以及国有资本布局结构调整导向，体现出资人意愿；

（三）突出主业原则。符合企业功能定位、发展战略规划及投资管理制度，坚持聚焦主业，严控非主业、产能严重过剩行业、高风险业务和低端低效产业投资；

（四）科学论证原则。权属公司投资应当进行充分科学论证，坚持安全性、效益性原则；

（五）量力而行原则。投资规模与企业资产规模、资产负债水平和筹融资能力相适应，与企业管理能力、人力资源相匹配。

第六条 投资项目税后内部收益率（IRR）原则上不能低于集团批复的可研报告的收益率（属战略性投资或为集团现有产业配套而进行的投资，上报集团批准，可适当放宽）。

第七条 严格执行投资项目负面清单。对禁止类投资项目，一律不得投资；对特别监管类投资项目，报主管单位履行审核程序。

第八条 集团董事会是集团投资决策机构，集团投资管理的职能部门为产业战略研究院，对接主管单位汇总申报部门为运营管理部。

第二章 投资管理职责

第九条 集团依照国家有关法律法规和集团章程的规定，以管资本为主的原则和要求，以引导投资方向、规范决策程序、提高资本回报、维护资本安全为重点，对权属公司投资活动进行监督管理，履行出资人职责，主要包括：

（一）研究和引导集团有限公司的投资方向，支持权属公司依据发展战略规划、围绕主业进行投资；

（二）制定并执行集团投资监督管理制度和投资决策程序，明确投资管理权限，健全投资管理机构；

（三）依据集团战略规划执行集团年度投资计划并与财务预算和融资计划衔接；审核权属公司年度投资计划，监督、检查其执行情况；

（四）制定集团投资项目负面清单，对企业投资项目进行决策和分类监管；

（五）监督检查权属公司投资管理制度执行情况，对集团及权属公司投资项目进行后评价；

（六）其他法律法规和集团章程规定的职责。

第十条　集团权属公司履行下列职责：

（一）制定并执行本单位投资监督管理制度和决策程序，明确投资管理职能部门，配备专职投资管理人员；

（二）编制、执行本单位年度投资计划；

（三）对本单位投资项目进行市场调研、可行性研究、投资论证、上会决策、项目实施和项目自评价；

（四）负责履行集团及本单位投资项目的备案和审批手续。

第三章　投资决策权限

第十一条　集团依据年度投资计划对权属公司投资权限实行分类管理，依据项目性质及决策权限的不同分为集团审批及集团决策并报主管单位审核两类。

（一）所有投资项目必须事前报经集团审批；

（二）列入投资项目负面清单的特别监管类项目，在履行集团内部决策程序后、投资实施前，履行出资人审核程序。

第十二条　金融类投资原则上集中在集团指定的公司运作，其他各级公司未经批准不允许进行金融投资。集团所有公司，未经集团批准，不得委托其他公司开展理财业务（包括委托购买债券、股票、基金、期货等）。

第四章　投资计划管理（事前管理）

第十三条　权属公司应当依据发展战略规划，编制年度投资计划。年度投资计划应遵循投资原则，与财务预算相衔接，非主业投资占年度投资计划总额比重原则上不超过10%。列入计划的投资项目应完成必要的前期工作，具备年内实施条件。

第十四条　权属公司年度投资计划经董事会（或相应决策机构，下同）审议通过后，于每年1月15日前报至集团相应事业部核准，并附报投资计划附表、报告、资金计划统计表、投资计划可行性分析报告、董事会决议及会议记录、财务总监审核意见等材料，同时将核准通过后的年度投资计划报集团运营管理部备案。年度投资计划主要包括：

（一）年度投资的总体目标，包括年度投资实施对企业产业升级、结构优化、发展质量与效益提升等的预期贡献；

（二）投资规模与资金来源及安排，包括计划投资总额、资金来源及构成、自有资金比重及构成、实施投资对资产负债率的影响等；

（三）投资方向与市场结构布局，包括主业、非主业及各类投资规模与比重、产业与产品结构安排、投资地域、投资方式、预期投资效益等；

（四）计划主要投资项目概况，包括投资主体、投资额、资金来源、进度安排、预期投资收益等。

第十五条　年度投资计划的上报范围，为集团全资、控股或相对控股的子公司，不含托管企业。

第十六条　集团及权属公司应根据发展规划，结合年度经营计划、财务预算、工资总额预算、筹融资计划等，编制年度投资计划。

第十七条　权属公司年度投资计划应进行充分的可行性研究，并形成投资计划可行性分析报告，包括但不限于以下内容：

（一）内外部环境分析，包括宏观环境及行业发展趋势、产业发展现状及其规划目标的差距、市场前景与竞争力分析等；

（二）必要性与可行性分析，包括投资计划实施对企业产业升级、产权结构优化、发展质量与效益提升的贡献，投资所需的技术、人才等要素支撑分析；

（三）资金来源与企业承受能力分析；

（四）预期效益与风险分析。

第十八条　投资项目决策前，应当从政策、市场、技术、效益、环境、安全、社会稳定等方面，做好全面充分的尽职调查、可行性研究、风险评估等前期工作。

第十九条　投资决策机构应当按照公司章程和企业投资管理制度规定，对投资项目进行审议，审慎决策。各级投资决策机构对决策结果承担责任，同时负责审核项目尽职调查、可行性研究、风险评估、审查论证等关键环节相关材料，所有参与决策人员应充分发表意见，并在决议、会议记录等决策文件上签字，连同项目材料一并归档保存，确保有案可查。

第二十条 投资计划执行与监督。

（一）投资计划应严格执行，无重大要素变化，一般不得变更投资计划、扩大投资规模或改变投资方向。

（二）按有关法律法规须报政府有关部门审批、核准或备案的投资项目，在实施前应取得相关批准文件或履行备案手续。

（三）投资计划执行过程中，因生产经营环境发生重大变化等，计划投资项目变更的，应向集团出具申请变更材料，说明变更原因、分析变更影响，按规定履行投资项目决策程序。完成决策程序后5个工作日内，将申请变更材料及相关分析说明材料报集团对应事业部及运营管理部备案。

（四）投资实施单位应对投资计划执行情况及时总结分析，包括计划投资完成额、项目实施进度、投资效益等，对实际投资与计划存在偏差的，及时查找分析原因，制定纠偏措施，按季度报送投资计划执行情况报告等资料。企业年报审计应将投资情况作为重点内容进行披露或出具专项报告。

（五）集团董监办及对应事业部对投资计划执行情况进行跟踪监督，发现问题及时督促整改，主要内容包括：

1. 是否擅自变更投资计划、扩大投资规模或改变投资方向；

2. 投资是否符合有关法律法规，投资决策是否科学规范，是否按规定履行审批、备案程序；

3. 投资项目后评价及结果运用；

4. 违规投资责任追究情况。

第五章 投资项目管理

第二十一条 投资项目一般经过以下程序：项目申报→项目立项→项目审查→项目审批→项目实施。

原则上未经前一程序，不得进入下一程序。项目过会后，由相应的事业部将更新的投资项目储备库及过会材料发送运营管理部备案。

第二十二条 列入集团投资项目负面清单的特别监管类项目，企业应当在履行上会决策程序、投资实施前，向相应事业部报送下列材料：

（一）书面申报文件；

（二）董事会决议、议案及会议记录等决策文件；

（三）投资决策相关依据材料，固定资产投资项目材料一般包括可行性研究报告、专家论证意见、风险评估报告及防范化解预案、财务总监审核意见书、投资资金来源说明等，长期股权投资项目材料除上述外还应包括尽职调查报告、法律意见书、有关投资协议、合同、章程（草案）、投资合作方有关情况说明及证明材料等；

（四）项目投资、融资、管理、退出（股权投资项目）各环节相关责任人；

（五）（被）投资企业最近一期经审计的财务报告；

（六）其他必要材料。

企业应当对所申报材料内容的真实性、完整性负责，投资可行性研究、尽职调查、风险评估报告及防范化解预案、法律意见书等应由相关责任人签字，并承担相应责任。严禁将投资项目分拆规避监管。

第二十三条　投资项目尽职调查，应编制尽职调查报告，并制作工作底稿备查。尽职调查报告的主要内容应包括：

（一）背景调查，包括目标企业主体资格及历史沿革、股权结构、组织结构、治理结构、人力资源等；

（二）财务调查，包括财务状况、税务状况、资产运营、债权债务、或有事项、偿债能力、财务管理能力、财务风险提示及建议；

（三）技术与业务调查，包括主要产品和业务、核心资源、技术、采购、生产、市场与销售、环保及安全生产、经营能力、经营风险提示及建议；

（四）法律调查，包括经营资质、主要资产、项目建设、债权债务、经济合同、关联交易、劳动关系、未决诉讼和仲裁事项、法律风险提示及建议。

第二十四条　投资项目决策前，项目单位必须进行充分的可行性研究，编制可行性研究报告。境外投资项目可行性研究，还应对投资所在地的政治、经济、文化、法律、人文环境等影响因素进行充分评估论证。

项目审查流程环节职责分为：项目可行性论证由产业研究院聘请专家审查论证；项目初设阶段审查由各相关事业部牵头组织；项目技术审查和施工图设计由项目法人组织实施，事业部参与；各事业部发挥好"导医台"作用，可就项目经济、财务收益、政策等具体关注点提出建议，交由产业战略研究院作为专家论证，重点做好中间环节衔接。

可行性论证报告是进行项目决策的重要依据，其编制必须符合集团的有关要求，必须实事求是，科学合理。论证报告中的有关数据资料将作为对项目进行后评价的重要依据。

第二十五条　项目单位应当履行项目申报程序，通过咨询评审的投资项目，由产业战略研究院将项目的有关材料提交集团相应事业部审议，履行经理办公会、董事会决策程序，形成董事会决议或者会议纪要。

第二十六条　权属公司应对所有申报材料内容的真实性负责。投资项目可行性研究报告、尽职调查报告、专家论证意见、法律意见书应由有关责任人签字，并承担相应责任。

投资项目履行完毕集团的相关审批、备案程序前，除项目咨询评审所必需的活动外，不得擅自开展实质性工作，包括投标、签署实质性合约等。

第二十七条　投资项目涉及以非货币资产出资、收购非国有单位资产或股权的，企业应依法进行财务审计和资产评估，并按规定履行核准或备案程序。经核准或备案的资产评估结论，应作为签订投资协议、出资或收购定价的参考依据，不得先定价后评估。

第二十八条　投资项目履行完毕相关审批程序后，开始实施。由集团或项目单位按照集团相关规定及授权组织谈判，与交易对方签署投资协议等法律文本。

项目单位组织有关法务人员拟定或修改投资协议等法律文本，按照相关规定进行审查与会签，并加盖印章。对于集团审批的合同，由律师出具法律意见书后，由集团法务部、事业部牵头其他相关部门会审并报集团领导同意后方可签署。项目单位合同签订后，须及时向集团备案。

项目单位根据合同协议制定该项目实施计划及融资方案，项目单位负责项目管理及各相关部门手续办理，集团有关部门按照职能跟进项目进展情况。

第二十九条　投资项目实施过程中如涉及投资总额、投资主体、交易价格、交易形式等主要内容变更或其他重大事项时，应及时重新评估，并在修改后重新履行报批程序。

第三十条　项目负责人应在项目可研阶段制定退出方案，密切跟踪项目进展情况或经营情况，对投资效果较差或存在高风险的项目，项目负责人根据实际情况调整投资退出时点和方案，经可行性论证后，按投资审批权限逐级审批。投资退出方案批准后，由投资方组织实施。

第六章　投资监督与后评价（事中、事后管理）

第三十一条　集团对权属公司年度投资计划执行情况进行监督检查，并建立投资计划执行情况季度和年度报告制度，全面掌握投资项目进展情况，做好跟踪管理和信息统计分析工作，关注项目是否按期推进、投资是否超预算、是否按期达产达效等，对出现的问题及时妥善处置。事业部应在每季度结束后5日内向集团运营管理部发送所辖业务范围内投资计划执行情况，并于每年1月15日前报送年度执行情况总结报告。

第三十二条　季度、年度投资计划监督检查的主要内容：

（一）是否擅自变更投资计划、扩大投资规模或改变投资方向；

（二）投资是否符合有关法律法规，投资决策是否科学规范，是否按规定履行审批、备案程序；

（三）固定资产投资是否落实项目责任制、招投标制、合同制、工程监理制等规定，投资实施进度、资金使用与筹集、概算控制、跟踪审计、投资效益等情况；长期股权投资资金使用与筹集、投资效益等；实际投资效益与可行性研究预期对比情况；

（四）投资相关合同、协议、章程的签订及执行情况，是否存在损害国有股东权益的情形；

（五）投资项目后评价及结果运用；

（六）投资损失责任追究情况。

第三十三条　投资项目决策后，出现以下情形之一的，应当按照规定重新履行决策程序：

（一）初步设计概算超过可研估算20%（含）以上或投资额超过原概算20%（含）以上；

（二）资金来源及构成须进行重大调整，致使企业负债过高，超出企业承受能力或影响企业正常发展；

（三）投资对象股权结构发生重大变化，导致企业控制权转移；

（四）投资项目合作方严重违约，损害出资人权益的；

（五）投资可行性研究、尽职调查、法律论证、工程设计等不充分或遗漏重大事实，引发重大风险或造成损失的；

（六）投资效益与可行性研究预期差距较大的；

（七）因不可控因素造成投资风险剧增或存在较大潜在损失等重大变化，造成投资目的无法实现；

（八）违反本办法规定擅自对外投资或违反决策程序擅自决定投资的；

（九）可能发生投资损失的其他情形。

特别监管类项目再决策的，应在董事会决策后 10 个工作日内将有关情况报告主管单位。

第三十四条 权属公司监事会根据职责对本单位投资进行监督检查，并向集团报告有关情况。

第三十五条 投资项目后评价。

投资项目完成后，集团董监会办公室在一定时期内依据项目可行性研究报告、决策资料等初始投资文件和相关要求，组织对项目决策及实施的合规性、目标实现程度等进行分析评价，判断项目与预期的符合程度，分析投资收益与预期偏差的原因，总结项目管理经验教训，形成后评价报告，总结经验、揭示风险、制定对策，改进投资管理，并提出奖惩处理意见等。

第七章 投资风险防控与责任追究

第三十六条 权属公司应当建立投资全过程风险管理体系，强化投资事前风险评估和风险防控方案制定，做好项目实施过程中的风险监控、预警和处置，合理安排股权投资项目的退出时点与方式。对预估风险较大的投资项目，应由具备相应评估能力和条件的专业机构出具风险评估报告。

第三十七条 鼓励企业商业性投资项目积极引入各类投资机构参与，对具备条件的新上投资项目采取项目团队跟投、风险抵押等方式，实现项目收益共享、风险共担。对合资合作及并购项目，企业应设置有效的权益保护措施，强化对投资相关合同、协议及标的公司章程等法律文本的审查，维护股东权益，不得违反合同约定提前支付并购价款，不得为其他合资合作方提供垫资，或通过高溢价并购等手段向关联方输送利益。

第三十八条　集团指导督促企业加强投资风险管理，必要时组织专业机构或相关专家对企业投资风险管理体系进行评价，及时将评价结果反馈权属公司。权属公司应按照评价结果对存在的问题及时整改，完善投资风险管理体系，提高抗风险能力。

第三十九条　企业应严格控制除套期保值以外的金融衍生品、证券市场投机交易等高风险投资。

第四十条　企业违反本办法规定，未履行或未正确履行投资管理职责，造成资产损失或严重不良后果的，按照有关规定，由有关部门对企业相关人员追究责任；涉嫌犯罪的，移送司法机关依法处理。

第八章　附　　则

第四十一条　涉及上市公司的投资，国家有关法律法规另有规定的，从其规定。持有金融许可证的企业依照国家有关法律法规，开展证券投资、私募股权投资等经营业务，按照有关规定执行。

第四十二条　企业应当按照有关规定，将投资事项有关记录资料独立建档，作为企业的重要档案资产，严格规范投资事项档案管理。

第四十三条　权属企业应参照本办法，结合自身实际对现有投资管理制度进行完善和融合，规范投资项目管理流程，建立健全本单位的投资管理制度。

第四十四条　本办法自下发之日起施行。

第四十五条　本办法由集团运营管理部负责解释。

第四节　资金管理办法

第一章　总　　则

第一条　为实现集团资金集约化管理，规范资金运作，加速资金周转，提高资金利用效率，促进集团整体管理水平和管理效果的提升，根据相关法律法规及集团有关制度，制定本办法。

第二条　本办法适用于集团及各级权属公司。

第二章　管理机构与机制

第三条　集团金融部负责承办集团资金的具体收支结算和管理工作，检查、监督、指导权属公司资金管理工作。

第四条　集团金融部在资金管理方面的职责主要包括以下内容：

1. 根据集团总体战略和财务战略，制定与集团战略相匹配的融资战略并支持企业投资增长，同时考虑融资规模、融资期限和融资成本，合理保证融资风险可控，确保集团资金保障；

2. 制定集团公司资金集约化管理的具体管理办法，经集团公司审定后，负责组织实施；

3. 负责监控权属公司的资金收支动态，特别是资金的流出动态，发现问题及时纠正并报告；

4. 建立集团和权属公司的借款、还款台账，及时掌控集团公司及权属公司的借款、还款情况，制订落实还款计划，防范集团资金风险；

5. 制定集团内部借款管理办法，审查集团公司内部借款事项，评估内部借款的合理性和必要性，监督集团内部借款手续的办理，要求双方签订借款合同，借款合同明确金额、用途、年利率、借款期限、偿债保障、违约责任等，并报集团金融部备案，体现资金的使用价值、倡导企业有效使用资金；

6. 检查、指导、监督权属公司的资金管理工作；

7. 建立内部资金管理岗位责任制，保证资金管理业务的有序开展；

8. 负责执行资金预算，结合资金整体情况分析支付资金事宜的轻重缓急，准确预测集团公司总体资金需求，及时提出筹资或还款意见；

9. 负责汇总编制集团银行存款余额日报表；

10. 办理资金管理和协助财务部核算的具体事宜。

第五条　权属公司财务部应履行以下职责：

1. 执行集团资金管理的有关规定和要求，负责资金收付业务的真实性、合规性，把好资金收付最后一道关；

2. 结合本单位生产经营情况，按年、月编制资金预算，分析报告预算执行情况；

3. 建立内部资金管理制度，规范内部资金管理工作秩序；

4. 根据本公司资金需求和发展规划编制融资方案；

5. 负责向集团金融部编报银行存款余额日报表；

6. 办理资金管理和会计核算的具体事宜。

第六条　权属公司的资金管理采用收支两条线模式，每家子公司原则上只设立两个银行账户，有贷款等特殊需求的可以单独申请。两个账户分别为收入账户和支出账户，收入账户只用来接收销售收入和贷款等各项流入资金，支出账户只用来支付公司的各项日常支出。

第三章　资金管理原则

第七条　资金支付的原则。

1. 资本性支出符合预算管理的原则；

2. 经营性支出坚持全面预算的原则；

3. 期间费用支出根据预算管理的原则；

4. 坚持业务审批流程在先、后办理财务审批流程原则，财务审批流程符合财务管理要求。

第八条　资金支付的主要依据包括：

1. 国家法律法规；

2. 公司章程及相关管理制度；

3. 经批准的预算报告；

4. 与资金支出相关的合同（协议）、验收手续及合法有效的票据；

5. 经审批的业务审批单；

6. 其他相关文件。

第九条　有偿借款和使用：集团内部借款，均应按照有偿使用的原则支付借款利息和费用（按照使用时间、以年化率8.0%计算资金使用费），如集团对资金使用费做出调整，各子公司也应做相应调整。

第十条　投资性资金支出。

长期股权投资、收购兼并、合作、对权属企业追加投资集团公司的长期股权投资、收购兼并、合作、对权属企业追加投资等对外投资事项，按照有关规定履行决策审批程序。

第十一条　互惠互利，借贷双赢：为充分利用集团内部资金资源，减少资金沉淀，提高资金利用效率，降低各公司融资成本和融资风险，确保国有资产增值保值，集团及权属公司在资金运营过程中，必须兼顾双方利益，通过内部资金调剂，提供优质服务，节约财务费用，保证借贷双方有利。

第十二条　保证安全，操作方便：保证资金结算的"安全、快捷、方便、准确"，提高资金周转效率，保障公司资金运营网络系统安全高效运转。

第四章　资金预算管理

第十三条　一切资金收支均应纳入预算管理，严格执行《集团资金预算管理办法》。权属公司必须在编制年度资金预算的基础上，编制月度资金预算，月度资金预算编制应尽量准确反映资金预计收支的具体时间和额度，以及资金支出的类别及其他具体项目。资金预算报表必须按各权属公司内部资金管理制度审核审批，并于每月25日前上报集团财务部。

第十四条　严格控制对月度资金预算的调整（一般不予调整，确属特殊情况须向集团主要领导汇报经批准后方可调整），预算期内实际资金收支与预算存在明显差异的，应提前3天报告集团财务部，补充上报资金预算，按上述流程审核审批。

第十五条　批准后的月度资金预算为当月资金使用准则，必须严格遵守，不得超支，如确有紧急资金需求，可以提报紧急预算来调整，如果不提报紧急预算而产生预算超支，在考核权属公司领导班子业绩时扣分，此项工作纳入权属公司领导班子的年度考核。

第十六条　权属公司于每月3日前编制上月资金预算执行情况表，上报集团财务部，集团财务部审核汇总后报集团分管财务副总经理、总经理、董事长，抄送集团金融部。

第五章　银行账户管理

第十七条　集团公司统一规范银行账户的开立、变更和撤销行为，具体依照集团公司银行账户管理办法执行。开具银行账户应本着按需开具的原则，避免闲置账户的产生。开具账户前，应提交申请至集团金融部，批准后方可开具。

第十八条　各权属公司必须在集团公司确定的银行系统内开立银行账户，并开通网上银行业务，建立网上银行系统。

第十九条　权属公司各银行账户须办理网上银行操作盾三个：录入盾由各权属公司出纳管理，复核盾由权属公司财务经理管理，主管盾由集团公司金融部管理。付款必须履行相关审核审批程序，集团金融部通过网上银行系统监管各权属公司的资金收支业务。

第六章　应收票据的管理

第二十条　权属公司持有应收票据，需到集团金融部备案登记，集团金融部根据资金支付需求，对应收票据统筹管理。

1. 根据付款需要统筹协调将应收票据再背书转让给各权属公司的付款单位；

2. 需贴现的应收票据，由集团金融部协调贴现。

第七章　融资管理

第二十一条　集团鼓励各权属公司自行融资，对外融资应遵照如下原则：遵守国家法律法规原则；综合权衡降低成本原则；适度负债、防范风险原则。

1. 各权属公司的融资活动须向集团金融部提出资金筹措方案，履行报告审批程序，筹措方案中列明融资单位、融资规模、融资成本、融资期限，经过集团金融部同意后方可实施，集团公司审查认为不应举债的项目，权属公司不得向外部金融机构或其他单位融资借款；

2. 集团公司金融部指导和监督各权属公司融资活动的全过程，为各权属公司提供融资服务。

第二十二条　权属公司向集团金融部申请内部借款，按照集团公司规定的办事程序和工作要求办理。

第八章　审批权限及流程

第二十三条　各权属公司每月的资金预算表由权属公司各用款部门上报权属公司财务部，权属公司财务部对权属公司部门用款计划进行审核汇总形成权属公司月度资金预算，报权属公司分管财务领导、主管领导审批签字后向集团分管本企业的分管领导汇报并上报集团财务部。

第二十四条　集团财务部负责组织对权属公司上报的资金预算进行审核，集团财务部将审核后的资金预算汇总表报集团相关会议通过，并由集团金融部经理、财务部经理、分管财务副总、总经理、董事长在资金预算汇总表上签字。

第二十五条　预算内资金支出审批权限：

1. 生产经营性资金支出50万元以上的必须有权属公司的"资金支付审批单""'三重一大'审批单"；固定资产购置等资本性支出、费用类支出3万元以上的必须有权属公司"资金支付批单"；特殊事项可以申请临时政策；

2. 以上生产经营性资金支出50万元、固定资产购置等资本性支出及费用类支出3万元的标准，是付款业务的合同额标准，合同额超此标准业务，分期支付须遵守"'三重一大'审批单"流程；

3. 工资、社保、财务利息、正常税金等支付金额标准超"三重一大"标准的，由权属公司董事长（总经理）签批，集团金融部对标准审核后，无须走"三重一大"审批程序。

第二十六条　资金支付流程。

1. 对外支付资金时，权属公司须从银行支出账户支付，当月预算内所需资金支出账户余额不足时，经集团金融部同意，权属公司由收入账户转入支出账户；

2. 各权属公司财务部要严格按照签批后的月度资金预算表内付款项目及金额，依据财务制度规定进行业务单据审核，填制"资金支付审批单"，按照本单位资金支付签批程序进行审签，大额资金须依据预算内资金支出审批权限填制"'三重一大'审批单"，审批完的相关资料直接报送集团金融部或按照规定的流程、格式发送集团金融部邮箱。集团金融部主管人员当日完成对资金支付业务的审批；

3. 涉及权属公司"三重一大"业务的资金支付须由集团金融部进行主管盾审核操作。须集团金融部审核的支付业务，由权属公司出纳按集团金融部要求报送相关付款信息，申请审核操作。集团金融部主管人员当日完成对资金支付业务的审批。

第二十七条　资金收取流程。

权属公司设立收入银行账户收取资金，包括经营性收入和融资收入等。

收入账户内资金集团统筹调度，权属公司根据集团指令实施资金划转，并办理资金划转业务的相关手续。

第九章　监督与考核

第二十八条　集团金融部定期或不定期对各权属公司资金管理制度执行情况进行考核，考核的内容包括但不限于资金收支预算、账户管理、资金信息报告、票据管理及融资管理、担保管理等执行情况。年终，此考核将纳入集团考核体系。

第二十九条　集团审计部在内部审计过程中发现有违反资金管理办法规定情形的，追究公司负责人、财务负责人及相关责任人员的责任。

第十章　附　　则

第三十条　本办法由集团公司资金金融部负责解释。

第三十一条　本办法自下发之日起施行。

第五节　新员工培训及导师制度

第一章　新员工培训制度

一、培训的价值及目的

1. 熟悉基本情况。让新员工熟悉公司的基本情况，包括熟悉公司发展历史、企业文化、产品基础知识、组织架构和各部门分布等。

2. 归属融入。新员工进入公司，面临着第一道关——融入企业。入职培训可帮助新员工建立新环境下的人际关系，让新员工产生归属感，找准职场角色和价值阵地。

3. 熟悉制度流程。新员工初到公司，不清楚公司的制度和流程，不知晓公司的红线要求，影响新员工快速融入团队。培训制度流程促进新员工快速找到自己的职场定位，进入角色。

4. 产生企业荣誉感。新员工须了解公司的事业使命和愿景，了解公司未来发展规划，初步清晰本人岗位职责和工作要求，以此鼓励新员工期望参与一份有意义的事业，激发员工的工作激情。

5. 明确职责及发展空间。帮助新员工明确自己的岗位职责、工作任务和工作目标，掌握工作要领、工作程序和工作方法，尽快进入岗位角色。

二、培训对象

新员工入职后的前3天为观察期，是公司和员工双方相互选择和融入的时间缓冲期，因此，入职后的前3天，新员工侧重了解公司概况，学习书面制度，熟悉工作环境。观察期后，新员工表达了加盟公司的决心后，从第4天开始，进入培训环节，适用本方案。

入职1—3天的新员工。

三、培训内容

1. 集团概况熟悉及规章制度培训。这使员工认识并认同集团的事业及企业文化，理解并接受集团的共同行为规范。

2. 集团业务熟悉及项目实地参观。通过各业务板块负责人讲解及实地项目考察，新员工可以深入了解集团业务。

表1 培训内容安排

时间	培训课题	培训内容	课时	培训部门	地点	培训方式
第一天（上午）	集团概况熟悉及规章制度	公司概况、组织架构、发展历程、经营规划、企业愿景、企业文化、核心竞争力	1小时	培训学院	会议室	讲授
		人力资源规章制度、员工福利、绩效考核、行政规章制度				
		财务制度、报销流程				
	业务介绍	重点业务介绍（项目实地参观在试用期内完成）	1小时	业务部门	会议室	讲授

续表

时间	培训课题	培训内容	课时	培训部门	地点	培训方式
第一天（下午）	整体情况熟悉	公司整体情况熟悉，相关问题提出与解答	1小时	培训学院		
第一天（下午）	岗位技能培训	培训岗位职责、任务、计划目标、工作要领、工作程序和工作方法等，尽快进入岗位角色	2小时	所在部门		
1周	表现评估+培训提升	非正式谈话，重申工作职责，谈论工作中出现的问题	1小时	培训学院辅助部门负责人	会议室	面谈
1个月	表现评估+培训提升	非正式谈话，一个月以来的表现，填写评价表	1小时	培训学院辅助部门负责人	会议室	面谈
3个月	表现评估+培训提升	综合考评。员工提交书面总结，部门负责人、导师、培训学院做深入沟通，包括对新人努力的肯定、对工作的不足指正、后期期望及提高等，鼓励员工，使其增加信心	1小时	培训学院辅助部门负责人	会议室	面谈有书面记录，培训部负责

注：以上方案，企业根据自身发展和管理运营需要，可做增删调整。

四、培训结果考核

培训后，组织参训新员工参加培训内容考核，得分低于70分者，3天内有2次补考机会。

五、培训要求

1. 所有新员工正式上岗前，必须经过培训，包括公司制度类培训、部门内部岗位技能培训。

2. 对所有新员工保持长期跟踪，根据公司要求、岗位要求等保持持续动态培训。

第二章　新员工导师制度

一、目的

为规范导师制度、探索人才培养模式，加强对新员工的成长辅导和路径引领，帮助新员工快速融入团队、进入岗位角色、匹配岗位职责，特制定本细则。

二、适用范围

本细则适用于集团所有员工。

三、导师界定

（一）导师定义

在特定的时期内周期性地对指导对象进行指导，使其快速融入公司文化；在知识、技能、工作方法等方面进行指导，使其快速提升、融入团队、开展工作乃至成为公司发展的骨干人才。

（二）导师基本要求

1. 对公司文化有强烈的认同感和深刻的理解。
2. 在相关业务领域具有专长。
3. 具备熟练的沟通和指导技巧。
4. 有分享传承意愿，将带教视为个人发展的机会。

所有的管理者都是自己负责区域内员工培养的第一责任人，有义务和责任成为自己下属的业务和管理上的导师，同时，鼓励具有专长的员工带教其他员工。

（三）导师职能

1. 目标：主要以员工成长为导向。
2. 指导方式：影响为主，包括倾听、分享、反馈、提供资源等。
3. 指导内容：侧重于知识经验交流和工作思路指点；侧重于工作方法、技能和技巧；心理距离比较平等，交流开放。

四、角色和职责划分

（一）人力资源部（培训学院协同）

1. 收集整理指导对象提交的指导总结和导师的指导记录。

2. 组织导师、指导对象交流会。

3. 向集团提交导师激励申请。

（二）用人部门

1. 指定新员工导师。

2. 与导师保持沟通，实现信息共享。

3. 负责制定本部门新员工的导师制实施方案。

（三）导师

1. 与指导对象建立良好的互动关系。

2. 根据指导对象发展的需要，制订有针对性的指导计划。

3. 定期与指导对象沟通交流，跟进指导计划的实施，并反馈指导对象的表现。

五、实施流程

1. 导师指导由导师发起，根据双方情况，约定指导周期，确定导师行动计划、指导事项，确定指导方式并及时进行指导总结。原则上，导师指导期是从员工入职之日起开始计算，至本人转正后一个月结束。

2. 指导内容不违反公司保密制度，并维护指导对象的尊严。

3. 导师指导内容，不仅包括岗位基本知识技能类，还包括工作经验传承、团队管理和心态引导类内容。具体如下：

（1）知识技能类。

①业务知识和专业技能；

②通用知识和业务流程。

（2）业务经验类。

③对业务的个人感悟和经验；

④职业生涯发展的经验和体会；

⑤行业信息、人际网络资源。

（3）团队管理类。

⑥管理知识和通用技能；

⑦对团队管理的经验和感悟。

（4）心态引导类。

⑧使指导对象拥有快乐工作、开心生活的积极心态；

⑨其他与指导对象工作、生活、身心健康相关的内容。

导师在指导过程中如果需要资源或其他相关支持，可向人力资源部反馈，人力资源部将予以协调和支持。

4. 跟踪。

（1）人力资源部根据指导关系的备案情况进行抽查，即经指导双方同意后参与指导过程。

（2）人力资源部每六个月组织一次对导师的评价反馈，并根据需要组织召开导师、指导对象讨论会，并根据意见和建议提供相应支持和指导。

（3）指导对象每两周做一次辅导总结，导师根据指导对象表现和辅导总结作书面评价，并反馈给人力资源部。

六、导师制度流程

1. 用人部门发布岗位需求并填写需求申请单（注明岗位导师人选）

⬇

2. 人力资源部确认需求，经公司总经理签字后进行招聘

⬇

3. 录用新人并做入职介绍指引

⬇

4. 将新人交付部门，并由导师进行相关指导学习

七、导师制激励

每一指导周期的具体奖励参考以下措施。

（1）授予荣誉：对于在人力资源部备案的导师，授予10%以内的导师"最佳导师"荣誉称号，授予30%以内的导师"优秀导师"荣誉称号；

（2）颁发奖励：根据导师协议、指导效果和各方评价，给予导师相应奖励；

（3）培训资助：提供更多外出培训和交流机会；

（4）公司内部其他项目的参评依据：将导师指导作为团队学习成长考核、个人评优的参考依据。

八、附则

本制度的解释权及修改权归集团公司培训学院，本制度自下发之日起施行。

表2 新员工入职培训成长计划

导师签字：

姓名		岗位职务	
序号	培训交流内容	本人签名	备注

注：本表由导师填写，自员工入职第4天（观察期结束后）开始使用，内容填写根据本岗位要求，由导师决定，至员工转正前，填列内容不少于12项，其中一半左右的内容是公司层面总体要求，一半左右的内容是岗位职责、工作任务、工作规范、职场角色要求。

表3 新员工入职培训考试结果

姓名		电话		入职日期	
部门		岗位		导师	
入职资料	A：全　B：否　人力资源部确认：				
培训及考试内容	培训及考试内容			考试成绩	员工签字
	公司概况、组织架构、发展历程、经营规划				
	企业愿景、企业文化、核心竞争力				
	人力资源规章制度、员工福利、绩效考核				
	行政规章制度				
	岗位职责				
	部门年度、季度、月度计划及目标				
	岗位专业技能				
	培训及考试纪律				
说明	1. 考试得分低于70分者，3天内有2次补考机会。 2. 本表仅用于新员工培训，考试成绩作为转正依据之一。				

表4 试用期业绩评价表（导师评价）

业绩维度	评分标准
工作贡献	岗位工作贡献超出预期（6~7分） 岗位工作贡献达到预期（4~5分） 岗位工作贡献勉强达到预期（2~3分） 岗位工作贡献未达到预期（0~1分）
工作质量	工作质量超出期望，完全胜任岗位要求（6~7分） 工作质量符合期望，能够满足岗位要求（4~5分） 工作质量勉强符合期望（2~3分） 工作质量不符合期望，不符合岗位要求（0~1分）
工作完成及时性	工作都能及时或提前完成（6~7分） 大部分情况下能按时完成工作（4~5分） 部分工作能按时完成，偶尔出现拖延（2~3分） 工作几乎不能及时完成，常出现拖延（0~1分）

注：试用期员工的导师，通过业绩评价表，客观、清晰、全面地找到员工的优势、劣势，从态度、能力和执行力方面找到员工努力和改进的方向（以下表格及内容为案例，可根据实际情况填写）；本表由导师制作，并反馈给入职员工。试用期员工转正前，至少一个月填写一份，员工转正后，对员工的评价由公司统一的绩效管理替代。

表5 提升员工个人能力计划表

能力提升方式	具体内容	时间计划	负责人
示例：细化岗位职责	1. 做3个月的部门长兼职助理，协助部门长管理本部门管理运营，熟悉管理者角色 2. 承担管理团队的职责，制定团队业绩目标	3个月	直接上级
示例：导师辅导	3. 内部导师帮助其提升管理能力，导师每两周与员工沟通一次其近况，对内部导师的作用进行评估	3个月	导师
示例：高管辅导	4. 考虑其性格因素，循序渐进让其承担责任，每两周安排一次谈话，及时解决其困惑	3个月	直接上级

注：根据试用期业绩评价表，导师负责做出个人能力提升计划，可协同其他岗位共同配合，帮助新员工改正不足，找到准确定位。在整个试用期期间，导师至少制作一期能力提升计划，反馈至本人，计划表由培训部监督，并保存。

表6 个人近期发展报告

员工本人填写"个人发展报告"，导师负责跟进和监督指导，结合员工的职业生涯规划，对照岗位职责，分析变化与挑战，明确职业目标实现的路径和台阶构成，在改善绩效的同时，让员工快速成长（以下表格及内容为案例，导师可根据实际情况填写）。

个人发展报告（IDP）						
姓名		当前职位		年龄		在岗年限
岗位规划与分析						
职业目标	分析					
变化与挑战（以销售岗位案例对照岗位职责）	1. 从自己达成销售，转变为带领团队达成销售，从个人作战转变成团队作战； 2. 晋升销售科长后，需要管理小团队，需要考虑分工、协调、激励、监督执行等方面，尤其是找到培养的好苗子，通过销售政策和激励措施、通过后台支持和团队协作，促成团队成员都能够开单； 3. 通过开单，提升自信，总结市场开拓的经验，结合产品和客户类型，慢慢地形成符合自己风格的销售套路； 4. 需要具备系统性的思维和经营思维熟悉财务指标，需要提升资源整合和统筹协同水平。					

注：此表在员工转正前，由本人填写草稿，导师修订后，形成个人近期发展报告，作为本人在本单位的职业生涯的实施路径。

第六节　行为绩效奖励考核制度

第一章　总　　则

第一条　为表彰员工完成组织目标所做出的贡献，加强企业管理，维护正常的工作秩序，激励员工努力工作，提高工作质量和工作效率，规范公司管理程序，创造高效、公正、公平的工作环境，公司根据管理需要并结合实际情况特制定行为考核制度。

第二条　本制度的制定原则：

1. 公平、公正、公开，合情、合理、合法；

2. 有章可依，有章必依，违章必究，考核分明，考核有度；

3. 物质奖励与精神鼓励相结合，教育与考核相结合。

第三条　本制度适用于集团公司所有员工。

第二章　行为绩效奖励

第四条　行为奖励的种类。

（一）日常奖励：主要以员工的日常工作行为、工作态度为主要标准进行的评定，日常奖励分为以下五类：

1. 嘉奖，每次发放奖金200元；

2. 记功，每次发放奖金1000元；

3. 记大功，每次发放奖金5000元；

4. 加薪或晋级；

5. 特别奖励一事一议，奖励方式由集团公司提名，薪酬与考核委员会决定。

（二）年度奖励：评选办法以年终员工总体绩效考核成绩为主要依据，结合员工日常奖励和工作述职排名等情况，由集团公司提名及薪酬与考核委员会最终决定。

年度奖励分为以下三类，奖金数额依据集团公司年度利润情况确定：

1. 特殊贡献奖，1至3名，奖励人民币3万元至10万元；

2. 突出贡献奖，5 至 10 名，奖励人民币 6000 元至 2 万元；

3. 优秀员工奖，10 至 20 名，奖励人民币 2000 元至 5000 元。

优秀员工奖的奖励数量为中基层员工总人数的 10% 左右。

第五条 有下列情形之一者，予以嘉奖：

1. 服务期限超过 6 个月的正式员工（包括试用期），至本月度止，工作敬业勤勉，品德优良，业绩优秀，有具体事迹，为员工树立榜样者；

2. 在限定时间内，克服困难完成紧要任务者；

3. 在知名报纸杂志等纸质媒体或电子媒体上发表文章等作品，提高了公司知名度或者有显著的善行佳话，受媒体正面报道，为公司赢得荣誉者；

4. 发现意外恶性事件或突发事件，予以速报或妥善处理防止公司财产或名誉，以及员工人身安全受到损害者；

5. 承办、策划、执行或督导重要事务得力者；

6. 其他与上述性质相近的情形、表现或业绩体现。

第六条 有下列情形之一者，予以记功：

1. 提出合理化建议，经采纳施行推动常态化管理效果明显改善或者经济效益显著提高者；

2. 严格控制开支，厉行节约，对节约物料或废料利用卓有成效者；

3. 检举揭发严重损害公司利益的行为，经核查属实者；

4. 见义勇为，保护公司财产或员工人身安全者；

5. 在不影响公司利益的前提下，自动自发优化部门内部运营流程，明显提升部门工作效率，或者杜绝风险危害者；

6. 发现意外恶性事件或突发事件，勇于负责，处理得当，有效减少公司财产损失或名誉损害者；

7. 其他与上述性质相近的情形、表现或业绩体现。

第七条 有下列情形之一者，予以记大功：

1. 在意外事件或灾害面前，奋不顾身，不避危难，以公司利益和员工人身安全为第一，竭力避险或采取积极有效的措施而减少较大损失或避免更大危害者；

2. 工作业绩非常出色，表现非常优秀，有效大幅提升部门业绩者；

3. 在生产和研发层面，勇于创新，善于思考，能够结合实际积极探索新方法、新方案，能够明显改善生产效率、产生能够提升研发竞争力的科研成果者；

4. 对公司管理及运营方案和流程，提出系统的改进方案，采纳后大幅提高工作效率和工作业绩者；

5. 对于客户服务和品牌宣传，能够超出客户需求，让客户发自内心地进行市场拓展的转介绍，产生落地可行、可量化的较大受益者；

6. 不仅个人工作业绩突出，而且具有较高的综合素养，团结同事，平易近人，积极奉献，为促进团队建设、提高团队工作业绩有较大贡献者；

7. 其他与上述性质相近的情形、表现或业绩体现。

第八条　有下列情形之一者，予以加薪或晋级：

1. 对改善公司经营管理水平、提升公司经济效益做出重大贡献者；

2. 遇到非常事故或非常事件，及时采取措施，避免公司发生重大事故或重大经济损失者；

3. 工作业绩非常突出，有具体事迹和成功案例，有较高的管理水平；

4. 除了本人工作业绩突出之外，在工作协同配合方面非常积极，待人宽容大度，做人高风亮节，不计较个人得失，为公司做出重大贡献；

5. 服务期满一年，为人正派、积极上进、业绩优良、团结同事、具备管理和领导团队的优秀素质；

6. 在管理运营层面，能够开拓创新，独当一面，能够获得同事的高度信任，能够获得领导层的高度认可，具备较高的领导力水平和管理水平；

7. 其他与上述性质相近的情形、表现或业绩体现。

第九条　特别奖励一事一议，奖励方式由集团公司提名，薪酬与考核委员会最终决定。

第三章　行为绩效考核

第十条　行为绩效考核的种类

1. 口头警告：考核 0 元；

2. 书面警告：考核 20 元 ~50 元；

3. 通报批评：考核 200 元；

4. 记过：考核 1000 元；

5. 记大过：考核 3000 元；

6. 降级：降级聘用，调整相应级别薪资；

7. 留用察看：调整薪资，取消年度内晋级、薪酬调整机会，待岗或试岗；

8. 解除劳动关系：取消当月绩效奖金、年终奖金及各种福利待遇，办理解除劳动关系相关手续。

以上行为绩效考核种类，所对应的考核金额，不包括本人因工作失误或失职对公司造成的经济损失金额（或折算的经济损失金额），员工本人给公司造成经济损失的应当另行承担经济赔偿责任。

第十一条　员工有以下行为之一者，予以口头警告：

1. 上班期间未戴工牌一次；

2. 着装不符合集团公司要求；

3. 工作场所大声喧哗，影响工作秩序；

4. 上班期间和同事聊天，聊天内容和工作无关；

5. 本人办公桌凌乱，卫生不达标，在办公位平面或竖面张贴纸张；

6. 本人负责保管的汽车卫生不达标，清洗不及时；

7. 服务窗口岗位人员，遇到客户来访，没有起立相迎或者坐姿不优雅；

8. 其他与上述相同、相近内容或性质的行为。

第十二条　员工有以下行为之一者，予以书面警告：

1. 对主管指示或有期限要求的工作安排，未有正当理由而未如期完成且没有及时汇报者；

2. 拒绝听从主管工作安排，不听从上级领导的指挥、监督，属初犯者；

3. 因个人过失或违反工作程序导致工作失误，并造成损失，情节轻微者；

4. 过失损坏、浪费公司财物，不同意抵扣或拒不赔偿者；

5. 捡拾公司或公司同事财物不报或据为己有者；

6. 在办公区域和禁烟禁酒场所有饮酒、吸烟等不良行为；

7. 无故不参加应当出席的公司各种会议者、无故不参加应当参加的培训者、无故不参加应当参加的集体活动者；

8. 工作时间擅离职守，未造成公司经济损失及不影响工作全局者；

9. 其他与上述相同、相近内容或性质的行为。

第十三条　员工有以下行为之一者，予以通报批评：

1. 工作时间睡觉；

2. 工作时间没有获得领导批准而擅离职守，局部影响工作效能和秩序者；

3. 经理及经理以上职级管理人员、关键岗位员工和司机岗位，在上午8点30分之后或下午9点之前，手机无故不接、不回、关机，微信和钉钉等信息不回复或者其他原因，导致信息沟通中断、联系不上达2次者；

4. 擅取公司物品自用或冒领公司发放的礼品，以及侵占应该送给客户的礼品者；

5. 未遵守薪酬保密规定，尚未造成较严重后果者；

6. 因工作态度差、服务水平低，导致内部同事或外部客户投诉者；

7. 因疏忽导致机器设备物品材料遭受损失或伤及他人，情节较轻者；

8. 一年内受到书面警告累计达2次者；

9. 其他与上述相同、相近内容或性质的行为。

第十四条　员工有以下行为之一者，予以记过：

1. 对上级领导指示或工作安排，无故未能如期完成，影响公司权益或造成公司较大损失者；

2. 未遵守薪酬保密规定，造成公司经济损失或其他较严重后果，但有悔改意愿并积极实施补救措施者；

3. 故意浪费或办事疏忽，以及过失管理不善，指挥不当，使公司财物利益受损，金额超过1000元但在1万元以下者；

4. 散播不利于公司的谣言或挑拨同事之间的感情，贬损公司，未造成严重后果且有悔改意愿者；

5. 不服从主管领导合理指导和工作关系协调，屡劝不听者；

6. 一年内受到通报批评处罚累计达3次者；

7. 对于工作中出现的问题，不按正常程序反映或上报，而背后扩大宣传负面作用，造成恶劣影响者；

8. 工作时间玩电脑游戏、手机游戏，上网娱乐，如在网上看电影、听音乐等或者使用公司电话长时间聊天者；

9. 其他与上述相同、相近内容或性质的行为。

第十五条　员工有以下行为之一者，给予记大过：

1. 挑拨或参与打架斗殴、赌博，造成恶劣影响不知悔改者；

2. 擅离职守，虽积极补救仍致公司遭受2000元以上1万元以下经济损失者；

3. 对工作玩忽职守，造成损失或其他不良后果，影响公司声誉者；

4. 工作中出现重大差错，擅自处理、隐瞒不报，造成的经济损失在2000元以上1万元以下者；

5. 对同事恶意攻击，制造事端者，对领导有过激语言攻击或行为攻击者；

6. 不服从工作安排，紧急情况下拒不执行上级指派工作，造成损失或其他较严重后果者；

7. 擅自变更工作方法或工作流程，使公司蒙受2000元以上1万元以下经济损失者；

8. 私自收取客户服务、产品、礼品、赠品、财产后占为己有或出售、转送他人，金额在2000元以上1万元以下者；

9. 因工作失误造成第三人身体损害或财产损失，导致经济损失达2000元以上1万元以下者；

10. 一个月内旷工累计2日者；

11. 仪器、设备、车辆等安全性要求较高的工具，未经使用人或保管人同意或违反使用规定，擅自操作者；

12. 一年内受到记过处罚累计达2次者；

13. 其他与上述相同、相近内容或性质的行为。

第十六条　员工有以下行为之一者，予以降级处分：

1. 擅自变更工作方法或工作流程，使公司蒙受5000元以上较大损失者；

2. 一年中记大过满3次，且功过无法平衡抵消者；

3. 虽然基本能够完成本职工作，基本胜任工作岗位的要求，但由于性格、处事方法、团结协作、奉献精神等方面的严重问题，导致本人在团队中的综合影响力是负面的，而本人在短时间内不能自省、不能提高、不能改变者；

4. 工作能力与本岗位的综合素质要求不匹配，持续不能完成工作任务，不能胜任岗位要求，且本人与绝大多数同事难以协调合作，又无法改变提升自身者；

5. 发生重大事故或恶性事件，当事人或负责人擅离职守者；

6. 未按照标准流程进行工作、拒绝工作、选择性工作、不配合工作2次以上的；

7. 故意泄露公司专利技术、商业秘密或者有商业价值的信息资料，给公司造成的损失超过5000元者；

8. 其他与上述相同、相近内容或性质的行为。

第十七条　员工有以下行为之一者，予以留用察看处分：

1. 利用公司名义在外招摇撞骗，使公司名誉或财产受损害者；

2. 散发虚假或诽谤性言论，对同事实施暴力威胁、恐吓；对公司领导或员工的声誉造成严重不良影响者；

3. 过失损坏或遗失公司财物、文件，造成5000元以上1万元以下的损失或导致公司声誉受到严重影响的；

4. 过失管理不善，指挥不当，造成5000元以上1万元以下较严重经济损失者；

5. 未经批准，擅自接受媒体采访，严重影响公司或其他员工声誉者；

6. 未经本公司授权私自收取客户任何费用，私自向客户做出承诺或出具任何书面材料者；

7. 一年内降级2次，且在新的工作岗位上态度不端正，工作不认真者；

8. 其他与上述相同、相近内容或性质的行为。

第十八条　员工有以下行为之一者，解除劳动合同，取消当月绩效工资、年终奖金及各种福利待遇，办理解除劳动合同手续。同时追究其因此而造成的损失：

1. 弄虚作假、营私舞弊、利用职务及工作之便行贿受贿、谋取私利，获得不正当利益者；

2. 聚众闹事、煽动或参与怠工、搬弄是非、影响团结、妨碍公司正常运

营,造成严重后果者;

3. 参与任何违反国家利益的活动,受到有关部门公开处罚;以及违反国家有关法律法规,受到刑事处罚者;

4. 提供虚假的个人信息、学习经历、工作经历、工作记录、工作报告、述职报告或虚假的报销票据等不诚实的行为者;

5. 留用察看期间再次出现违反考核制度行为者;

6. 工作能力、综合素质和岗位职责不匹配,经过调岗,2个月后仍不能胜任新的工作岗位者;

7. 试用期内旷工超过1日,转正期内连续旷工超过3日或年度累计旷工超过7日的;

8. 吸食毒品或有其他严重不良嗜好者;

9. 伪造或盗用公司印章者;

10. 私自收取、保管客户款项未入本单位账户的;挪用、侵占、盗窃本公司财物,金额超过1万元的;

11. 故意泄露公司专利技术、商业秘密或者有商业价值的信息资料,致使公司蒙受超过1万元的重大损失者;

12. 在其他任何单位从事兼职工作或自行经营或与他人合作或授权他人经营本单位行业或相似行业的;

13. 利用从本单位所掌握的各种信息、技术用于自行经营或与他人合作或授权他人经营或在其他任何单位经营本单位行业或相类似行业的;

14. 其他与上述相同、相近内容或性质的行为。

第四章 考核审批程序

第十九条 奖励种类中的嘉奖,由分管人力资源管理负责人,会商分管副总之后审批;奖励种类中的记功、记大功、加薪晋级的,由分管人力资源管理负责人,会商业务副总之后,报公司总经理审批。

第二十条 考核种类中的口头警告、书面警告、通报批评,由分管人力资源管理负责人,会商分管副总之后审批;考核种类中的记过、记大过、降级、留用察看、解除劳动关系,由分管人力资源管理负责人,会商业务副总之后，报公司总经理审批。

第二十一条 所有考核种类涉及的款项及损失赔偿等一律上缴公司财务部门（其用途首先用于员工困难资助、公司集体活动经费开支）。

第五章 员工申诉

第二十二条 如员工对奖励考核有不满之处，可按下列程序申诉：

员工如对行为考核有不同意见，可以在考核通知公告3日内以书面形式向集团公司办公室或督查部提出申诉材料，公司办公室或督查部收到申诉后，进行复核和验证，自收到申诉材料之日起7日内，最终给申诉员工一个明确的核查意见。

第六章 附 则

第二十三条 本考核制度实行奖励考核相抵消的规定，即嘉奖与通报批评相抵消；记功与记过相抵消，记大功与记大过相抵消；员工考核抵消（功过抵消）以发生于同一自然年度内者为限，且奖励和考核的发生、核定过程不能抵消，只是在考核年度结束后，对员工进行全年绩效考核时进行抵消，或者对员工解除劳动关系时进行全盘对比参照。

第二十四条 在本年度受到书面警告处罚的，3个月内不享有薪酬调整、职级调整的资格；在本年度受到通报批评处罚的，6个月内不享有薪酬调整、职级调整的资格；在本年度受到记过、记大过处罚的，12个月内不享有薪酬调整、职级调整的资格。

第二十五条 本制度由办公室负责解释，由办公室、督查部负责贯彻并监督实施。

第二十六条 本制度在实施过程中，遇到公司发生重大变革，属于不可抗力的情形。

第二十七条 本制度自下发之日起施行。

威豪控股集团有限公司
二〇二二年十一月八日

表7　员工行为绩效奖励审批表

姓名		性别		年龄		
部门		岗位		入职年限		
主要事迹说明						
建议奖励类别	部门负责人：			年	月	日
审核意见				年	月	日
总经理签字						

注：本表附列事实材料，实施后由人力资源岗备案存档。

表8　员工行为绩效考核审批表

姓名		性别		年龄		
部门		岗位		入职年限		
考核情况说明	当事人： 见证人或见证部门：　　　　本部门负责人：					
考核类型	办公室或督察部意见：			年	月	日
审核意见				年	月	日
总经理签字						

注：本表附列事实材料，实施后由人力资源岗备案存档。

第九讲

管理目标落地执行抓手

第一节 招聘主管工作标准

部门：　　　　　　　签字：　　　　　　　日期：

序号	岗位职责	工作标准	要点说明	评价方式	数据来源	分数占比（%）
1	根据现有编制及业务发展需求，统计集团总部及分子公司新增替缺编岗位人员及离职空缺人员，更新招聘需求	招聘需求表的准确性	统计的招聘需求是否完整，是否精准把控招聘人员的任职资格要求	招聘需求表及汇总表，晚1天扣1分	各用人部门	20
2	根据招聘流程和规定，对接招聘网站资源机构，建立招聘合作渠道	人均招聘成本	招聘合作渠道能否满足公司不同层级的人才需求，控制招聘成本费用	招聘总花费/招聘总人数，晚1天扣1分	人力资源部	15

223

续表

序号	岗位职责	工作标准	要点说明	评价方式	数据来源	分数占比（%）
3	根据收集汇总的应聘资料发布岗位，进行简历筛选，邀约面试，跟踪落实候选人情况	招聘人员及时率	从接收招聘需求，到员工办理入职，一般员工3~4周，中高层员工5~6周	每一个岗位超出招聘时间要求，扣2分	人力资源部和用人部门	15
4	与用人部门对接，跟进录用人情况，提出及薪酬建议	人岗匹配度	招聘人员是否符合用人部门要求	试用期员工离职率，新员工转正考核结果，错误1处扣1分	人力资源部	10
5	协助调查员工培训需求，及时反馈	员工培训需求的收集汇总	无	无	无	10
6	对人力资源相关管理制度和流程修订提出合理化建议	被采纳的合理化建议数	建议数量或者所提建议起到比较大的作用	上级领导评价	人力资源部	10
7	员工考勤薪酬相关数据审核，社保医保及公积金缴纳相关数据审核	员工考勤次数、员工福利五险一金的差错次数		每出现1次差错扣2分	财务部	10
8	协助处理集团员工相关人事问题	处理问题的次数及解决情况	能否科学公平解决发生的事情	上级领导评价	人力资源部	5
9	完成领导安排的其他工作	交办事项完成效率和效果	高质量地及时完成	上级领导评价	上级领导	5

第二节 薪酬主管工作标准

部门：　　　　　　　　　签字：　　　　　　　　　日期：

序号	岗位职责	工作标准	要点说明	评价方式	数据来源	分数占比（%）
1	负责员工的入、转、调、离手续办理，及实时更新人事资料文件及各类统计报表	办理员工入、离职手续的及时性及完整性	员工入职1周，背景调查完毕，填写完整入职审批表，交到部门负责人处。员工离职提出申请后，2天内把员工签字的离职手续交到部门负责人处	每出现1次差错，扣2分	人力资源部	15
2	建立人事档案管理台账，编制检索账号；定期进行员工花名册整理更新，在职、非在职人员档案的分类处理	人员档案管理的完整性	每月月底人员花名册更新	更新不及时扣1分，员工档案差错次数每增加1次扣2分，3次差错为0分	人力资源部	15
3	负责劳动合同签订及管理工作，及时了解与劳动合同相关的政策法规，处理与合同相关的工作事宜	签订、变更或续签劳动合同的及时性	员工入职3周内签订劳动合同，劳动合同到期前3个月内，把名单提交到部门负责人	差错次数每增加1次扣2分，3次差错为0分	人力资源部	15
4	负责公司日常考勤管理工作，进行员工考勤及各种休假的审核备案工作	考勤统计的及时性和准确性，休假审核备案资料完整性	每月2日前完成考勤统计，交到部门负责人处	未及时或不准确扣1分，休假资料不完整扣2分	人力资源部	10

续表

序号	岗位职责	工作标准	要点说明	评价方式	数据来源	分数占比（%）
5	负责编制员工工资表，按月上报工资报表；负责员工福利、奖金、津贴、补贴的名单出具及上报	薪酬福利计算及时性、准确性	每月5日前核算完工资福利，出工资表	办理不及时扣1分，差错次数每增加1次扣3分，3次差错为0分	人力资源部	10
6	负责人力各类证明文件的开具、盖章及对外输出工作；妥善保管人力相关签批及盖章文件，分类存档处理	证明文件出具的及时性及正确性、人力相关文件的分类保管	各部门或员工需要的人力文件2天内完成，人力文件要归档保管	协助提供人力文件的调查问卷	各部门	10
7	建立"五险一金"的相关台账并更新；负责后期费用审核及报销工作；及时了解社保局及住建局的相关政策通知	员工保险、福利计算及时性和差错次数	"五险一金"每月15日前核算完毕，确保准确无误	办理不及时扣1分，差错次数每增加1次扣2分，3次差错为0分	人力资源部	10
8	受理汇总员工建议和意见	汇总员工意见，及时上交提报	员工意见不定时提报，附上自己的建议	无	无	5
9	负责公司的钉钉线上新流程开发及运营维护工作	运营维护钉钉线上流程及时、准确	创建或修改钉钉流程2日内完成	钉钉流程问卷调查	综合管理部	5
10	完成领导安排的其他工作	交办事项完成效率和效果	高质量地及时完成	上级领导评价	上级领导	5

第三节 人资部部长工作标准

部门：　　　　　　　　　　　签字：　　　　　　　　　　　日期：

序号	岗位职责	工作标准	要点说明	评价方式	数据来源	分数占比（%）
1	负责人力资源部的管理工作，对部门员工的工作目标、工作计划及结果进行安排、指导、检查与考核等	工作安排合理，计划分解到位，及时监督工作结果，工作饱和度高，工作高效	工作安排合理高效，整个部门的人力资源管理工作对企业起到积极的推动作用	工作计划没有分解扣0.5分；部门工作效率低，工作结果没达到，扣1分	年度目标责任书人力资源部	10
2	通过工作分析，组织编写岗位说明书，定岗定编，引导公司各部门建立明确的岗位职责，设计符合公司业务发展的组织架构	部门职能和岗位说明书内容完整，与实际工作相符；组织架构随业务调整，通过组织变革，支撑公司业务发展	每个人都有一份符合其自身实际的岗位说明书，并签字确认。组织架构和部门职能完整	部门职能和岗位说明书不及时，不完整或不准确，扣1分；组织架构不清晰，未及时调整，扣1分	人力资源部用人部门	10
3	依据公司业务战略，协助各部门预测和确定用人需求，制订招聘计划、招聘程序，及时完成招聘工作，支撑公司业务发展	人力成本预算控制率：根据年初业务产值预测和人力成本所占比率，确定人力成本总预算		年度实际用人成本超出业务产值*人力成本预算控制率，扣2分	人力资源部用人部门	10
		招聘人员到岗及时率：一般岗位4~5周，中高层级人才6~8周		每岗位招聘不及时，扣0.5分		

续表

序号	岗位职责	工作标准	要点说明	评价方式	数据来源	分数占比（%）
3	依据公司业务战略，协助各部门预测并确定用人需求，制订招聘计划、招聘程序，及时完成招聘工作，支撑公司业务发展	招聘人员符合用人部门要求，较高的招聘匹配度，试用期员工离职率低，新入职员工转正考核结果良好		正式面试招聘的新入职员工转正考核不及格，扣1分	人力资源用人部门	10
4	制定科学的薪酬政策和福利政策，留住人才，激励人才	薪酬福利制度完善，具有公平性、竞争性、激励性 薪酬福利计算及时性：每月5日之前计算完毕 薪酬福利计算准确性：员工发现因考勤或其他原因造成工资差错的		薪酬福利制度不完整，不科学，薪酬福利制度没有激励性，扣2分 每晚一天，扣减0.5分 薪酬计算每错1次，扣减1分	年度目标责任书 人力资源部	10
5	根据公司对绩效管理的要求，制定评价制度，组织实施绩效管理，并对各部门绩效评价过程进行监督，注重对绩效考核结果的应用	绩效考核政策完善、实用；有绩效考核制度，绩效考核内容落实到人 绩效数据提交的及时性，考核结果统计的准确性 绩效考核申诉处理及时率	按期完成绩效考核及数据统计 对绩效考核结果有异议的人员及时反馈解决	绩效考核调查问卷 绩效数据每晚1天，扣减相应分数，考核结果统计准确的数量/考核结果总数量*100% 及时处理绩效考核申诉数/考核申诉总数	年度目标责任书 人力资源部	10

续表

序号	岗位职责	工作标准	要点说明	评价方式	数据来源	分数占比(%)
6	结合员工职业发展规划，提炼员工培训需求，确定年度培训计划并组织培训工作	员工职业生涯规划完成率	通过该指标考核人力资源部门对员工职业通道的设置，使员工能力的提高与企业发展相一致	员工职业发展规划人数/员工总人数	人力资源部	10
		培训计划表	调查各培训需求和提炼培训计划的制订完成	培训计划表、培训效果调查表	用人部门	10
		培训计划按期完成率	培训按计划执行完成	按期完成的培训次数与计划培训总次数的比率	用人部门	10
7	建立和完善员工职业发展通道，打造人才池及人才梯队体系	每年培养出来的人才	由人力资源部制定人才管理办法，确定人才的标准、数量、评估制度等	人才梯队建设管理制度、人才储备人数	用人部门	10
8	建立和谐的员工关系，加强员工关怀，帮助解决员工纠纷，提高员工归属感	无预测员工纠纷次数及解决员工纠纷的次数	无较大因人力资源风险或无预测造成的员工劳动纠纷和投诉出现	无预测员工纠纷次数扣1分；无妥善解决员工矛盾与纠纷，扣2分	用人部门	10
9	熟悉国家关于劳动法规及政策	向领导层建言改善公司管理的建议及被公司采纳的次数	建议的次数及其重要性	建议被公司采纳的次数	国家政策 用人部门	10
10	完成领导安排的其他工作	上级领导评价	交办事项完成效率和效果	上级领导评价表	上级领导	10

第四节 人力资源部管控措施（总牵引单）

分类	具体任务	实施要点	管控要点、时间节点	目标责任人	监督验收标准
人力资源各模块	人力资源制度建设	定期梳理、优化集团招聘、考核、薪酬、员工关系等相关制度、流程、标准，并贯彻落实	1. 明确需要制定的主要制度，明确人力资源部和各部门在管理制度执行中的分工和责任； 2. 每半年和各部门针对人力资源制度实施过程中的问题进行沟通，并对相应的制度、流程、标准进行修订，组织评审修订意见，进行制度的修订和完善； 3. 制度正式发布后，组织各部门进行宣贯和学习	张某、赵某、李某	1. 避免制度建设相互矛盾，确保制度体系的逻辑和相互关联； 2. 避免滞后行为； 3. 确保制度涉及人力资源管理的各个方面，制度流程全面、可行、规范
	招聘	1. 与用人部门负责人和分管领导确定招聘需求、岗位要求及招聘到岗时间； 2. 招聘岗位上线、每日招聘网站简历筛选、搜寻，人员定向挖掘； 3. 简历面试人员电话初试、现场面试和复试； 4. 适合人选谈薪、背景调查、人职流程签批，offer发放，不合适人员信息回复	1. 招聘人员方向定位清晰；与候选人礼貌沟通，留存公司好印象； 2. 每月5日统计招聘信息台账； 3. 按照招聘紧急重要程度有序招聘，按期到岗； 4. 背调最大范围真实准确，范围包含直接上级及人力，不低于两家公司，合格方可入职； 5. 谈薪要尽最大可能地控制人力成本	赵某	1. 面试人员无负面评价； 2. 招聘人员根据招聘计划时间到岗； 3. 人员背调有事实依据，无重大误差； 4. 人员薪资在调研范围内定薪前市场薪资

230

续表

分类	具体任务	实施要点	管控要点、时间节点	目标责任人	监督验收标准
人力资源各模块	绩效考核	1. 季度最后一个月底启动组织绩效考核工作，沟通各分管领导、财务部收集、计算考核数据； 2. 绩效结果的应用（绩效工资核算）	1. 绩效考核公平公正，绩效考核有理有据； 2. 做好绩效考核结果应用相关绩效谈工作，绩效结果各分管领导签字确认，绩效考核结束5日内完成绩效面谈	张某	绩效考核资料电子资料及书面资料留存完整，绩效考核相关结果资料存档，半年度自查
	薪酬福利	1. 每月12日前根据考勤情况，制作工资表； 2. 工资表审核签批； 3. 员工社保公积金的增减员及线上推送； 4. 员工福利的发放	1. 薪资制作准确无误，每月12日前完成签批； 2. 员工每月社保公积金缴纳人员确保无误，每月25日前完成线上推送； 3. 员工福利发放做好登记	李某	1. 月度工资制作无失误，数据准确为合格； 2. 工资签批时间、社保公积金推送时间无延误为合格； 3. 员工福利登记表分类留存，半年度自查
	考勤休假管理	1. 每月5日前将上一月的考勤结果导出，应用于工资制作； 2. 员工请休假流程的指导答疑处理登记； 3. 公司休假通知的拟定下发	1. 做好员工休假流程审批及后台请假数据的导出，保证考勤表真实性；每月5日前完成考勤表的制作，由法务督查部对照钉钉数据进行核对； 2. 关注公司员工请休假次数和天数，关注员工动态，及时反馈给部门及公司领导	徐某	月度考勤数据电子版及纸质版留存完整，考勤表准确无误；综合自查，法务督查月度核查

续表

分类	具体任务	实施要点	管控要点、时间节点	目标责任人	监督验收标准
人力资源各模块	员工关系	1. 公司员工人转调离，资料的收集、查验、归档； 2. 劳动合同，企业基本规章制度，廉政建设责任书，职业操守承诺协议，保密协议，竞业限制协议的签订、变更、解除、终止、续订等； 3. 做好员工人入职后跟踪及转正流程处理； 4. 做好员工离职手续的跟踪及处理； 5. 处理员工异动：包含晋升、降职、调动、调薪； 6. 处理员工奖惩； 7. 员工申诉与劳动争议处理； 8. 关注员工心态及公司氛围、员工满意度定时跟踪	1. 员工人转调离资料、劳动合同、基本规章制度、廉政建设责任书及劳动合同变更协议半年度、年度梳理；所有变动表格签字确认； 2. 员工异动有理可依，形成电子档案； 3. 加强公司内部沟通，建立有效的信息渠道，与员工保持良好的内部关系； 4. 做好员工离职面谈，最大程度地减少劳动争议的发生； 5. 如果发生劳动争议，先与员工协商、调解，与律师保持沟通，共同议处理	秦某	1. 员工各种档案、异动表半年度、年度排查、签字档案齐全、资料合格，电子档案完善； 2. 劳动风险前置处理，不因综合管理部文件、流程原因而产生
	部门内部管理	负责本部门的工作指导、团队激励工作	1. 团队例会建设：每周一上午组织例会； 2. 团队培训：每月月底进行月度总结沟通；针对部门内各业务开展情况组织相应专业培训； 3. 团队沟通：每月与部门员工开展谈话，解决工作中存在的问题	高某	1. 周例会总结计划、月会总结计划、电子档案完善； 2. 专业培训PPT留存； 3. 月度谈话记录留存

续表

分类	具体任务	实施要点	管控要点、时间节点	目标责任人	监督验收标准
流程	审批审核流程	通过流程的审批审核，实现工作目标高效有序运转	1. 每月月初7日前，审核上月及7日前离职员工清单，手续齐全；2. 每月17日前审核上月考勤，准确无误；3. 每月14日前审核完工资，且与财务部对接后无误	高某	1. 确保离职员工手续齐全，无遗漏；2. 确保考勤正确，确保新入职员工入职手续齐全；3. 畅通新人职、离职员工手续流程，无遗漏

第五节　前台大厅及洗手台管理规范

责任人：　　　　　　　　　　　　　　抽查监督人：　　　　　　　　　　　　　月

前台大厅服务标准	1. 头发干净利落，着装要符合公司规范要求，佩戴工牌，淡妆上岗；办公桌每日清扫，保持干净整洁，无灰尘； 2. 工作场所一律使用礼貌用语，严禁使用粗俗语言，举止仪态大方；人员来访时，应立即起身，做好登记； 3. 访客离开公司时，应躬身微笑，确保会客区茶杯、烟灰缸、清洁桌面，椅子及地面，保持会客区的卫生； 4. 大厅绿植每日浇水，确保无枯黄叶子，盆内无落叶等杂物
洗手台工作标准	1. 每日通风，保持室内无异味，洗手台台面随时清理，保持洁净，无废纸、垃圾，无印痕和明显积水； 2. 洗手池表面及地面保持干燥无污渍、水渍存留，无印痕，化妆镜表面无灰尘、水印；门窗每半月清洗一次，保持美观； 3. 每日检查所需用品，确保洗手液等充足；绿植每日维护，确保无枯黄叶子、叶面无浮尘，保持美观

续表

责任人岗位工作频次记录表(每天至少一次)

日期	1	2	3	4	5	6	7	8	9	10	11	12	13	14	15	16	17	18	19	20	21	22	23	24	25	26	27	28	29	30	31
频次																															

抽查监督岗抽查扣分表

第一周	第二周	第三周	第四周	第五周

备注：责任人：每天按工作和标准流程要求完成工作后，打"√"；抽查监督人：每周至少抽查1次，每次抽查后扣分，扣分梯次区间为5、4、3、2、1、0分；根据每周工作检查情况，将扣分汇总并入人月度绩效考核结果；当月结束后，3个工作日内将此表交至部门负责人

第十讲

运营效益达成验收标准

第一节 年度目标管理责任书

一、销售回款指标（基础分60分）

指标	基准值	年度目标管理责任书					
			可选目标值				
销售回款	A=27000万元	A×1.1	A×1.2	A×1.3	A×1.4	A×1.5	>A×1.6
基础分	B=60	B×1.1	B×1.2	B×1.4	B×1.5	B×1.7	B×1.9
2023年选择目标值（销售回款）	27000万元			对应指标分		60	

续表

		分值
二、关键任务指标（总分30分）		
	年度关键任务及要求	分值
房地产开发	1. 梦想山南区商品房一期：2023年3月开工（2022年12月底开始土方基坑开挖），6月10日前完成地上一层施工（2分），6月15日前取得预售许可证（3分），12月底前主体结构封顶（2分）	7
	2. 梦想山北区商品房一期：2023年7月初开工，11月10日前花园洋房完成至结构封顶，高层部分完成至三层（2分），11月20日前取得预售许可证（3分），12月底前花园洋房主体验收，高层施工至地面8层（2分）	7
	3. 月亮湾项目：2023年3月初，月亮湾一期具备开工条件的楼栋开工，其中样板别墅5月底完成主体，9月底完成精装修；7月中旬取得销售许可证；12月底前完成一期范围内的单体清理和竣工验收（7分）	7
	4. 神头南区回迁房二期，2023年3月开工，2023年11月完成规划设计	3
	5. 土地储备工作：储备一个开发项目，2023年内考虑施工建设	6
三、管理指标（总分10分）		
	管理指标及要求	分值
总公司房产的管理及组建物业公司	1. 组建物业公司：2023年春节前完成工商注册，3月底前完成投资办理，物业公司总经理同时到位之后根据工程进度，开展工作团队，组建工作团队，组建团建及建设期前期项目及建设期涉及物业服务方面的工作；确保总公司房产的维修、出租、管理、经营等，确保全部租金如期回收	4
内部管理	2. 各项目开工之前，完成项目队伍组建和人员配置，根据需要充实业务拓展、设计和营销队伍；整合团队，塑造团队文化，提高职业化水平	3
	3. 职能配合：配合公司企业管理的需要，按时、准确提交相关资料和数据，加强精神文明建设，每人每季度向《文苑报》投稿一篇；遵纪守法，员工无违法行为	2
履行社会责任	4. 合理使用"梦想营基金"或通过其他社会活动，宣传，树立公司品牌形象	1

续表

	发展指标	
	发展指标及要求	分值
四、发展指标		
销售回款	超过销售回款指标部分每 1000 万元加 2 分	2×[回款金额÷(1000−27)]
五、监控指标		
费用总额控制	2023 年管理费用预算为 573.7 万元，每超支 5%扣减 5 分，超支 20%以上的部分每超支 5%扣减 10 分。管理费用超支幅度低于销售回款额增加幅度的，不扣分	
项目成本控制	神头小区商品房综合开发成本南北区平均为 4620 元/平方米，成本每超过 5%，扣减 10 分	
安全事故控制	1. 发生一次一般安全事故，第一次扣 5 分，同时扣罚 10 万元奖金；第二次扣 10 分，同时扣罚 20 万元奖金；第三次及以后每次扣 10 分，同时扣罚奖金以 50 万元为基数，每次增加 20 万元 2. 发生一次较大事故，第一次扣 10 分，同时扣罚 20 万元奖金；第二次扣 20 分，同时扣罚 40 万元奖金；第三次及以后每次扣 20 分，同时扣罚奖金以 100 万元为基数，每次增加 30 万元 3. 发生一次重大事故，第一次扣 20 分，同时扣罚 40 万元奖金；第二次扣 40 万元奖金；第三次及以后每次扣 40 分，同时以扣罚奖金 200 万元为基数，每次增加 50 万元 备注：因不可抗力导致的安全事故，如政治因素、重大自然灾害等，报公司总部，说明情况，特殊处理	
质量事故控制	1. 出现一般质量事故，第一次扣 5 分，同时扣除 5 万元奖金；第二次扣 10 分，同时扣除 10 万元奖金；第三次及以后每次扣 10 分，同时扣罚奖金以 20 万元为基数，每次增加 5 万元 2. 出现重大质量事故，第一次扣 10 分，同时扣除 10 万元奖金；第二次扣 20 分，同时扣除 20 万元奖金；第三次及以后每次扣 20 分，同时扣罚奖金以 30 万元为基数，每次增加 10 万元	

公司总裁：　　　　　　　　　　　　责任人：

　　　　　年　　月　　日　　　　　　　　　　　　年　　月　　日

第二节 绩效计划及考核表

表 1 绩效计划及考核表（适用于非部门负责人及以下职级员工）

单位		岗位		被考核人		考核周期 ___月			
绩效计划部分						绩效考核部分			
		指标值	完成时限	权重	完成情况及差异说明	自评	实际评分		
			自评				直接上级	复评及说明	分管领导
一	KPI 指标			40%					
1									
2									
3									
4									
5									
二	GS 指标（工作目标或标志性成果，如数量、质量等）			60%					
1									
2									
3									
4									

第十讲 运营效益达成验收标准

续表

二 GS 指标	工作目标（如数量、质量或标志性成果等）	完成时限	权重 60%	完成情况及差异说明	实际评分		
					自评	复评及说明	
						直接上级	分管领导
5							
6							
7							
8							
9							
10							
指标调整							
最终考核分数							

月初计划确认		月末评分确认	
直接上级签字		直接上级	
分管领导签字		分管领导	

期望与建议	
	被考核人签字：

说明：1. 此表的填列对象为非部门负责人（主持工作的副职）以下职级的员工，KPI 指标权重为 40%，GS 指标占 60%。
2. 复评直接上级的权重占 60%；分管领导的权重占 40%。
3. 次月 1 日下午 5:00 前，以部门为单位，经部门负责人和分管领导签字后，统一书面提交下月的绩效计划及考核表，统一考核表（计划表）。
4. 每月 4 日下午 5:00 前，以部门为单位，将上月评分完毕的绩效计划及考核表，经本人、部门负责人、分管副总签字后，统一提交人力资源部。

表 2 绩效计划及考核表（适用于部门负责人）

单位			岗位		被考核人		考核周期	___月
			绩效计划部分				绩效考核部分	
								实际评分	
									复评及说明	
		指标值					自评	分管领导	总经理
		KPI 指标	工作目标（如数量、质量或标志性成果等）	完成时限	权重 60%	完成情况及差异说明			
一	1								
	2								
	3								
	4								
	5								
二		GS 指标		完成时限	权重 35%	完成情况及差异说明			
	1								
	2								
	3								
	4								
	5								
	6								
	7								
	8								
	9								

续表

					实际评分		
				自评	复评及说明		
					分管领导	总经理	
二	GS指标	工作目标（如数量、质量或成果等）	完成时限	权重 35%	完成情况及差异说明		
10							
指标调整							
三	单位负责人专项指标	工作目标（如数量、质量或成果等级）	完成时限	权重 5%	完成情况及差异说明		
1	部门绩效管理	按照公司统一要求及时提交各项考核表单和数据；指标设置突出重点，不面面俱到，有数量、质量或标志性成果的明确要求，不含糊其词；本单位的考核工作组织严谨，分解到位、数据准确，体现差距，不流于形式					

最终考核分数

月初计划确认	月末评分确认	
分管领导签字	分管领导签字	期望与建议
总经理签字	总经理签字	
	被考核人签字：	

说明：1. 此表的填列对象为部门负责人（主持工作的副职），KPI指标权重占60%，GS指标占35%，专项指标占5%（由人力资源部考核）。

2. 复评分管副总的权重占60%，总经理的权重占40%。

3. 每月26日下午5：00前，经本人和分管领导沟通达成一致后，将下月的绩效计划及考核表（计划部分）的电子版统一提交集团人力资源部，转总经理修订；29日下午5：00前，三方签字确认，下发。

4. 每月4日下午5：00前，将上月绩效计划及考核表，经本人自评签字和分管领导复评签字后，提交集团人力资源部。

表 3 绩效计划及考核表（适用于高管层）

单位		岗位		被考核人		考核周期 _____月			
绩效计划部分						绩效考核部分			
								实际评分	
									复评及说明
		指标值	完成时限		完成情况及差异说明	自评	总经理	董事长	
一	KPI指标			权重60%					
1									
2									
3									
4									
5									
二	GS指标	工作目标（如数量、质量或标志性成果等）	完成时限	权重35%	完成情况及差异说明				
1									
2									
3									
4									
5									
6									
7									
8									
9									

续表

		工作目标（如数量、质量或标志性成果等）	完成时限	权重35%	完成情况及差异说明	自评	实际评分 复评及说明	
							总经理	董事长
二		GS指标						
	10							
指标调整								
三		单位负责人专项指标	工作目标（如数量、质量或标志性成果等级）	完成时限	权重5%	完成情况及差异说明		
	1	部门绩效管理	按照公司统一要求及时提交各项考核表单和数据；指标设置突出重点，不面面俱到，有数量，质量或标志性成果的考核工作组织严谨，分解到位，数据准确、体现差距，不流于形式					
最终考核分数					期望与建议			
月初计划确认	总经理签字		月末评分确认	总经理签字		被考核人签字：		
	董事长签字			董事长签字				

说明：1. 此表的填列对象为高管层（总经理助理及以上级），KPI 指标权重占 60%，GS 指标占 35%，专项指标占 5%（由人力资源部考核）；复评总经理的权重占 100%。

2. 每月 26 日下午 5:00 前，复评总经理提交及考核表（计划评分）的电子版，提交集团人力资源部，转总经理修订，29 日下午 5:00 前，双方签字确认，下发。

3. 每月 4 日下午 5:00 前，将上月本人自评签字后的绩效计划及考核表提交集团人力资源部。

第三节 鱼头目标三季度行动计划表

核心板块（鱼骨）	关键措施（做什么）（对应鱼骨图关键措施）	行动举措（怎么做）（岗位、时间、地点、动作描述）	成果要求（直接成果+数字量化）	责任人	完成时间	检查人	未完成处罚
保险产品体系	增加能够承保货车的保险公司	保证洽谈完成2家可承保货车的保险公司	安华农业渤海	总经理	2023.7.31	营业部长李某	乐捐500元
保险产品体系	增加济南市外的分支机构的保险公司合作，扩大承保区域	对枣庄、潍坊、泰安、日照、聊城分公司，增加能够合作和承保的保险公司	确保在大型保险公司如A、B、C当中选择一家，确保在中等保险公司如D、E、F选择一家，形成保险产品组合，提高客户选择空间	副总经理	2023.9.15	总经理	乐捐500元
保险产品体系	保证设备单证供给	每次保证≥50份，当月业务规模超过10万时可配置POS机一台	配送到位	左某	每次配发	营业部长李某	乐捐300元
分公司业绩	分公司运营管理需要提高	现场巡回辅导，提供管理模板，对接当地保险公司，指导市场开拓，演练谈判技巧，提升工作室业务开发水平	7—9月辅导6家济南市外的地市级分公司，保证9月底≥6家分公司保费平台≥100万/月	副总经理	2023.9.30	总经理	乐捐500元

第十讲 运营效益达成验收标准

续表

核心板块（鱼骨）	关键措施（做什么）（对应鱼骨图关键措施）	行动举措（怎么做）（岗位、时间、地点、动作描述）	成果要求（直接成果+数字量化）	责任人	完成时间	检查人	未完成处罚
人员问题	细化目标方案，业绩到岗到人	7月29日召开全员分析动员大会，部门负责人带领本部门进行详细分解，共同探讨可行的完成措施，全员参与，同频同振	7月29日完成公示上墙，签订责任状并拍照	行政经理	2023.8.10	总经理	乐捐200元
人员问题	人员招聘	通过智联招聘、人力资源管理群等途径，按照招聘岗位的总体要求，寻找适合公司的人才，进行初试、复试，以匹配为原则，确定招聘人员	业务经理2名，8月25日之前到岗	行政经理	2023.8.25	总经理	乐捐200元
人员问题			人力资源部主管1名，9月15日之前到岗		2023.9.15		
自身服务	每日晨会分享出单过程中的问题，每周六对员工进行保险公司承保细则培训、客户服务能力提升培训等	1.完成单证管理流程、代理人接待流程、工作室维护操作流程和简捷系统操作五个流程；2.对各个保险公司承保细则梳理确定；3.初稿完成后，3个网点负责人先进行商榷修改，形成初稿后，再提交公司审核，最后公司层面定稿	单证管理流程	李某	2023.8.25	副总经理	一个项目乐捐200元
自身服务			保险公司承保细则				
自身服务			代理人接待流程	葛某			
自身服务			工作室维护流程	杨某			
自身服务			简捷系统操作流程	秦某			
自身服务			保险公司出单系统操作流程	李某			

245

续表

核心板块（鱼骨）	关键措施（做什么）（对应鱼骨图关键措施）	行动举措（怎么做）（岗位、时间、地点、动作描述）	成果要求（直接成果+数字量化）	责任人	完成时间	检查人	未完成处罚
	各营业部建立书面的、对所属工作室分类管理指导方案的流程和标准	1. 营业部负责人直接管理月保费规模≥50万元的工作室； 2. 营业部主管直接管理月保费规模≥25万元的工作室； 3. 营业部负责监督指导管理月保费规模＜25万元的工作室； 4. 营业部分类管理指导方案的流程和标准，初稿在8月31日之前完成，3个网点负责人先进行会商讨论，相互借鉴修改后，于9月5日前再提交公司审核，因各营业部情况不同，分类管理方案的内容可以有差别	1. 对所属工作室分类管理指导方案的流程和标准，定期成书面材料，优化修改； 2. 各营业部负责人，自9月开始，每月末向总经室，提交一份当月的、分类管理指导方案的分析和建议报告	营业部部长	2017.9.10	副总经理	乐捐300元
自身服务	评选业务部门的岗位标杆，制定培训教材，分发复制，共同提高	各营业部选出本部门1名出单员标杆，8月25日前完成	3个营业部各评选一名标杆，共3个标杆	营业部部长	2017.8.25	总经理	乐捐200元
		各网点负责人将评选出的出单员候选人及标准规范于8月25日报送公司总部，公司层面再评选出1名公司层面的出单标杆	公司层面评选出1名出单员标杆	副总经理	2017.8.31	总经理	乐捐200元

续表

核心板块（鱼骨）	关键措施（对应鱼骨图关键措施）	行动举措（怎么做）（岗位、时间、地点、动作描述）	成果要求（直接成果+数字量化）	责任人	完成时间	检查人	未完成处罚
财务结算	提高保险公司回款速度	财务部长每半月对接一次须集中回款的保险公司，先单方面拿出可行的解决建议方案，提交总经理审核，再和保险公司会商最终解决方案（总经理配合）	账龄在3个月以上的总额占比，每月降低5%，至9月30日前，3个月以上账龄总额占比≤20%	财务部部长	2017.9.30	总经理	乐捐500元

第四节　商场运营经理绩效考核方案

考核指标	权重（%）	数据	指标说明与计算公式	数据来源
营业收入	40	4600万元	1. 绩效=目标值，得100分； 2. 比目标值每提高5%，加10分，最高120分； 3. 小于目标值的70%，本项不得分； 4. 介于100%与70%之间的，得分=实际值÷目标值×100	财务部门
费用预算控制	10	1490万元	1. 绩效=目标值，得100分； 2. 费用控制率在±5%范围外为0分	财务部门
出租率	10%	100%	1. 绩效=目标值，得100分； 2. 小于目标值的70%，本项不得分； 3. 介于100%与70%之间的，得分=实际值÷目标值×100	财务部门

续表

考核指标	权重（%）	数据	指标说明与计算公式	数据来源
重大安全事故	10	0事故	出现1次重大安全事故，本项得0分	典型事件记录
商户装修进度达标率	10	95%	得分为董事会成员总体评价平均分	董事会评价、装修协议
品牌宣传活动达标率	5	100%	1. 扣分项，出现媒体负面报道，外部投诉等事件一次扣分20分； 2. 加分项，出现危机事件，妥善处理1次加10分，封顶120分	典型事件记录
营销活动效果达成率	5	90%	取每次营销活动效果平均值，即 $(N_1+N_2+N_3-Nm) \div m$	营销活动效果评估表
部属培养合格率	5	95%	1. 加分项：每超出1人加5分，最高不超过120分； 2. 扣分项：每少于目标值1人扣20分，若实际培养胜任人数为0，本项为0分	人力资源部门胜任能力评估
关键业务流程与制度化执行力	5	100%	1. 符合实际，群众拥护性高，运行良好，效率比以往提高快，得110分； 2. 符合实际，群众拥护性高，正常运行，得100分； 3. 符合实际，不断完善，逐步让大家适应，不断走向正常运作，得80~90分	总裁办已公布制度

第五节 商场运营经理考核指标说明

序号	考核指标	考核指标说明和计算方法
1	营业收入	1. 营业收入 = 租金收入 + 停车费及搬运费 + 广告经济收入 + 其他经济收入； 2. 完成率 =（实现值 ÷ 目标值）× 100%
2	费用控制率	1. 费用项目 = 经营费用 + 管理费用 + 财务费用，各类费用明细按财务统一口径； 2. 费用控制率 = 实际费用 ÷ 预算费用 × 100%
3	出租率	出租率 =（已摊位面积 ÷ 总摊位面积）× 100%，其中已租摊位以租赁合约为准
4	重大安全事故	重大安全事故指： 1. 火灾事故导致的直接经济损失在 10 万元以上（≥ 10 万元）； 2. 人员死亡； 3. 或按国家规定列为重大安全事故的
5	商户装修进度管理	1. 按照三级评价标准打分：良好 [81~100 分]，一般 [60~80 分]，不合格 [0~59 分]； 2. 董事会成员分别对各商户装修进度情况和公司开业的影响程度进行总体评价，最后取平均分
6	公共关系维护	要求：做好社会关系的开发与维护，妥善处理各种危机事件
7	营销活动效果	参照百分制营销活动效果评估表，对各次营销活动进行打分，最终得分取平均分
8	部属培养	本年度部属培养岗位名称有：部门经理及以上，胜任人数为经人力资源部与上级确认的胜任人数。实际值 = 目标值的胜任人数
9	关键业务流程与制度化建设	符合复合业态（Shopping Mall）的关键业务流程与制度

第六节　薪资等级结构及档差核定表

工资级别	行政级别	技术级别	基本薪资	岗位薪资	绩效薪资	月薪合计	一档年薪	二档月薪	二档年薪	三档月薪	三档年薪	四档月薪	四档年薪	五档月薪	五档年薪	档差	最低年薪	最高年薪	月度补贴	年度补贴	年度最低薪资成本	年度最高薪资成本
15	总经理1级	首席1级	2100	24577	7373	33750	405000	36100	433200	38450	461400	40800	489600	43150	517800	2350	405000	517800	6300	75600	487916	600716
14	财务总监	首席1级	2100	22723	6817	30970	371640	33530	402360	36090	433080	38650	463800	41210	494520	2560	371640	494520	3200	38400	417356	540236
13	常务副总	首席1级	2100	20208	6062	27970	335640	30030	360360	32090	385080	34150	409800	36210	434520	2060	335640	434520	3200	38400	381356	480236
12	副总经理2级	技术专家2级	2100	12943	3883	18526	222312	21176	254112	23826	285912	26476	317712	29126	349512	2650	222312	349512	2200	26400	256028	383228
11	副总经理1级	技术专家1级	2100	6769	2031	10550	126600	13210	158520	15870	190440	18530	222360	21190	254280	2660	126600	254280	2200	26400	162956	287996
10	总工2级	高级4级	2100	18679	3736	24015	288180	25015	300180	26015	312180	27015	324180	28015	336184	1000	288180	336184	570	6840	302336	350340
9	总工1级	高级3级	2100	15061	3012	19673	236076	20673	248076	21673	260076	22673	272076	23673	284076	1000	236076	284076	570	6840	250232	298236
8	总师2级	高级2级	2100	11058	2212	14870	178440	16070	192840	17270	207240	18470	221640	19670	236040	1200	178440	236040	570	6840	192596	250200
7	总师1级	高级1级	2100	8101	1620	11321	135852	12071	144852	12821	153852	13571	162852	14321	171852	750	135852	171852	570	6840	150008	186012
6	部门经理2级	中级4级	2100	12037	2407	15944	191328	16463	197556	16982	203784	17501	210012	18020	216240	519	191328	216240	570	6840	205484	230396
5	部门经理1级	中级3级	2100	3750	750	6000	72000	6800	81600	7600	91200	8400	100800	9200	110400	800	72000	110400	570	6840	86156	124556
4	部门副经理1级	中级2级	2100	3000	600	5100	61200	5700	68400	6300	75600	6900	82800	7500	90000	600	5100	90000	570	6840	75356	104156
3	主管1级	中级1级	2100	2440	366	4006	48072	4256	51072	4506	54072	4756	57072	5006	60072	250	48072	60072	520	6240	60032	72032
2	专员2级	初级2级	2100	1310	393	2903	34836	3053	36636	3203	38436	3353	40236	3503	42036	150	34836	42036	470	5640	47792	54992
1	专员1级	初级1级	2100	615	185	2000	24000	2150	25800	2300	27600	2450	29400	2600	31200	150	24000	31200	470	5640	36956	44156

第七节　市场营销管理操作说明书

项目	工作内容	工作依据	权责	时限	工作成果
胜任能力	1. 根据工业品的品牌规划要求，提炼VI（视觉识别）、MI（理念识别）、BI（行为识别），形成全面的品牌形象（CIS）	《赢利模式规划纲要》《年度经营计划》	规划	日常	《CIS设计方案》《销售管理手册》部分章节
	2. 组织行业、竞品、客户和竞争对手的调查研究工作，结合自身资源和能力，制定有竞争力的市场开拓方案	《年度经营计划》《部门年度业务计划——市场部》	规划	日常	《市场调查分析报》《产品质量调查报》
	3. 根据区域市场的容量和市场份额，规划出成熟区域、成长区域、饱和区域和维护区域，合理安置人员，配备不同资源，制定不同的销售政策	《市场调查分析报告》《销售报表》《全国经济协作区区划》	规划决策	日常	《区域规划方案》《销售管理手册》部分章节
	4. 根据品牌定位，结合市场竞争态势，制定合理的价格区段，确保销售增长和利润增长的平衡	《市场调查分析报告》《公司全面预算计划》《销售管理手册》	规划维护决策	日常	《销售价格表》《销售管理手册》之折扣及促销规定
	5. 销售目标的合理分配与责任落实，基于滚动式目标计划原理，制定月度销售任务的滚动机制	《年度经营计划》《销售管理手册》《区域规划方案》	督导维护决策	日常	《销售计划》《绩效考核方案》之销售目标值
	6. 用公司愿景、目标和自己胸怀远大的格局吸引销售人才，打造销售队伍的战斗力	《公司中长期战略规划》《销售管理手册》《人力资源规划方案》	规划	日常	激励演讲总经理示范带头
	7. 制定客户服务政策，创造独到的客户价值，在销售与技术服务环节当中，叠加满足用户的性能稳定、交期准确、运输便利、响应及时、结算方便、业务增值的需求	《年度经营计划》《CIS设计方案》《销售管理手册》	规划	日常	《客户价值手册》

第八节 总经理绩效路径

财务指标

- F1 净资产回报率 25.5%
- F2 净利润率 11.5%
- F3 资产周转率 1.66 次
- F4 增加销售收入 2.8 亿元
- F5 降低成本费用 降低各项成本达成

客户满意

- C1 扩大市场份额
- C2 提高客户满意度 售后服务响应率 99%

管理效率

- M1 提高个人作业效率
- M2 提高团队作业效率 人均产能 110 台套
- M3 提高服务水平 ……
- M4 提高产品质量 ……
- M5 缩短作业周期

员工成长

- E1 协同能力
  1. 战略规划
  2. 经营计划
  ……
- E2 胜任能力
  4. 市场营销管理
  5. 技术研发经营
  6. 生产运作管理
  7. 供应链管理
  8. 财务与投资管理
  9. 人才管理
- E3 创新能力
  10. 标准成本体系建立
  11. 竞争定位模式设计

第十一讲

战略管理理念升维逻辑布局

战略管理与组织执行力提升

战略规划的黄金五点

1	未来	盈利机会	能不能
2	当下	资源配套	
3	取	竞争优势	怎么干
4	舍	业务外包	
5	过程	核心团队	谁去干

核心价值观	**1. 原则系统** · 一要能帮助自己实现目标，二要帮助你自己实现内心的安宁。 · 对个人核心价值观要建立起宗教般的信仰，这是一种观念上的主动投入。
五年愿景	**2. 愿景系统** · 五年目标：构筑对未来的梦想，要宏大，激进一些。是你最想要的、愿意投入全部精力去努力的方向。
两年目标	**3. 目标系统** · 结合公司的五年战略目标，要清晰、明确，不能含糊其词。 · 两年目标是能支撑五年目标的实现，是对五年目标的进一步解释，要清晰、明确、可衡量。
年度主题	**4. 重心系统** · 一年只做一件事情，一年就是一件事，贯穿始终。是不是基于自己最大的优势？ 最好是一条，不超过三条，与公司的工作重点相吻合。

发展的根本矛盾点	**5. 差距系统** · 阻碍你成为一流高手的最主要因素是什么？ · 是不是个人亟须解决的最大问题？
＿＿＿年行动计划	**6. 计划系统** · 必须有时间概念，把一年分成几个阶段，每个阶段有相应的里程碑。 · 实现自己的目标必须要做的事情。 · 具体、量化，要可执行、可检查和可衡量。
需要放弃的资源	**7. 价值系统** 围绕目标的实现，放弃一些资源，使自己更专注地去为实现战略目标而努力。
需要整合资源	**8. 资源系统** · 围绕目标的实现，需要整合的资源。

战略规划模型

1. 决定使命和愿景
2. 分析形势，了解不确定因素
3. 选择业务范围，决定战略立场
4. 确定优势来源
5. 设计价值实现系统
6. 列出增长阶梯
7. 设定财务目标
8. 测试并制定实施计划

战略制定——分析差距及可行性

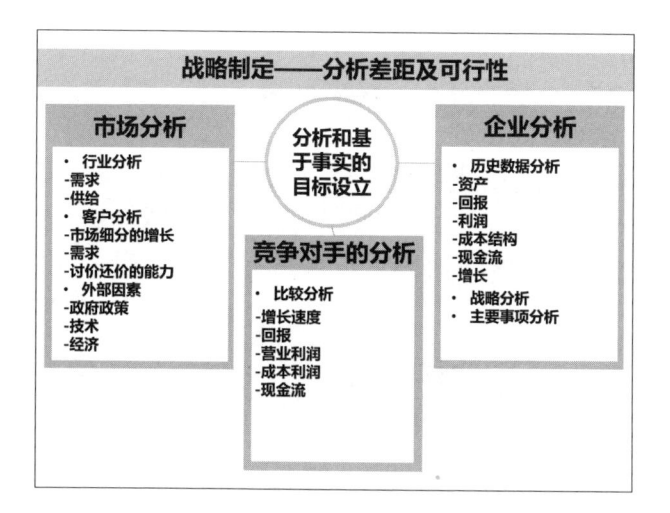

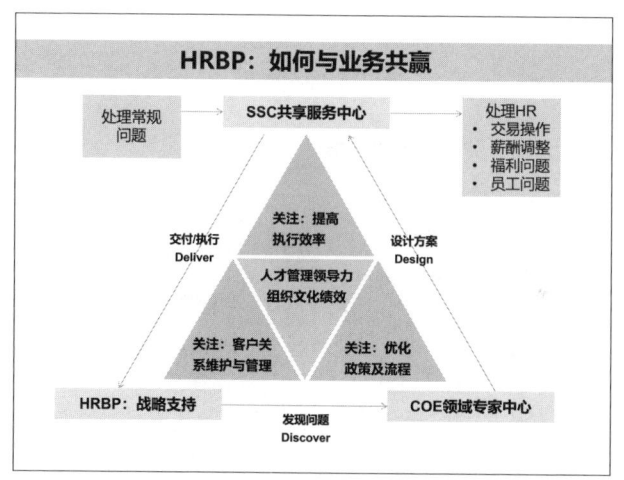

市场分析
- 行业分析
  - 需求
  - 供给
- 客户分析
  - 市场细分的增长
  - 需求
  - 讨价还价的能力
  - 外部因素
  - 政府政策
  - 技术
  - 经济

分析和基于事实的目标设立

竞争对手的分析
- 比较分析
  - 增长速度
  - 回报
  - 营业利润
  - 成本利润
  - 现金流

企业分析
- 历史数据分析
  - 资产
  - 回报
  - 利润
  - 成本结构
  - 现金流
  - 增长
  - 战略分析
  - 主要事项分析

HRBP：如何与业务共赢

- 处理常规问题 → SSC共享服务中心 → 处理HR
  - 交易操作
  - 薪酬调整
  - 福利问题
  - 员工问题

- 交付/执行 Deliver — 关注：提高执行效率
- 设计方案 Design — 关注：优化政策及流程
- 关注：客户关系维护与管理
- 人才管理领导力 组织文化绩效
- HRBP：战略支持 — 发现问题 Discover — COE领域专家中心

岗位价值评估框架

	因素	价值点	权重
职责大小	1.对企业的影响	企业规模 影响力	38%
	2.管理	下级人数 下级种类	8%
职责范围	3.职责范围	工作独立性 工作多样性 业务知识	16%
	4.沟通	频率 能力 内外部	10%
工作复杂性	5.任职资格	教育背景 工作经验	8%
	6.问题解决	创造力 问题难度	16%
	7.环境条件	风险 环境	4%
合计			100%

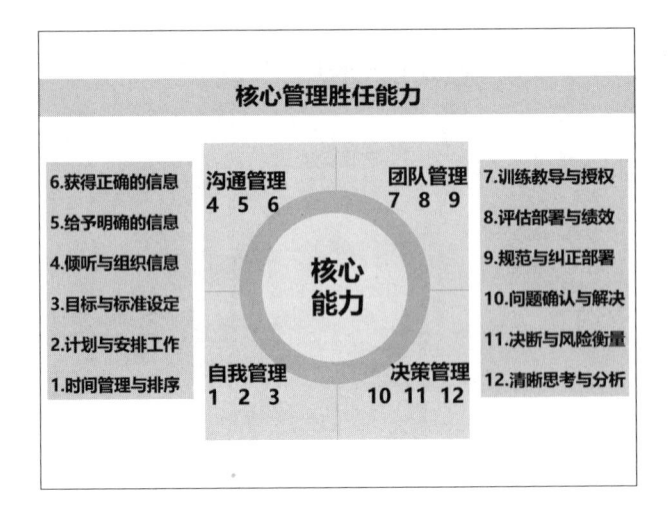

核心管理胜任能力

- 6. 获得正确的信息
- 5. 给予明确的信息
- 4. 倾听与组织信息
- 3. 目标与标准设定
- 2. 计划与安排工作
- 1. 时间管理与排序

沟通管理 4 5 6
团队管理 7 8 9
自我管理 1 2 3
决策管理 10 11 12

核心能力

- 7. 训练教导与授权
- 8. 评估部署与绩效
- 9. 规范与纠正部署
- 10. 问题确认与解决
- 11. 决断与风险衡量
- 12. 清晰思考与分析

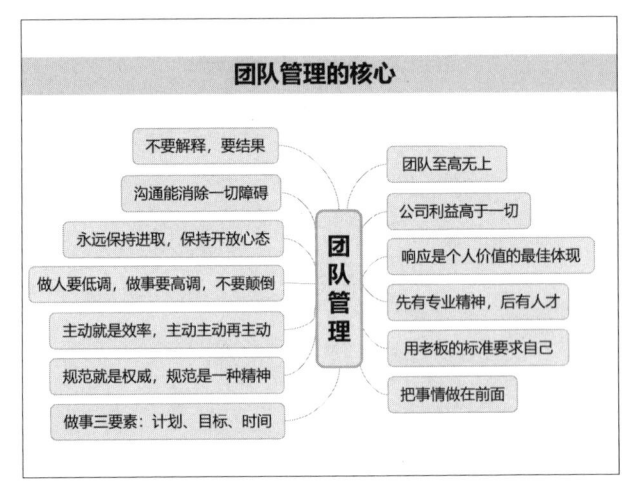

团队管理的核心

团队管理：

- 不要解释，要结果
- 沟通能消除一切障碍
- 永远保持进取，保持开放心态
- 做人要低调，做事要高调，不要颠倒
- 主动就是效率，主动主动再主动
- 规范就是权威，规范是一种精神
- 做事三要素：计划、目标、时间
- 团队至高无上
- 公司利益高于一切
- 响应是个人价值的最佳体现
- 先有专业精神，后有人才
- 用老板的标准要求自己
- 把事情做在前面

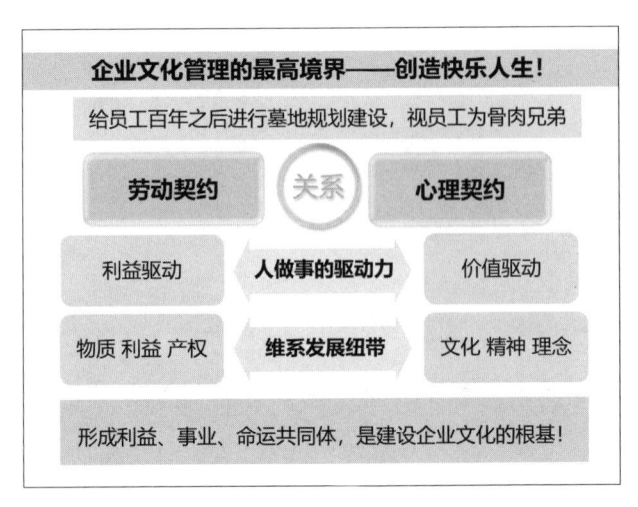

企业文化管理的最高境界——创造快乐人生！

给员工百年之后进行墓地规划建设，视员工为骨肉兄弟

劳动契约 — 关系 — 心理契约

利益驱动 — 人做事的驱动力 — 价值驱动

物质 利益 产权 — 维系发展纽带 — 文化 精神 理念

形成利益、事业、命运共同体，是建设企业文化的根基！

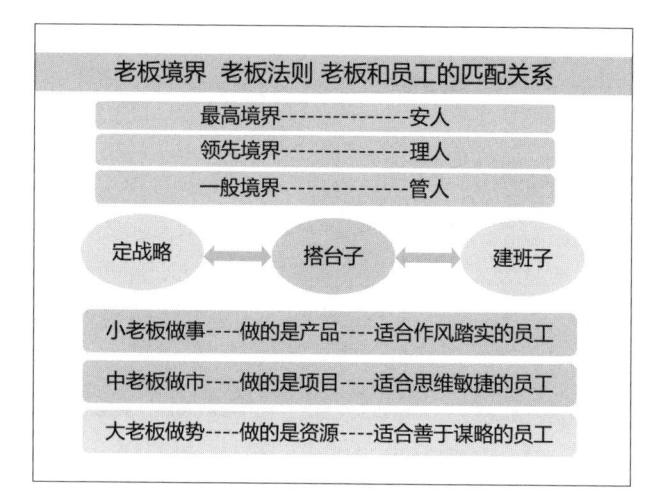

第十一讲 战略管理理念升维逻辑布局

老板境界 老板法则 老板和员工的匹配关系

- 最高境界--------------安人
- 领先境界--------------理人
- 一般境界--------------管人

定战略 ⇄ 搭台子 ⇄ 建班子

- 小老板做事----做的是产品----适合作风踏实的员工
- 中老板做市----做的是项目----适合思维敏捷的员工
- 大老板做势----做的是资源----适合善于谋略的员工

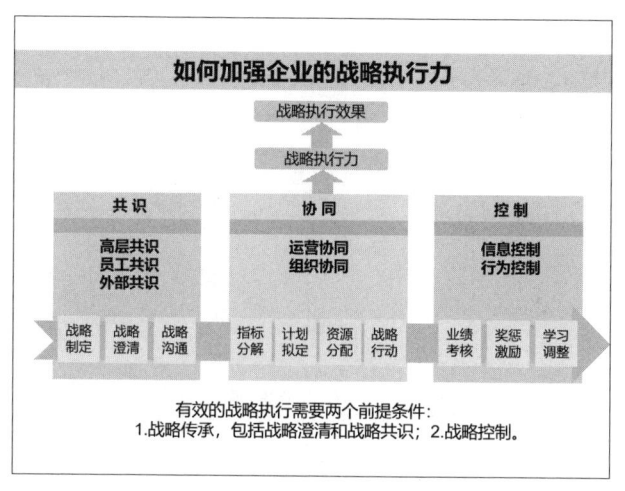

如何加强企业的战略执行力

战略执行效果 ← 战略执行力

共识	协同	控制
高层共识 员工共识 外部共识	运营协同 组织协同	信息控制 行为控制
战略制定 / 战略澄清 / 战略沟通	指标分解 / 计划拟定 / 资源分配 / 战略行动	业绩考核 / 奖惩激励 / 学习调整

有效的战略执行需要两个前提条件:
1. 战略传承,包括战略澄清和战略共识;2. 战略控制。

战略控制的内容

设定绩效标准	根据企业战略目标,结合企业内部人力、物力、财力及信息等具体条件,确定企业绩效标准,作为战略控制的参照系。
绩效监控与偏差评估	通过一定的测量方式、手段、方法,监测企业的实际绩效,并将企业的实际绩效与标准绩效对比,进行偏差分析与评估。
设计并采取纠正偏差的措施	以顺应变化着的条件,保证企业战略的圆满实施。
监控外部环境的关键因素	外部环境的关键因素是企业战略赖以存在的基础,这些外部环境的关键因素的变化意味着战略前提条件的变动,必须给予充分的关注。
激励战略控制的执行主体	激励战略控制的执行主体,以调动其自控制与自评价的积极性,以保证企业战略实施得切实有效。

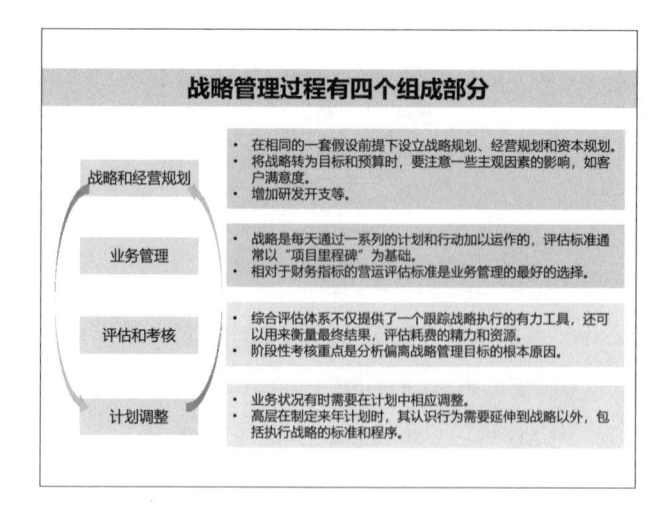

战略管理过程有四个组成部分

- **战略和经营规划**
  - 在相同的一套假设前提下设立战略规划、经营规划和资本规划。
  - 将战略转为目标和预算时,要注意一些主观因素的影响,如客户满意度。
  - 增加研发开支等。

- **业务管理**
  - 战略是每天通过一系列的计划和行动加以运作的,评估标准通常以"项目里程碑"为基础。
  - 相对于财务指标的营运评估标准是业务管理的最好的选择。

- **评估和考核**
  - 综合评估体系不仅提供了一个跟踪战略执行的有力工具,还可以用来衡量最终结果,评估耗费的精力和资源。
  - 阶段性考核重点是分析偏离战略管理目标的根本原因。

- **计划调整**
  - 业务状况有时需要在计划中相应调整。
  - 高层在制定来年计划时,其认识行为需要延伸到战略以外,包括执行战略的标准和程序。

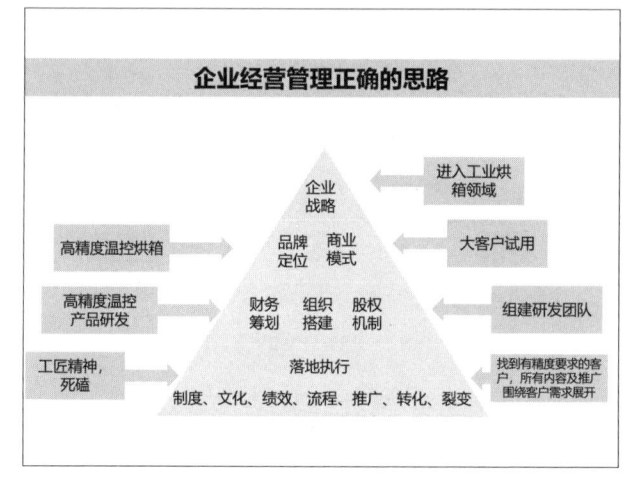

企业经营管理正确的思路

- 高精度温控烘箱
- 高精度温控产品研发
- 工匠精神,死磕

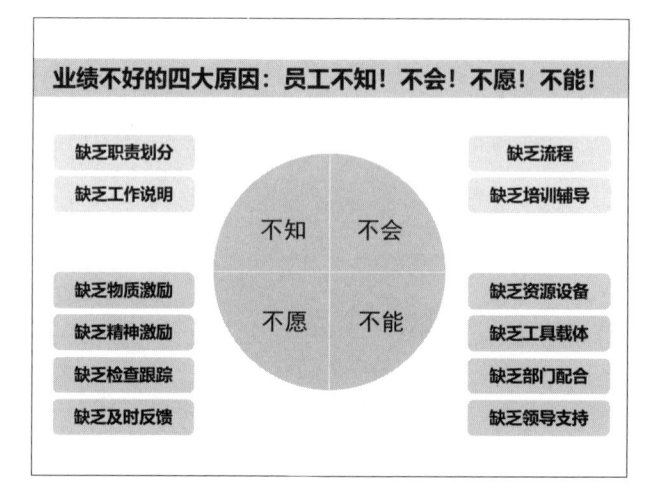

企业战略
- 品牌定位 / 商业模式
- 财务筹划 / 组织搭建 / 股权机制
- 落地执行：制度、文化、绩效、流程、推广、转化、裂变

- 进入工业烘箱领域
- 大客户试用
- 组建研发团队
- 找到有精度要求的客户,所有内容及推广围绕客户需求展开

业绩不好的四大原因：员工不知！不会！不愿！不能！

不知 / 不会 / 不愿 / 不能

- 缺乏职责划分
- 缺乏工作说明
- 缺乏物质激励
- 缺乏精神激励
- 缺乏检查跟踪
- 缺乏及时反馈

- 缺乏流程
- 缺乏培训辅导
- 缺乏资源设备
- 缺乏工具载体
- 缺乏部门配合
- 缺乏领导支持

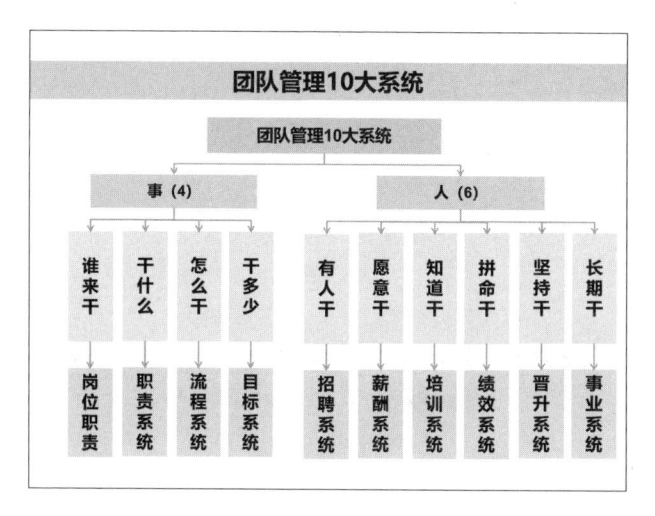

团队管理10大系统

```
                        团队管理10大系统
                    ┌─────────┴─────────┐
                  事(4)                人(6)
        ┌────┬────┼────┐    ┌────┬────┼────┬────┐
       谁来干 干什么 怎么干 干多少 有人干 愿意干 知道干 拼命干 坚持干 长期干
        │    │    │    │    │    │    │    │    │    │
       岗位  职责  流程  目标  招聘  薪酬  培训  绩效  晋升  事业
       职责  系统  系统  系统  系统  系统  系统  系统  系统  系统
```

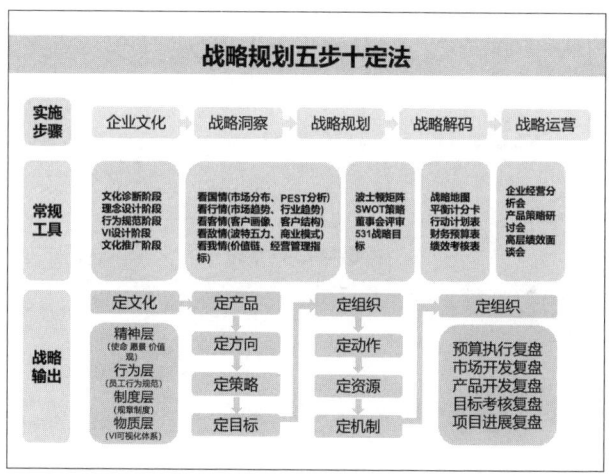

战略规划五步十定法

实施步骤	企业文化	战略洞察	战略规划	战略解码	战略运营
常规工具	文化诊断阶段 理念设计阶段 行为规范阶段 VI设计阶段 文化推广阶段	看国情(市场分布、PEST分析) 看行情(市场趋势、行业趋势) 看客情(客户画像、客户结构) 看敌情(波特五力、商业模式) 看我情(价值链、经营管理指标)	波士顿矩阵 SWOT策略 董事会评审 531战略目标	战略地图 平衡计分卡 行动计划表 财务预算表 绩效考核表	企业经营分析会 产品策略研讨会 高层绩效面谈会
战略输出	定文化 精神层(使命 愿景 价值观) 行为层(员工行为规范) 制度层(规章制度) 物质层(VI可视化体系)	定产品 定方向 定策略 定目标	定组织 定动作 定资源 定机制	定组织 预算执行复盘 市场开发复盘 产品开发复盘 目标考核复盘 项目进展复盘	

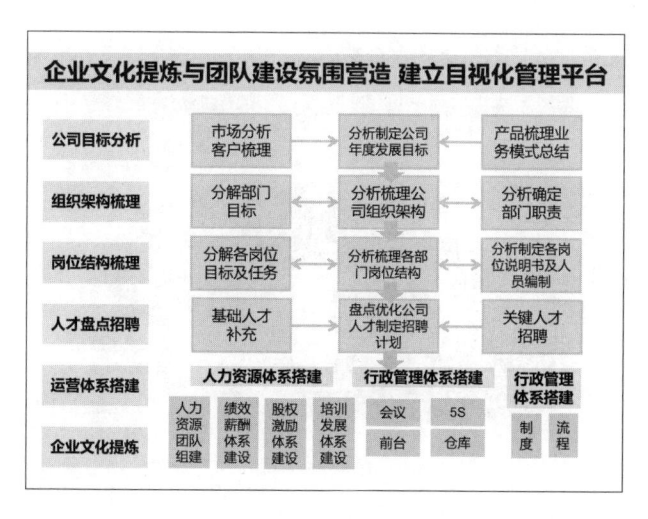

企业文化提炼与团队建设氛围营造 建立目视化管理平台

公司目标分析	市场分析 客户梳理	分析制定公司年度发展目标	产品梳理业务模式总结
组织架构梳理	分解部门目标	分析梳理公司组织架构	分析确定部门职责
岗位结构梳理	分解各岗位目标及任务	分析梳理各部门岗位结构	分析制定各岗位说明书及人员编制
人才盘点招聘	基础人才补充	盘点优化公司人才制定招聘计划	关键人才招聘
运营体系搭建	人力资源体系搭建	行政管理体系搭建	行政管理体系搭建
企业文化提炼	人力资源团队组建 / 绩效薪酬体系建设 / 股权激励体系建设 / 培训发展体系建设	会议 / 前台 / 5S / 仓库	制度 / 流程

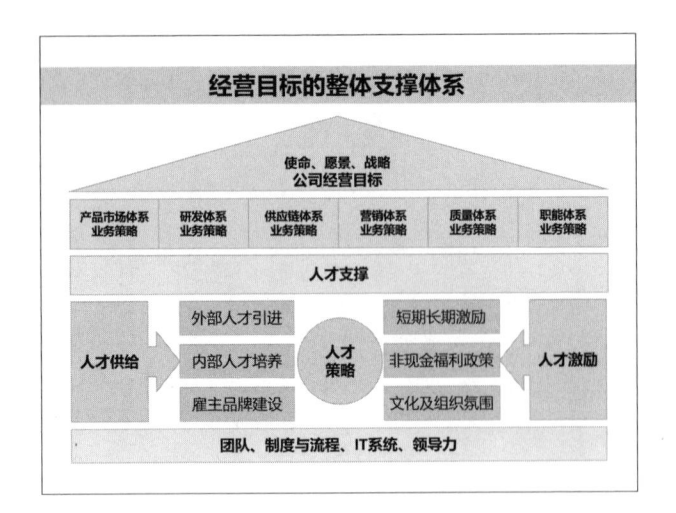

经营目标的整体支撑体系

- 使命、愿景、战略
- 公司经营目标

| 产品市场体系 业务策略 | 研发体系 业务策略 | 供应链体系 业务策略 | 营销体系 业务策略 | 质量体系 业务策略 | 职能体系 业务策略 |

人才支撑

- 人才供给
  - 外部人才引进
  - 内部人才培养
  - 雇主品牌建设
- 人才策略
- 人才激励
  - 短期长期激励
  - 非现金福利政策
  - 文化及组织氛围

团队、制度与流程、IT系统、领导力

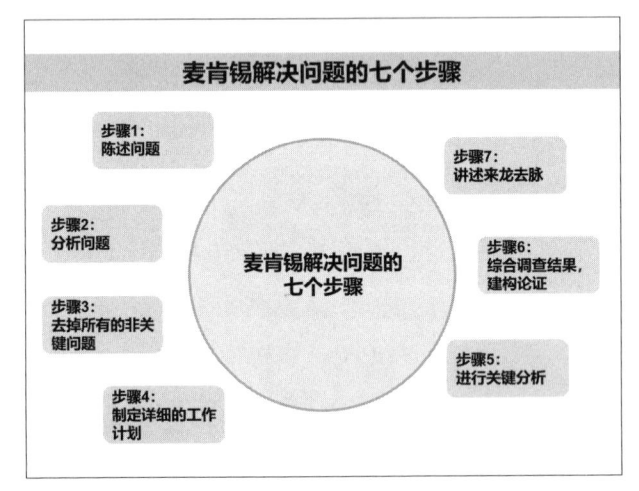

麦肯锡解决问题的七个步骤

- 步骤1：陈述问题
- 步骤2：分析问题
- 步骤3：去掉所有的非关键问题
- 步骤4：制定详细的工作计划
- 步骤5：进行关键分析
- 步骤6：综合调查结果，建构论证
- 步骤7：讲述来龙去脉

优秀企业就好比一辆好车的构成

- 发展路线图
  - ✓ 导航系统（GPS）
- 战略性合规
  - ✓ 车架
  - ✓ 传动系统
  - ✓ 油路等基本架构
- 持续资金提供
  - ✓ 优质的油
- 财务合规
- 税务合规
- 法务合规
- 领导者的理念
  - ✓ 优秀驾驶
- 核心竞争力 商业模式
  - ✓ 强大的发动机
  - ✓ 变速箱

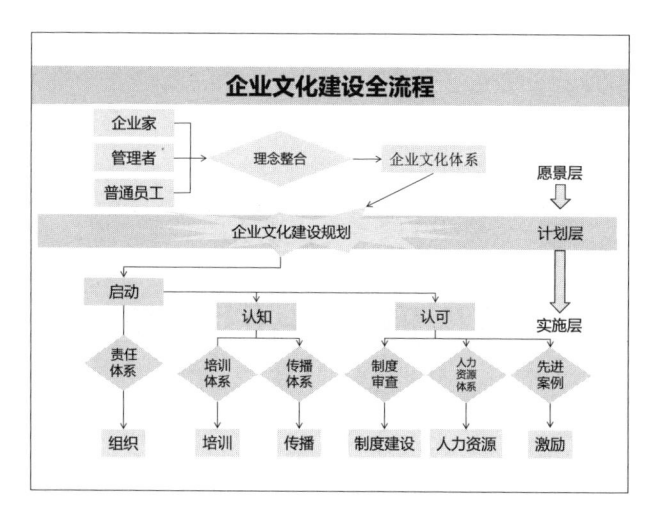

企业文化建设全流程

```
企业家 ┐
管理者 ├→ 理念整合 → 企业文化体系         愿景层
普通员工┘      ↓
        企业文化建设规划              计划层
           ↓
    ┌──────┼──────┐
   启动   认知    认可              实施层
    ↓     ↓      ↓
  责任  培训 传播 制度 人力 先进
  体系  体系 体系 审查 资源 案例
                      体系
    ↓     ↓    ↓    ↓    ↓    ↓
   组织  培训 传播 制度建设 人力资源 激励
```

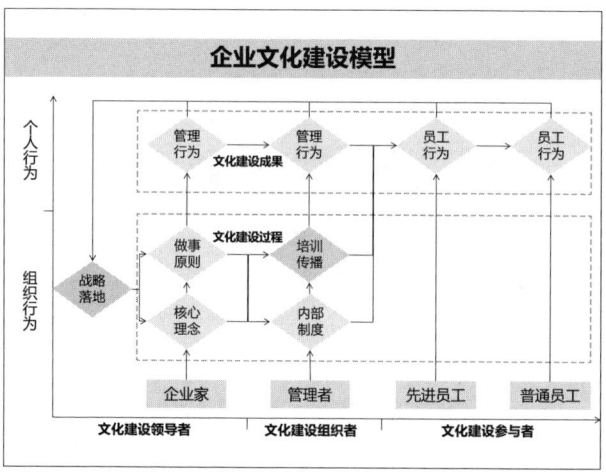

企业文化建设模型

```
个人行为：
  管理行为 — 管理行为 — 员工行为 — 员工行为
         文化建设成果

组织行为：
  战略落地 — 做事原则 — 培训传播
           核心理念 — 内部制度
           文化建设过程

  企业家    管理者    先进员工   普通员工
文化建设领导者 文化建设组织者  文化建设参与者
```

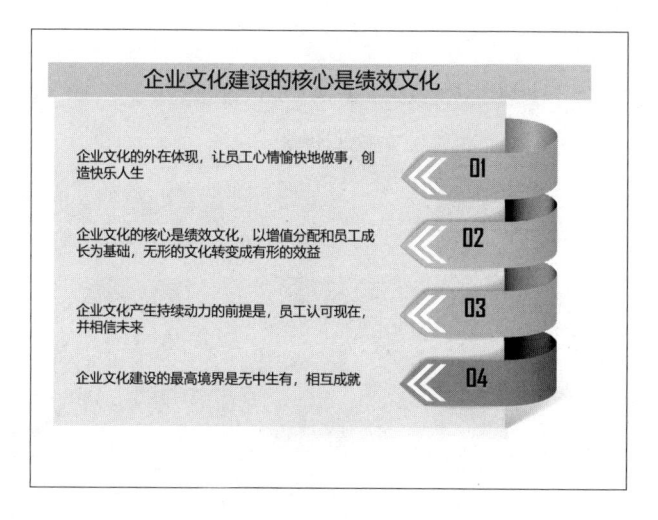

企业文化建设的核心是绩效文化

01 企业文化的外在体现，让员工心情愉快地做事，创造快乐人生

02 企业文化的核心是绩效文化，以增值分配和员工成长为基础，无形的文化转变成有形的效益

03 企业文化产生持续动力的前提是，员工认可现在，并相信未来

04 企业文化建设的最高境界是无中生有，相互成就

第十二讲

绩效管理理念升维逻辑布局

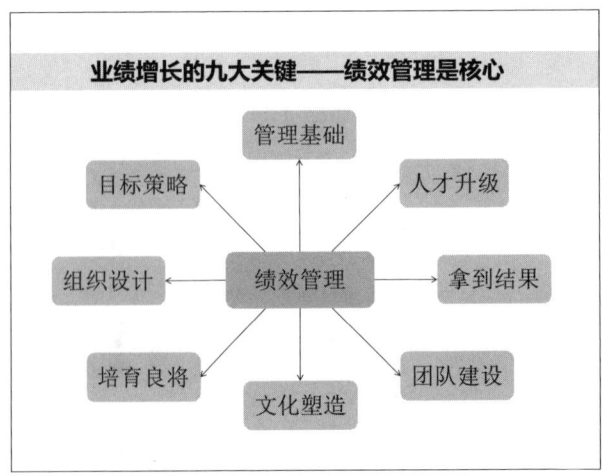

绩效管理和绩效增长
——让每个岗位成为利润的发动机——

业绩增长的九大关键——绩效管理是核心

- 管理基础
- 目标策略
- 人才升级
- 组织设计
- 绩效管理
- 拿到结果
- 培育良将
- 文化塑造
- 团队建设

第十二讲　绩效管理理念升维逻辑布局

KPI 指标是绩效管理流程的起点和核心设置的四个标准

1. 成果导向 —— 以终为始，成果最重要，同时关注过程
2. 数字化 —— 考核指标必须量化，不量化就不能考核
3. 系统性 —— 下道工序就是客户，指标之间整体平衡
4. 奖罚挂钩 —— 员工只会做考核的事情，不会做希望的事情

二线部门：管理一线　服务一线　人资：选+育+用+留

- 选人——磁场　挑选一个合适的人，比培训要简单100倍
- 育人——捧场　调配好合适的土壤条件，有教练，有目标
- 用人——卫星　点燃员工的动力，沿轨道和要求自动运行
- 留人——客户　人性关怀和引领，通过成就人来达成目标

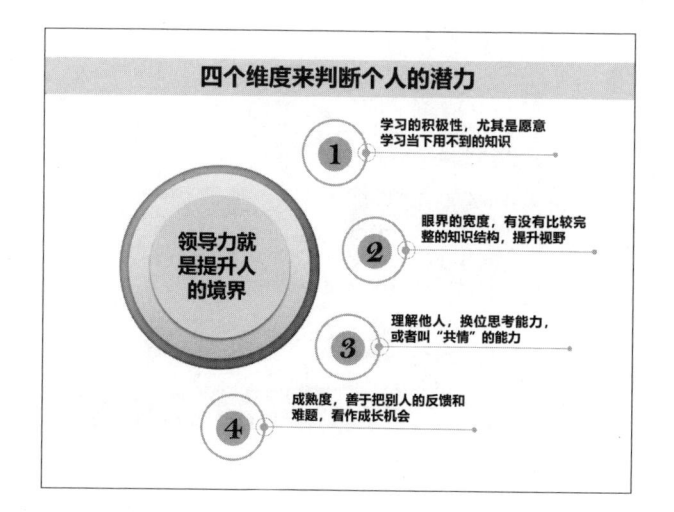

四个维度来判断个人的潜力

领导力就是提升人的境界

1. 学习的积极性，尤其是愿意学习当下用不到的知识
2. 眼界的宽度，有没有比较完整的知识结构，提升视野
3. 理解他人，换位思考能力，或者叫"共情"的能力
4. 成熟度，善于把别人的反馈和难题，看作成长机会

领导力的四个境界（格局和利他思维成就领导力）

- 境界一　　员工因为你的职位而服从你
- 境界二　　员工因为你的能力而服从你
- 境界三　　员工因为你的培养而服从你
- 境界四　　员工因为内心佩服你拥戴你

检查 对应4R原则 工作安排的四个必然

4R原则

1. 凡事必须有量化和标准的结果
2. 有结果就必然对应到个人的职责
3. 有工作要求必然有检查和改进系统
4. 有检查必然就有奖罚、调整和优化

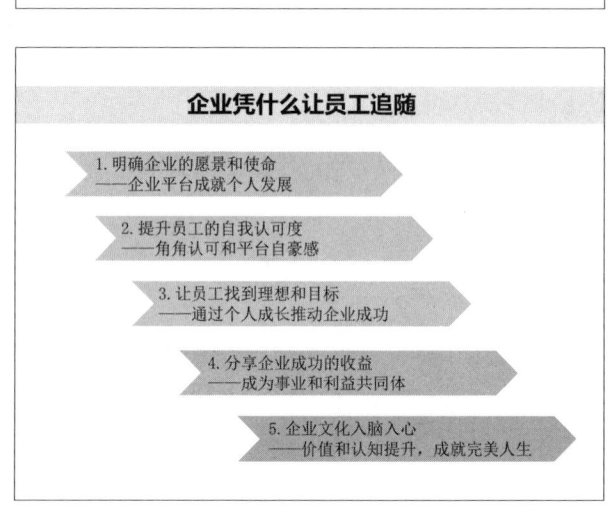

企业凭什么让员工追随

1. 明确企业的愿景和使命
   ——企业平台成就个人发展
2. 提升员工的自我认可度
   ——角色认可和平台自豪感
3. 让员工找到理想和目标
   ——通过个人成长推动企业成功
4. 分享企业成功的收益
   ——成为事业和利益共同体
5. 企业文化入脑入心
   ——价值和认知提升，成就完美人生

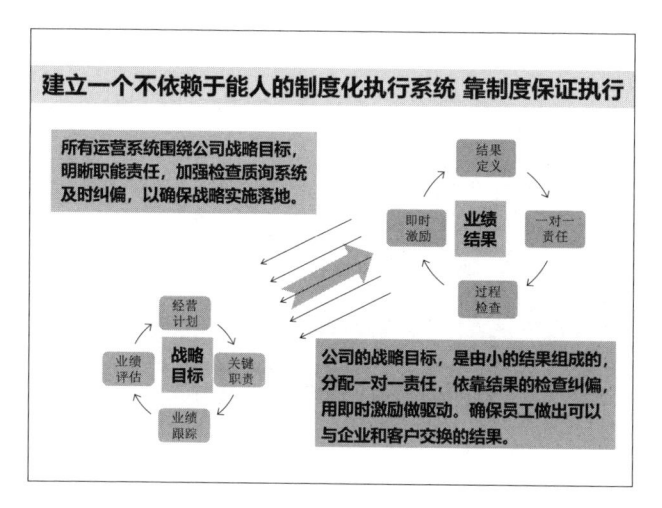

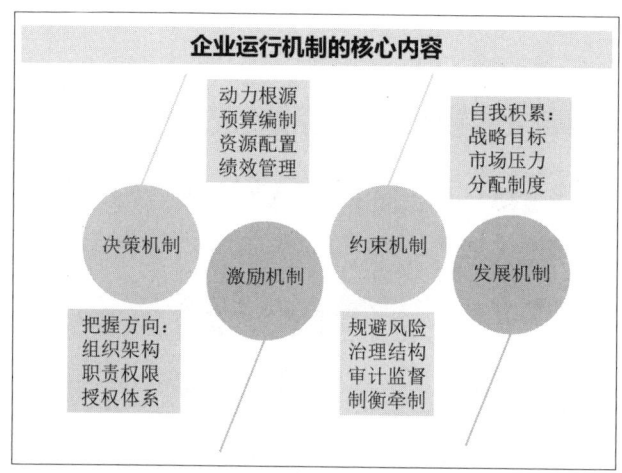

建立一个不依赖于能人的制度化执行系统 靠制度保证执行

所有运营系统围绕公司战略目标，明晰职能责任，加强检查质询系统及时纠偏，以确保战略实施落地。

- 结果定义
- 一对一责任
- 过程检查
- 即时激励
- 业绩结果

- 经营计划
- 业绩评估
- 战略目标
- 关键职责
- 业绩跟踪

公司的战略目标，是由小的结果组成的，分配一对一责任，依靠结果的检查纠偏，用即时激励做驱动。确保员工做出可以与企业和客户交换的结果。

企业运行机制的核心内容

- 决策机制
  - 把握方向：组织架构 职责权限 授权体系
- 激励机制
  - 动力根源 预算编制 资源配置 绩效管理
- 约束机制
  - 规避风险 治理结构 审计监督 制衡牵制
- 发展机制
  - 自我积累：战略目标 市场压力 分配制度

解放老板 打造自我管理的运营体系

1 优化一个持续盈利的企业运营平台	2 培养一批专业化的职业经理人队伍
3 设计一套点燃员工动力的流程制度	4 建立一个不依靠能人指挥的治理体系

公司高管团队的准确定位——四个中心

人才配置中心
解决人岗位匹配问题，通过员工成长推动公司成功

资源整合中心
责任和权利匹配资源，有舞台，保证业务正常开展

规则制定中心
通过公平利益分配机制和公开赛马机制，点燃动力

利益兑现中心
解决好员工的信任和信心快乐徒步认知同频

良性运转的绩效管理和绩效增长可以优化四个系统

预算管理系统	检验经营目标分解合理性，标准成本体系
流程优化系统	提升价值链协同水平，优化职责边界配合
客户管理系统	通过结果增加客户回头率，增加客单价
员工成长系统	协调统一性，胜任力自觉性，创新开放性

要想提出好问题，掌握最佳提问顺序
——GROW法则

明确目标Goal
目标包括近期的绩效目标和长远的最终目标，绩效目标支撑最终目标的实现，实现目标的量化标准及验收标准

帮助员工梳理现实状况Reality
实现目标的障碍和风险有哪些？实现路径选择的最优方案是什么？知识技能和经验是否欠缺？资源保障如何？

帮助员工探询可能的解决方案Options
针对目标要求和现实条件，有哪些解决方案可以选择？各个方案的优缺点？最佳解决方案是哪一个？

帮助员工下定决心Will
目标明确了，现实条件清楚了，方案齐全了，那么，可行性方案排序情况是什么？如何实施？何时开始？如何分析判断？

第十二讲　绩效管理理念升维逻辑布局

各职级绩效管理的重点

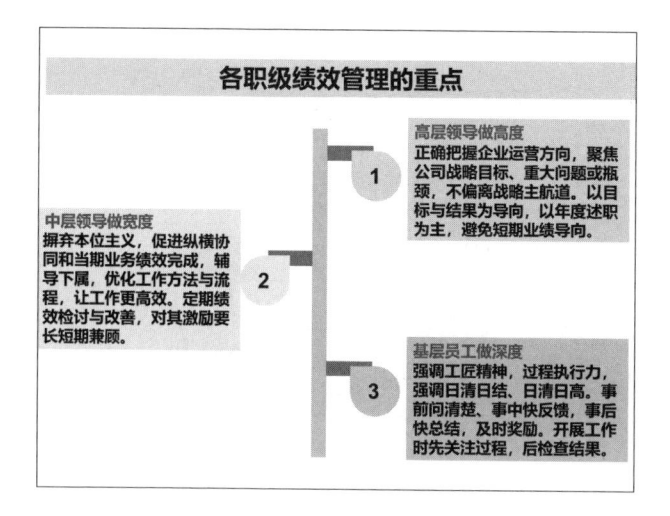

1. 高层领导做高度
正确把握企业运营方向，聚焦公司战略目标、重大问题或瓶颈，不偏离战略主航道。以目标与结果为导向，以年度述职为主，避免短期业绩导向。

2. 中层领导做宽度
摒弃本位主义，促进纵横协同和当期业务绩效完成，辅导下属，优化工作方法与流程，让工作更高效。定期绩效检讨与改善，对其激励要长短期兼顾。

3. 基层员工做深度
强调工匠精神，过程执行力，强调日清日结、日清日高。事前问清楚、事中快反馈，事后快总结，及时奖励。开展工作时先关注过程，后检查结果。

标准—流程—计划—预算

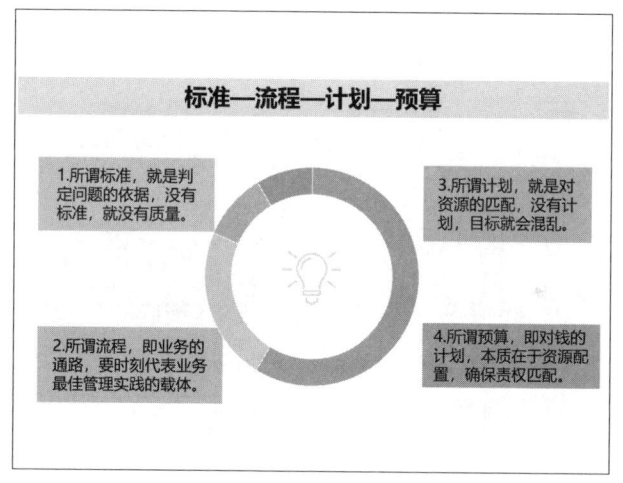

1. 所谓标准，就是判定问题的依据，没有标准，就没有质量。
2. 所谓流程，即业务的通路，要时刻代表业务最佳管理实践的载体。
3. 所谓计划，就是对资源的匹配，没有计划，目标就会混乱。
4. 所谓预算，即对钱的计划，本质在于资源配置，确保责权匹配。

能够促成团队绩效的办法

要素	能够促成团队绩效的办法	观点来源
选人	选择具备全局意识、团队协作和长远眼光的人，打造先公后私的团队	《从优秀到卓越》《聚焦于人》
	淘汰个人主义、本位主义的独狼	阿里巴巴
战略	全公司各部门为其目标做出的贡献要最终体现为对整个企业有所贡献，并阶段性地进行战略回顾	彼得·德鲁克
沟通	将奖励分配谈话与员工发展谈话分开，以做到真正为员工赋能	谷歌
评价	对优秀人才的要求是又"红"又"专"	通用电气
激励	去掉名目繁多的单项奖、二次分配和过度使用的提成	《聚焦于人》
	高水平的薪酬，搭配高固定低浮动薪酬结构	奈非
	将公司整体目标的完成作为启动股权激励的安全阀	《股权金字塔》
文化	打造高组织凝聚力的团队共赢文化	《团队核能》

团队绩效成功模型

- 6 同舟共济的团队文化
- 5 激励共赢 利出一孔（分配）
- 1 先公后私的团队（选人）
- 2 达成共识 力出一孔（战略）
- 3 向团队赋能（沟通）
- 4 人才盘点清除"铁饭碗"（评价）

传统绩效向团队绩效的转变

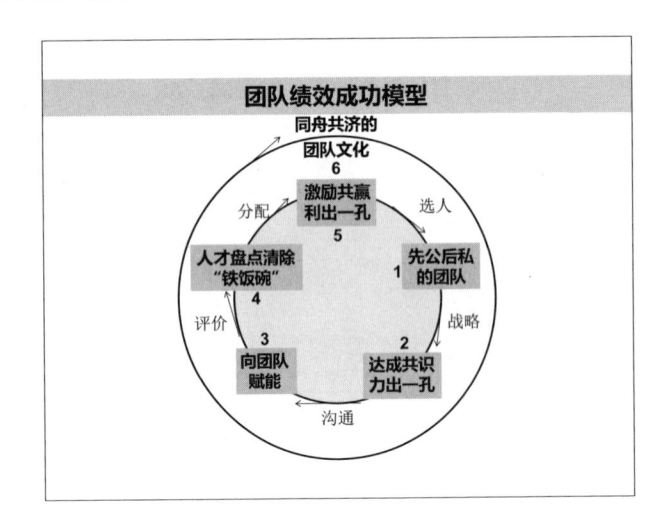

维度	传统绩效管理	团队绩效管理
选人	不做人员选择，基于原有人员做绩效，认为绩效考核能够让员工做出行为改变	通过精准选人打造先公后私的团队，坚信绩效在选人的时候就决定了
战略	重指标分解，不重整体目标，过度看重个人业绩导向而非公司战略	重战略共识，所有管理者、员工都对整体目标的达成承担责任
沟通	重精细的结果考核，忽视过程中的赋能式沟通	由"业绩—奖金"转向"赋能—改进"，强调通过赋能激活个体和组织的内在动力
评价	强调评价的量化，只用业绩评价员工	从业绩、素质两个维度做人才盘点，基于人才盘点结果打破不合适人的"铁饭碗"
激励	强调基于业绩的个人导向激励	强调与公司整体目标关联的"利出一孔"的激励
文化	没有强调文化的作用，自然形成了竞争而非协作的文化	强调团队协作的价值，塑造同舟共济的文化

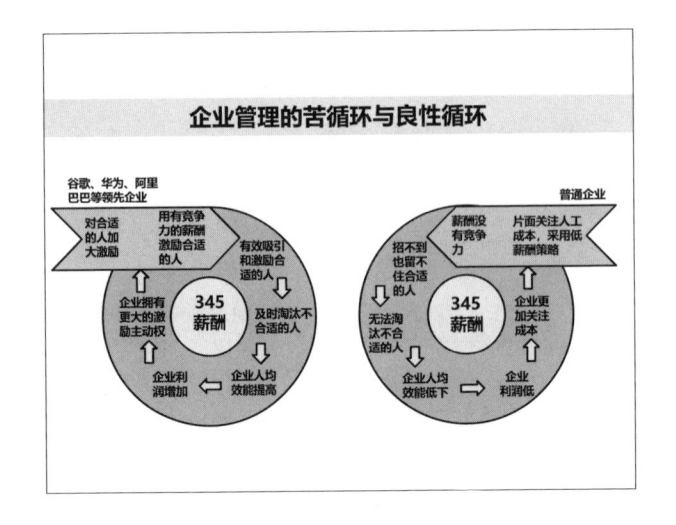

企业管理的苦循环与良性循环

谷歌、华为、阿里巴巴等领先企业
- 对合适的人加大激励 → 用有竞争力的薪酬激励合适的人 → 有效吸引和激励合适的人 → 及时淘汰不合适的人 → 企业人均效能提高 → 企业利润增加 → 企业拥有更大的激励主动权
- 中心：345 薪酬

普通企业
- 薪酬没有竞争力 → 招不到也留不住合适的人 → 无法淘汰不合适的人 → 企业人均效能低下 → 企业利润低 → 企业更加关注成本 → 片面关注人工成本，采用低薪酬策略
- 中心：345 薪酬

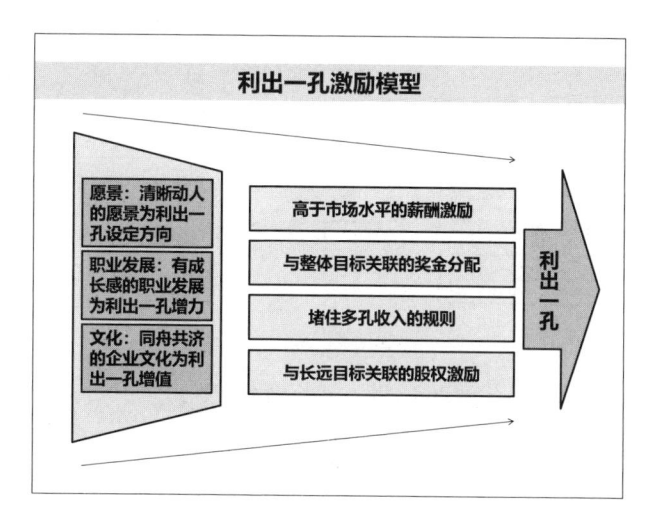

第十二讲 绩效管理理念升维逻辑布局

利出一孔激励模型

- 愿景：清晰动人的愿景为利出一孔设定方向
- 职业发展：有成长感的职业发展为利出一孔增力
- 文化：同舟共济的企业文化为利出一孔增值

→ 高于市场水平的薪酬激励
→ 与整体目标关联的奖金分配
→ 堵住多孔收入的规则
→ 与长远目标关联的股权激励

⇒ 利出一孔

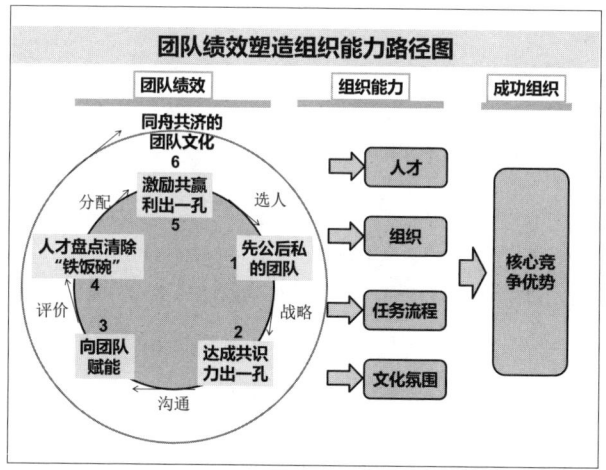

团队绩效塑造组织能力路径图

团队绩效（循环）：
1. 先公后私的团队（选人）
2. 达成共识力出一孔（战略）
3. 向团队赋能（沟通）
4. 人才盘点清除"铁饭碗"（评价）
5. 激励共赢利出一孔（分配）
6. 同舟共济的团队文化

组织能力：人才、组织、任务流程、文化氛围

成功组织：核心竞争优势

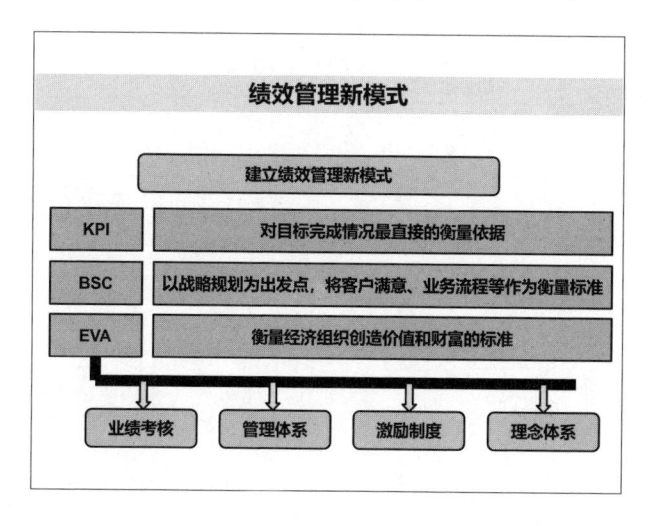

绩效管理新模式

建立绩效管理新模式

KPI	对目标完成情况最直接的衡量依据
BSC	以战略规划为出发点，将客户满意、业务流程等作为衡量标准
EVA	衡量经济组织创造价值和财富的标准

↓ 业绩考核　管理体系　激励制度　理念体系

绩效管理体系架构

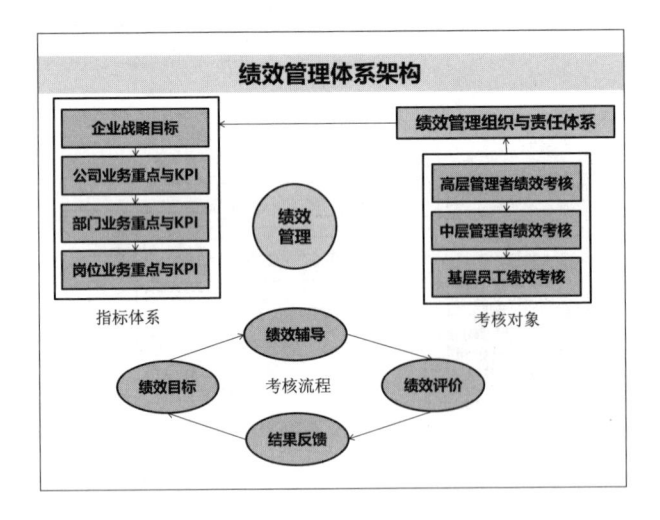

- 企业战略目标 → 绩效管理组织与责任体系
- 公司业务重点与KPI
- 部门业务重点与KPI
- 岗位业务重点与KPI

指标体系

考核对象：
- 高层管理者绩效考核
- 中层管理者绩效考核
- 基层员工绩效考核

绩效管理

考核流程：绩效目标 → 绩效辅导 → 绩效评价 → 结果反馈